安徽省"省级规划教材"项目（2017ghjc429）成果

高职高专"十三五"规划教材

大学生心理健康
修订本

王　永　方东玲　主　编
刘　佳　王世民　沈克祥　副主编

化学工业出版社
·北京·

本教材是安徽省质量工程项目"省级规划教材"的成果。依据教育部《普通高等学校学生心理健康教育课程教学基本要求》编写，全书共十二章，内容丰富全面，既包含基础的心理健康知识，又提供了大量案例资料和拓展资源；针对学生心理和教学需要，强调讲练结合，专业化和生活化相结合，科学性、实用性和可操作性相结合。教材特色在于注重大学生"自尊、自爱、自信、自强"等心理品质的培养，帮助学生学会关注、发掘、培养自己的积极心理品质，积极、乐观地应对各类压力；同时，引导学生学习掌握心理助人的技能，"健康自己，奉献社会"，实现社会价值。

本教材可作为普通高等职业院校学生的教材，也可供其他类型学校学生作为教材和参考资料选用。

图书在版编目（CIP）数据

大学生心理健康/王永，方东玲主编．—修订本．
—北京：化学工业出版社，2020.1（2022.3重印）
ISBN 978-7-122-35508-9

Ⅰ.①大… Ⅱ.①王…②方… Ⅲ.①大学生-心理健康-健康教育 Ⅳ.①G444

中国版本图书馆CIP数据核字（2019）第247310号

责任编辑：蔡洪伟　　　　文字编辑：陈小滔　　　　装帧设计：芊晨文化
责任校对：杜杏然　　　　美术编辑：王晓宇

出版发行：化学工业出版社（北京市东城区青年湖南街13号　邮政编码100011）
印　　刷：三河市航远印刷有限公司
装　　订：三河市宇新装订厂
787mm×1092mm　1/16　印张15　字数320千字　2022年3月北京第1版第7次印刷

购书咨询：010-64518888　　　　　　　　　　　　售后服务：010-64518899
网　　址：http://www.cip.com.cn

凡购买本书，如有缺损质量问题，本社销售中心负责调换。

定　价：45.00元　　　　　　　　　　　　　　　　　　　　　版权所有　违者必究

前　言

培养具有"自尊自信、理性平和、积极向上心态"的大学生是国家和社会发展的需求，是高校人才培养的一个重要目标，更是大学生心理健康教育工作者的责任和使命。积极落实"立德树人"的根本任务，坚持以人为本，紧密结合新时代大学生心理发展的特点和需求，注重培养大学生"自尊、自爱、自信、自强"的优良品质，助力愉快工作、幸福生活能力的发展，是修订这本教材的根本追求。

在编写本书的过程中，我们坚持把帮助大学生"学会自助助人""塑造积极品质"确立为主旨。即通过本书的学习，大学生可以了解与掌握心理健康的基础知识和自我心理保健的技能，学会关注、发掘、培养自己的积极心理品质，积极、乐观地应对各类学习和生活事件，享受成长过程的快乐和幸福；也能够在不断提升心理健康水平的同时，学习并掌握心理助人的基本技能，为他人提供心理援助，"健康自己，奉献社会"，实现自己的社会价值。

本书在修订中保持以下特色：

一是注重内容的科学性和严谨性，在教材体例和内容安排方面保持心理健康教育与咨询学科的特点，遵循大学生心理发展的规律。

二是强调中国特色，注重发掘、引用中国文化心理，体现中国风格，确保符合中国大学生心理特点，而不盲目照搬国外的理论和技术。

三是注重课程教学与学生生活实践相结合，以满足大学生的心理发展需求为导向，做到专业化和生活化相结合，使其既可作教材使用，也可作一般自助读物，保证教材的趣味性、实用性和可操作性。

四是注重内容的创新，体现出时代性、独创性、生活化的特点。在把大学生常见心理问题相关的知识阐述清楚的情况下，本教材在编写过程中引入了积极心理理论，以帮助读者更加积极地面对人生，发展自我，幸福生活。

本书是安徽省质量工程规划教材项目（项目编号：2017ghjc429）的建设成果。此次修订，由王永和方东玲担任主编，刘佳、王世民和沈克祥担任副主编，编写组成员共同拟定大纲。

具体编写分工如下：王永编写第一章，杨珍和王世民编写第二章，王曲云编写第三章，沈克祥编写第四章，解方舟编写第五章，方东玲和刘佳共同编写第六章，刘佳编写第七章，夏梅编写第八章，张帆编写第九章，黄舒编写第十章，杨兰香编写第十一章，王永和黄舒共同编写第十二章。全书由王永统稿，张帆参与统稿和校对。

本书是在前两版的基础上完成的。在此，对参与第一版和第二版教材编写的赵慧勇、陈晓伟等人表示感谢。本书编写过程中参考了许多专家学者的教科研成果与实践智慧，在此，向相关的作者和出版机构表示衷心的感谢。感谢化学工业出版社为本书出版发行提供的支持和帮助。

限于编者水平，书中难免有疏漏之处，欢迎各位专家和读者予以批评指正。

编　者

2019年9月

目 录

第一章 正心诚意——大学生心理与心理健康 ………… 1

第一节 心理与心理健康 / 1
一、心理现象与心理学 / 2
二、心理健康与生活 / 4

第二节 大学生的心理健康 / 9
一、大学生心理发展特点 / 9
二、大学生心理健康的标准 / 11
三、大学生心理健康的影响因素 / 13
四、增进大学生心理健康的途径与方法 / 14

第二章 玉汝于成——大学生心理问题与心理咨询 ……………19

第一节 大学生常见的心理问题 / 19
一、心理问题概述 / 20
二、大学生常见心理问题 / 21
三、大学生常见的心理障碍 / 24

第二节 大学生心理咨询 / 26
一、大学生与心理咨询 / 27
二、大学生心理咨询的流程 / 31

第三章 自知之明——大学生的自我意识与心理健康 …………… 39

第一节 自我意识概述 / 39
一、自我意识的内涵 / 40
二、大学生自我意识的发展特点与规律 / 43

第二节 大学生自我意识发展中常见问题与完善 / 47
一、大学生自我意识发展中的常见问题 / 48
二、大学生自我意识的完善 / 51

第四章　山高水长——大学生人格发展与心理健康 …………… 59

第一节　人格与心理健康 / 59
一、人格的内涵与发展规律 / 60
二、人格对心理健康的影响 / 62
三、人格的影响因素 / 66

第二节　大学生的健全人格塑造 / 68
一、大学生人格发展特点 / 68
二、大学生常见的人格问题及其矫正 / 69
三、健全人格塑造 / 73

第五章　力学笃行——大学生学习心理 ………………………… 77

第一节　学习与心理健康 / 77
一、学习心理概述 / 78
二、学习与心理健康的相互影响 / 80
三、当代大学生学习心理的基本特点 / 83

第二节　大学生常见学习心理问题及调适 / 84
一、学习动机不当与调适 / 85
二、学习目标迷茫及调适 / 87
三、考试焦虑与调适 / 88

第三节　大学生学习能力的培养 / 90
一、学习能力的培养 / 90
二、几种科学的学习策略 / 93

第六章　安心乐意——大学生情绪与心理健康 ………………… 97

第一节　情绪概述 / 97
一、情绪的内涵 / 98
二、情绪的分类和功能 / 99
三、健康情绪的标准与表现 / 102

第二节　大学生常见情绪问题及调适 / 102
一、大学生的情绪特点 / 102
二、大学生常见的不良情绪及其危害 / 104
三、情绪管理及调适 / 107

第三节　情商及其培养 / 108
一、情商概述 / 108
二、大学生情商的培养 / 110

第七章　和而不同——大学生人际交往与心理健康 …………… 117

第一节　人际交往概述 / 117
一、人际交往及其基本原则 / 118
二、大学生人际交往的类型和基本特点 / 122

第二节　大学生常见人际交往问题及交往艺术 / 125
一、大学生常见人际交往问题及应对策略 / 125
二、人际交往的艺术 / 128

第八章 情窦初开——大学生恋爱与性心理健康 ……………… 135

第一节 大学生恋爱与心理健康 / 135
一、大学生恋爱的特点 / 136
二、大学生常见恋爱困扰及其调适 / 141
三、健康恋爱观和择偶观的培养 / 143

第二节 大学生性心理 / 145
一、当代大学生性心理的发展特征 / 146
二、大学生常见的性心理困扰 / 148
三、大学生性心理困扰的调适 / 151

第九章 百炼成钢——大学生压力与挫折应对 ……………… 155

第一节 压力及其应对 / 155
一、压力及其表现 / 156
二、大学生常见压力来源 / 158
三、大学生的压力应对 / 161

第二节 挫折及其应对 / 165
一、挫折及其成因 / 165
二、大学生的挫折应对 / 169

第十章 高瞻远瞩——大学生职业生涯规划与就业心理 ………… 175

第一节 大学生的职业生涯规划 / 175
一、大学生活与职业生涯规划 / 176
二、影响大学生职业发展的心理因素 / 180

第二节 大学生就业心理问题及调适 / 183
一、大学生常见的就业心理问题 / 183
二、影响就业的心理因素 / 186
三、大学生就业心理调适 / 187

第十一章 生如夏花——大学生生命教育与心理危机应对 ……… 191

第一节 生命的意义 / 191
一、关于生命 / 192
二、关于死亡 / 197

第二节 大学生心理危机应对 / 200
一、心理危机概述 / 200
二、心理危机的预防与干预 / 202

第十二章 欣欣向荣——关于幸福的积极心理学 ……………… 209

第一节 积极心理品质及其培养 / 209
一、积极心理品质的内容 / 210
二、大学生积极心理品质的培养途径 / 212

第二节 幸福感及其培养策略 / 214
一、幸福感及其影响因素 / 215
二、增进幸福感的策略 / 222

参考文献 …………………………………………………… 226

二维码资源目录

1.1	心理与心理健康	1
1.2	心理健康水平及评估	6
1.3	大学生心理健康的标准与影响因素	11
1.4	大学生维护心理健康的途径与方法	14
2.1	大学生常见心理问题	19
2.2	抑郁症的诊断和治疗	25
2.3	大学生心理咨询	27
2.4	大学生心理咨询的流程	31
3.1	认识自我	40
3.2	大学生自我意识的发展特点与规律	43
3.3	关于自尊	50
3.4	大学生自我意识的完善	51
4.1	人格的内涵及特征	60
4.2	大学生常见不良人格品质以及矫正	69
4.3	健全人格的塑造	74
5.1	大学生的学习与心理健康	80
5.2	大学生常见学习心理问题及调适（一）	84
5.3	大学生常见学习心理问题及调适（二）	84
6.1	情绪健康的标准与表现	102

6.2 情绪管理方法 ·· 107

6.3 共情能力的培养 ·· 111

7.1 大学生人际交往原则 ·· 120

7.2 人际交往的知觉偏差 ·· 128

7.3 微笑、倾听、幽默——优化交往的小技巧 ··· 130

7.4 分享、接纳、赞美——促进沟通的小技巧 ··· 132

8.1 关于爱情心理 ·· 136

8.2 大学生恋爱的特点 ·· 140

8.3 健康的恋爱观和择偶观 ··· 143

8.4 大学生的性困惑 ··· 148

9.1 认识压力 ··· 156

9.2 压力应对 ··· 161

9.3 认识挫折 ··· 165

9.4 挫折应对 ··· 169

10.1 职业生涯规划的定义与意义 ·· 176

10.2 职业生涯规划的步骤 ··· 177

10.3 就业心理调适 ··· 187

10.4 大学生的职场适应 ·· 190

11.1 健康的生命观 ··· 195

11.2 大学生的心理危机 ·· 201

11.3 心理危机干预的对象和步骤 ·· 204

12.1 关注积极心理品质 ·· 210

12.2 关于幸福的解读 ·· 215

12.3 学会幸福 ··· 222

12.4 画出幸福——幸福树的绘画 ·· 222

第一章 正心诚意——大学生心理与心理健康

【教学目标】

知识目标：了解心理学与心理健康的基本内涵；掌握大学生心理发展的基本特点以及大学生心理健康的标准。

能力目标：能够自我评价心理健康的水平；能够针对自己的心理问题及时采取适当的措施。

【心灵漫话】

此心光明，亦复何言。　　　　　　　　　　　　　　　　——［明］王阳明

如果做好心理准备，一切准备都已经完成。　　　　　　——［英］威廉·莎士比亚

第一节　心理与心理健康

1.1　心理与心理健康

【心理案例】

> 陈同学进入大学一个多月了。她开始慢慢熟悉大学的生活。大学校园里的很多新鲜事物吸引着她，让她感到每天都有新的收获，但也有一些事困扰着她：和3位同学住在一个房间有点挤，没有自己独立的私密空间；以前从没和爸妈分开过这么久，每天只能打电话说说话，闲下来的时候特别想家；大学的老师上课很有意思，可还没怎么听明白，一章内容就讲完了；餐厅的饭菜越来越难吃；和同学交往感觉有些困难，有些人说话很难听……她感觉自己许多方面难以适应，开始怀疑自己心理有问题。
>
> 陈同学面对的是每一位大学生都会经历的新生入学适应阶段。生活和学习环境发

生了很大的变化，远离了原有的社会支持；而新的社会支持还没有真正建立，就读的学校可能与理想中的大学有很大偏差，这些因素会给大学新生较大的影响，使之产生一些心理困惑。但这些心理困惑的出现是否就说明心理不健康了呢？怎样才是心理健康？心理不健康又有哪些表现呢？

【心理知识】

一、心理现象与心理学

1. 心理与心理学概述

心理是大脑对客观现实的主观反应。人的心理不是一般物质的运动，是人的机体的机能、活动过程或运动。大脑是心理活动的主要器官。但大脑的活动与机体的其他部分的活动相互协调，不可分割。心理活动还与体液有关。人认识世界还有赖于内外感受器官的特异传入。

心理学是研究人的心理现象即心理活动及其规律的科学。它研究人的心理活动如何产生和发展、表现形式及相互关系等。在学科分类中，通常将学科分成自然科学和社会科学两大类。心理学研究心理现象的物质本体，即心理的神经生物学基础，包括不同心理现象的脑机制、脑损伤与各种心理疾病的关系，脑发育对心理发展的影响，遗传在人类行为中的作用等，其研究目标和手段都和自然科学一样，因而具有自然科学的性质。

但是，人又是社会的实体，人的心理发生和发展离不开社会环境的影响。即使是人的感觉和知觉，如敏锐的观察力和音乐听力，也是在社会实践中发展起来的。此外，心理学还研究社会心理或团体心理，这些心理现象更是社会生活的产物。在这个意义上，心理学的研究又具有社会科学的性质。

【知识拓展】

现代心理学的分类

现代心理学的发展，在理论上已形成了基本的、作为一门科学的独立体系，在应用上与社会各实践领域建立了广泛的联系，从而形成许多分支学科。主要分支学科有以下几种：

普通心理学：研究正常成人的心理过程和个性心理特征的一般规律的学科。

生理心理学：研究心理的生理基础和机制的学科。

社会心理学：研究个体在特定社会、群体条件下，心理、动机、人际关系发生和发展及其规律的学科。

发展心理学：研究个体心理在各个阶段各方面的发展规律的学科。

教育心理学：研究学校教育和教学过程中学生的心理活动规律的学科。

文艺心理学：研究各种艺术领域中的心理现象和规律，以及艺术家独特的心理素质的学科。

体育运动心理学：研究体育活动和竞赛活动所涉及的心理特点的学科。

组织管理心理学：研究组织管理工作中人的心理特点，包括领导者与被领导者的心理素质以及二者之间的关系的学科。

临床心理学：研究异常心理的发生原因、发病机制、症状与诊断、预防与治疗的学科。

2. 心理现象

人们无论从事什么活动，都伴随有各种心理现象。正是在心理活动的调节下，人们的各种行为才能正常进行，并达到预期的目的。一般来说，心理现象可以分为心理过程、个性心理和心理状态三个部分。

心理过程是指人的心理形成及其活动的过程，它包括认知过程、情感过程和意志过程。认知过程是人们认识事物现象的心理活动过程，它包括感觉、知觉、记忆、想象和思维。由于客观事物与人存在某种联系，人在认识客观事物的过程中，总会产生一定的态度和主观体验，引起满意、喜爱、厌恶、恐惧等情绪，这就是情感过程。人对客观事物不仅感受、认识，还要处理、改造。人自觉地支配行动以达到预期目标的心理活动过程称为意志过程。

个性心理包括个性倾向性和个性心理特征。个性倾向性是个性结构中最活跃的因素，是一个人进行活动的基本动力，主要由需要、动机、兴趣、信念、理想和价值观等构成。个性倾向性决定人对现实的态度，决定人对认识活动对象的趋向和选择。个性心理特征是指一个人经常地、稳定地表现出来的心理特点，主要包括能力、气质和性格。它集中反映了个人心理的独特性。人们的心理特征是千差万别的，有些人聪明伶俐、足智多谋，有些人能歌善舞、多才多艺，这是人的个性差异在能力方面的表现；有些人寡言少语、稳健持重，有些人开朗健谈、直爽热情，这是个性差异在气质方面的表现；有些人在待人接物中，表现得谦虚礼貌、不卑不亢，而有些人则显得轻浮傲慢，或者虚伪狡猾，这是个性差异在性格方面的表现。

心理状态是指心理活动在一段时间里出现的相对稳定的持续状态，它既不像心理过程那样变动不羁，也不像心理特征那样稳定持久。人的心理活动总是在觉醒状态（注意状态）和非觉醒状态下展开的，这些不同的心理状态体现着主体的心理激活程度和脑功能的活动水平。

人的心理现象的各个方面可表示为一个结构图，如图 1-1 所示。

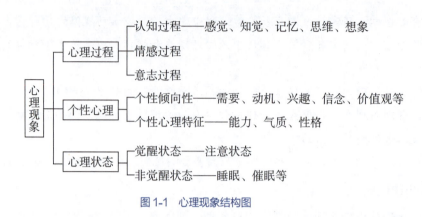

图 1-1 心理现象结构图

心理现象的各个方面不是孤立的，而是彼此相互关联、共同存在于统一的心理活动中。其中心理过程反映了人心理活动的共性规律；个性心理则是每个人心理活动的特色，体现的是个性的规律；心理状态则是心理活动的背景状态，它不能单独存在。此外，认知过程、情感过程和意志过程之间相互联系、密不可分，它们共同存在于同一心理过程之中。而心理过程和个性心理也紧密相关，没有心理过程，个性心理就无法形成。同时，已经形成的个性心理特征又影响着心理过程，并在心理过程中表现出来，使每个人的心理过程都具有独特的色彩。

上面讲到的心理过程、个性心理和心理状态是存在于个体身上的心理现象，我们称之为个体心理。但是，人是社会的实体，人作为社会的成员，总是生活在各种社会团体中，并与其他人结成各种各样的关系，如亲属关系、朋友关系、师生关系等。由于社会团体的客观存在，便产生了团体心理或社会心理。团体与个体一样，存在着团体需要、团体利益、团体规范、团体舆论、团体目的等心理特征。一个团体由于具有某些特定的心理特征而区别于其他团体。

团体心理或社会心理与个体心理的关系，是共性与个性的关系。团体心理是在团体的共同生活条件和环境中产生的，它是该团体内个体心理特征的典型表现，而不是个体心理特征的简单总和。团体心理不能离开个体心理，但它对个体来说，又是一种重要的社会现实，直接影响个体心理或个体意识的形成与发展。因此，社会心理及其与个体心理的关系也应成为心理学的研究对象。

二、心理健康与生活

1. 现代健康观

健康是人类自古以来都特别关注的一个主题。现代健康观认为，健康指的是有机体的机能正常、没有缺陷和疾病的状态。所谓机能正常指的是在生态系统中，有机体与其环境（指与有机体发生物质与能量交换的系统）能保持良好的适应。而适应，是指有机体与环境能保持适度的动态平衡。作为一种机能状态，适应具有复杂的多样性，既有消极与积极、简单与复杂、低级与高级之分，又有生理、心理、社会之别。因此，从现代健康观的角度看，完整意义上的健康就是个体身体健康、心理健康和良好社会适应的和谐统一。

世界卫生组织在1948年的成立宣言中指出："健康是指身体上、心理上和社会适应上的完满状态而不仅是没有疾病和虚弱现象。"1978年，国际初级卫生保健大会发表的《阿拉木图宣言》对健康的含义作了重申："健康不仅是没有身体疾病和虚弱，而且是身心健康、社会幸福的完美状态。"这就是说，一个人的完整健康应当包括身体、心理和社会适应三个方面的完满状态。一个人必须具备健康的身体、健全的心理和良好的社会适应能力，才能称得上真正的健康。

> **心理问题**
>
> 问：我进入大学两周多了，肠胃一直不好，肯定有生理问题，这是否也与心理有关？
>
> 答：不少入学新生的身体健康问题与适应不良有关，与心理有直接关系。积极调适心理状态，有助于身体的康复。

此外，身体健康与心理健康具有非常重要的联系，相互关联，相互影响。身体健康是心理健康的基础和载体，心理健康又是身体健康的条件和保证。由此可以说，身和心是一体的。现代医学和心理学的研究结果表明，积极健康的心理状态有益于身体健康，消极不健康的心理状态则使人容易患生理疾病；生理机能的异常状态也会导致心理的变化；很多生理疾病与心理因素密切相关。

2. 心理健康的概念

关于心理健康，国内外专家学者提出了许多观点。

1946年，第三届国际心理卫生大会指出："所谓心理健康，是指在身体、智能及情感上与他人的心理健康不相矛盾的范围内，将个人心境发展成最佳状态。"

日本学者松田岩男认为："所谓心理健康，是指人对内部环境具有安定感，对外部环境能以社会认可的形式适应这样一种心理状态。"

心理学家英格里士认为："心理健康是指一种持续的心理状况，主体在这种状况下能作良好的适应，具有生命的活力，能充分发展其身心的潜能。这是一种积极的、丰富的状况，不仅是没有疾病。"

我国学者冯忠良等认为："心理健康是人类个体对其生存的社会环境的一种高级适应状态。"

随着积极心理学的兴起，人们对心理健康也有了新的认识。杰何达提出了"积极的心理健康"概念，认为心理健康不仅是指没有心理疾病，而且能充分发挥个人潜能，发展建设性人际关系，从事具有社会价值的创造，追求高层次需要的满足，追求生活的意义。这

种"积极的心理健康"的个体表现出以下六个方面的素质和能力:

(1)能够对自己做出客观的评价和分析,能够正确判断自己的体验、感情、行为。

(2)能够以积极的心态看待人生,努力进取,去实现人生真正的价值。

(3)具有统一、稳定的人格,对自身及外部世界有整体的认识,能有效处理内心的矛盾和冲突,保持均衡状态。

(4)自我调控能力良好。在外界的刺激和压力面前,能够保持自我判断的能力,决定自己的发展方向。

(5)能正确地认知现实,不会在现实中迷失方向。

(6)具有积极地适应和改善环境的能力。

我们认为,心理健康是指个体在与环境的相互作用中,不断调整自身心理状态,自觉保持心理上、社会上的正常或良好适应的一种持续而积极的心理功能状态。作为一种心理功能状态,心理健康的标志是个体与内外环境保持正常或良好的适应。这种适应,是指主体通过自身调节系统做出积极而能动的反应,使主体与环境之间保持或达到新的平衡的过程。

3. 心理健康的标准

由于学者们对心理健康的含义有不尽相同的看法,因而心理学界对心理健康标准的看法也就不完全一致。

1.2 心理健康水平及评估

马斯洛和密特尔曼提出的心理健康标准包括以下十个方面:

(1)有充分的安全感。

(2)对自己有充分了解,并能对自己的能力做出适当的评价。

(3)生活理想和目标切合实际。

(4)与环境保持良好的接触。

(5)能保持自身人格的完整与和谐。

(6)具有从经验中学习的能力。

(7)保持良好的人际关系。

(8)适度的情绪发展与控制。

(9)在满足集体要求的前提下,较好地发挥自己的个性。

(10)在社会规范的前提下,恰当满足个人的基本需要。

我国的精神科专家蔡焯基认为,中国人心理健康的六条标准是:

(1)情绪稳定,有安全感。

(2)认识自我,接纳自我。

(3)自我学习,独立生活。

(4)人际关系和谐良好。

(5)角色功能协调统一。

（6）适应环境，应对挫折。

我国学者佐斌把中国传统文化隐含的心理健康标准概括为以下几个方面：

（1）具有良好的人际关系。

（2）适当约束自己的言行。

（3）保持情绪的平衡与稳定。

（4）正确认识周围环境。

（5）抱有积极的生活态度。

（6）具有完善的自我发展目标。

从以上关于心理健康标准的表述中可以看出，要对一个人的心理健康状况做出科学而准确的判断，需要对人的心理现象和行为进行综合的评估。这不是一件很简单的工作。由于人的心理的复杂性，即使使用某种测量工具进行检测，也不可能像生理指标那么客观、准确。因此，目前使用的各种判断标准都只是一种相对的标准。

此外，正确认识心理健康，还需要把握好以下三点：

（1）心理健康是一个整体的概念。心理素质包括智力因素和非智力因素（即人格因素）两个方面。智力因素指与学习直接相关的感知觉能力、记忆能力、思维能力等。非智力因素主要包括个体的动机、兴趣、情感、意志和性格。因此，人的心理是一个结构复杂的系统，所以我们应当以整体的眼光来看待个体的心理健康状态。

（2）心理健康是一个动态的概念。人的心理是一个不断发展变化的动态系统。一时的心理不适，不能证明一个人心理的不健康。处于人生快速发展阶段的青少年学生容易出现一些心理问题，但这些问题具有阶段性与暂时性，多数是个体心理发展过程中的必然现象，具有一定年龄特点的心理行为特征。这些问题随着学生心理的成长与发展，通过积极的教育和引导，可以得到解决，有些甚至是可以"自愈"的。

（3）关于心理正常与心理异常的区分。日常生活中经常会有"某某是精神病或精神障碍"一类的说法，甚至会有人直接把一般心理问题等同于心理障碍或心理疾病（心理异常）。为便于区分心理正常还是异常，业界一般使用以下三项基本原则。

第一是主客观世界统一性原则。正常的心理活动和行为与客观环境（自然环境与社会环境，特别是社会环境）保持一致。如果经常出现认知与实际不符的心理现象（如幻觉），就属于心理异常。

第二是心理活动的内在协调性原则。即一个人的认知、体验、情感、意志行为是完整的、协调一致的统一体。如，遇到一件令人庆幸的事，会有愉快的情绪体验及相应的表情。但如果一个人用低沉哀伤的语气诉述一件愉快的事件，或者对痛苦的事件做出欢快的反应，那就属于异常状态。

第三是人格相对稳定性原则。一个人的人格具有相对的稳定性，在没有重大变故的情况下，一般是不易改变的。如果一个爽朗、乐观、外向的人，突然变得沉闷、悲观、内向，那就要考虑他是否出现异常，说明他的心理（或行为）可能已经偏离了他的正常轨道。

> **【小贴士】心理健康的水平**
>
> 人的心理可分为心理正常和心理异常两种状态。一般来说，心理正常的人自知力完整，主客观世界统一，心理活动具有内在一致性，人格稳定或相对稳定。心理正常又可以分为心理健康和心理不健康。心理咨询的对象多为具有一般心理问题和严重心理问题的来访者，他们属于心理不健康人群，但也属于心理正常状态。心理异常也被称为心理变态，一般包括神经症、精神病性疾病、人格障碍和其他类精神障碍。需要注意的是，心理症状的严重程度和类别区分需要专业人员进行诊断、评估，没有经过专业训练的人最好不要盲目对照一些标准自我评估。

【生活心理】

大学新生的"四要""四不要"

大学新生入学后，可能会发现大学与想象的大不一样，大学与中学有着截然不同的生活和学习方式。要顺利度过入学适应期，建议大学新生做到"四要"和"四不要"。

一、四要

一要学。学习环境、内容和方法都发生了变化。新生入学伊始，要多向学长请教，多向他们讨教专业发展方向、各门课程学习方法以及如何选修课程等。

二要玩。大学生的玩也是一种学习方式。参加感兴趣的社团或组织，有目的地玩，可以玩出"价值"来，让自己的大学生活更精彩。但也不要盲目参加许多社团，让自己过于疲劳。

三要多观察。对身边的人和事要多注意观察。善于观察，不仅能交到真正的朋友，更能学到许多宝贵的经验。

四要勤思考。观察之后，便要学会思考。刚进大学，所有的事看起来都是如此新鲜。勤思考，会有大收获。

二、四不要

一不要妄自尊大。不能"轻狂"，盲目自大。要知道天外有天，人外有人。

二不要锋芒毕露。大学新生，多数涉世不深，涉猎不广，年轻气盛又容易偏激，最好多看多听，三思而后行，才能逐渐趋向成熟。

三不要勾心斗角。"家和万事兴"，舍友和班级同学都是"家人"，团结协作，大学生活才会很快乐。

四不要为情所困。大学新生里的一见钟情还是会有的，但如果仅是因为一时兴趣或无聊谈的恋爱，那还是尽早解脱为好，毕竟大学几年还有很多更重要的事情需要去做。

第二节　大学生的心理健康

【心理案例】

一女生发现每个室友都有很多缺点，经常感到室友在背后说自己坏话。她不想回宿舍，强烈要求换宿舍。

某男生英俊剽悍，争强好胜，在许多方面都表现得非常突出。某天酒后却号啕大哭，痛诉内心非常孤独。

一学生干部，早出晚归，忙学习忙工作，似乎很充实。她却告诉心理老师，紧张的人际关系令她窒息，想"平凡"一点，却无法停下脚步。

一优秀学生，成绩优异，举止文明，却因为在宿舍"自慰"时被室友不小心看到，想去自杀。

大学校园里，不同家庭、社会文化背景中走出来的不同个性的大学生每天都会发生许许多多的故事，学习的、生活的、人际的、专业发展的等诸多问题都会对大学生的心理产生性质和程度不同的影响。

【心理知识】

一、大学生心理发展特点

1. 心理健康发展具有阶段性

大学生在校期间可分为入学适应、稳定发展和就业准备三个阶段。入学适应阶段的大学生，面临着从中学生活到大学生活的急剧变化，如环境、角色、人际关系、生活方式和学习方法等变化。这些变化，使大学生原有的心理平衡被打破，内心交织着自信与自卑、轻松与压力。只有积极适应，才能顺利度过这一阶段；否则，就会影响到整个大学时期的学习与生活。

经过一段时期的调整适应后，大学生活进入到稳定发展阶段，这是大学生活最主要、最长久的时期。这一时期大学生心理发展的特点是专业学习兴趣浓厚,求知欲强烈,兴趣广泛,思维活跃,对自我认识进一步深入,人际交往增多,一些大学生可能还建立了较稳定的恋爱关系。在这一阶段中,大学生也会遇到许多困难和问题,或者出现某种程度的心理障碍,并在面对、解决这些问题或障碍的过程中不断发展和完善自我。

大学生活即将结束时,大学生进入了就业准备阶段。毕业在即的大学生大多面临着毕业设计、论文答辩、求职择业、毕业去向等诸多选择和思考,心理压力和冲突会不断出现。其中绝大多数同学经过几年的专业学习和心理发展,已具备较为稳定的人生观、丰富的知识和良好的自我调控能力,但也有少数学生因在学业或求职中遇到挫折,会产生种种心理问题(如悲观失望、无所适从等),甚至做出毁坏公物、打架斗殴的不当行为。

2. 需要复杂,情感丰富却不稳定

需要是情绪与情感产生的基础。大学生的心理需要复杂多样,既有衣食住行等基本生活的需要,又有迫切的交往需要和成就需要,渴望理解和尊重,寻求友谊和爱情,他们还有自我实现和求真、求善、求美的高层次需要。复杂、强烈的需要导致大学生的情绪与情感体验丰富而深刻,使得他们不论在日常生活、学习、交往中,还是从事社会活动时,无不带有浓厚的感情色彩。但是,由于大学生生理、心理和社会性上的不平衡,他们的情绪和情感具有不稳定的特点,常在两极之间动荡、起伏:时而平静、时而活跃,时而积极、时而消极,时而肯定、时而否定,时而内隐、时而外显。此外,大学生精力充沛、血气方刚,具有勇往直前的气魄,但有盲目蛮干倾向,尤其是在感受到挑衅和敌意时,容易情绪失控,呈现出冲动性特点。

3. 智力发展存有内在矛盾

人的智力水平从出生后开始迅速发展,20～35岁时达到顶峰水平。大学生经过十几年的学习训练,到大学阶段,各项智力因素均达到相当水平。他们记忆力强、观察敏锐、思维活跃、反应敏捷,表现出强烈的求知探索、开拓创新的倾向。尤为可贵的是,随着知识的拓展、经验的积累和思维能力的提高,大学生不再满足于停留在事物的表层或定论上。但由于知识、经验的局限和认识方式的不足,他们在分析问题时往往容易钻牛角尖,过于主观片面,得出与事实相去甚远的结论。

4. 自我意识趋于成熟与完善

自我意识是人对自身及自身与周围世界关系的认识。人的自我意识从儿童期开始发展,到青年期逐步走向成熟。大学生由于生活环境的变化,脱离父母的呵护,开始了独立生活,因而成人感、独守感自然增强,自我意识进一步发展。他们更多地把目光从外部世界转向自己的内心世界,致力于自我认识、自我体验、自我评价、自我监督和自我约束。他们加强自省,注重对内心的分析和体验,力图了解自己的情感,关心别人对自己的评价,渴望得到尊重

和理解。他们十分注重塑造自身形象,并设计出理想中的自我模式,现实自我与理想自我开始产生区别。大学生的自我意识虽然在发展,但尚不能正确认识自己,往往容易过高估计,一旦遭遇挫折,又容易产生自卑感。这表明大学生的自我意识还没有达到完善与统一。

5. 爱情需要与性意识进一步发展

随着大学生性生理、性心理的发展,爱情需要与性意识也快速发展起来。他们对异性充满好奇,关注异性。他们追求纯洁美好的爱情,加上大学环境较为宽松,不少学生已开始考虑恋爱问题,并试图建立相对稳定的恋爱关系。不少大学生能合理选择恋爱时机,处理好学业与爱情的关系,并采取文明健康的恋爱方式,使之成为人格完善的契机和美好人生的华章。但也有部分大学生在尚不了解爱情真谛时就匆忙涉足爱河,陷入感情漩涡,影响了学业,或者不能慎重处理两性关系,酿成悔恨的苦酒。

二、大学生心理健康的标准

心理健康的标准是相对的。评价一个人的心理健康状况必须考虑年龄、性别、社会身份、情境等各种因素。某些行为发生在儿童身上是正常的,发生在成人身上则是异常的;某些行为在特定的社会背景和条件下是正常的,但在其他情况下出现则被视为病态。国内学者通过对大学生心理健康状况的研究,结合大学生心理咨询的实践经验,总结出了大学生心理健康的标准,概括如下:

1.3 大学生心理健康的标准与影响因素

1. 智力正常

智力正常是个体从事一切活动的最基本的心理条件,是大学生胜任学习任务、适应环境变化的心理保证。衡量大学生的智力发展状况,关键要看其智力是否能够正常、充分地发挥。就大学生而言,有强烈的求知欲和浓厚的学习兴趣,能够愉快地完成学习任务,即是心理健康的表现。反之,如果学习成为沉重的负担,厌学情绪严重,学习效率低下,甚至不能坚持正常的学习,则是心理不健康的表现。

2. 情绪积极稳定

积极稳定的情绪是心理健康的重要标志。心理健康的大学生能经常保持积极、愉快的心境,热爱生活,对未来充满希望,善于控制和调节自己的情绪,遇到挫折时情绪反应适度并且能够积极面对。反之,如果一个大学生喜怒无常,遇到一点小事就情绪大起大落,或长时间处于消极情绪状态不能自拔,则是心理不健康的表现。

3. 意志健全

意志健全者在行动的自觉性、果断性、坚韧性和自制力方面都表现出较好的品质。意志健全的大学生有明确的学习目的和生活目标,有坚定的信念和自觉的行动,在各项活动中都表现出良好的意志品质，具有充分的自信心、高度的责任感和使命感，能克服不良习惯，克制不良欲望，抵制不正当的诱惑。反之，如果行动盲目、优柔寡断、动摇不定、任意放纵，则是心理不健康的表现。

4. 人格完善

人格结构包括理想、信念、动机、需要、兴趣、价值观、人生观、能力、气质、性格等。一个人格完善的人，其人格的各个方面能够以整体的精神面貌完整和谐地表现出来。这种和谐统一性是确保一个人具有良好的社会功能和有效地进行社会活动的心理基础。人格完善是大学生心理健康的核心要素。如果一个人经常发生强烈的内心冲突，行为与态度不一致，一切以自我为中心，既缺乏同情心又无责任感，他的心理就是不健康的。

5. 恰当地自我评价

能够恰当地自我评价是大学生心理健康的主要表现之一。心理健康的大学生能够体验到自己存在的价值，对自我目前所处的状态和环境、自我未来的发展方向都有清醒的认识，并能正确地认识自己，客观地评价自己，同时也能悦纳自己，既不妄自尊大，也不妄自菲薄。如果一个大学生没有明确的发展目标，整日浑浑噩噩，或者妄自尊大、好高骛远，或者自轻自贱、悲观失望，甚至试图逃避现实，则是心理不健康的表现。

6. 人际关系和谐

人际关系和谐是心理健康的重要保证，也是衡量大学生心理健康的一个重要指标。心理健康的大学生敢于交往、乐于交往、善于交往，既有广泛的人际关系，又有稳定的知心朋友，在交往中能用真诚、宽容、理解、信任的态度与人相处，能理智地接受和给予爱，与集体保持协调的关系，能正确处理人际冲突，化解矛盾，处理好竞争与互助的关系。

7. 社会适应良好

社会适应良好是指能正确认识社会环境并能处理好个人和环境的关系。心理健康的大学生能与社会保持良好的接触，对社会现状和未来有较清晰、正确的认识，能够主动调整个人与社会现实的矛盾冲突，主动适应现实环境，与周围环境保持协调一致。相反，大学生如果不敢正视社会现实，逃避社会现实，甚至出现与社会背道而驰的反社会行为，则是心理不健康的表现。

8. 心理行为符合年龄特征

心理健康的大学生应该具有与自己年龄相符的认知、情感和行为反应模式。如果心理、行为经常与实际年龄不符，则是心理不健康的表现。心理健康的大学生表现为朝气蓬勃、精力充沛、勤学好问、反应敏捷、勇于创新。整天紧锁双眉、老气横秋，或像小孩子一样经常喜怒无常、过度依赖别人，甚至行为幼稚可笑，则是心理不健康的表现。

【小测验】

对照大学生心理健康的八条标准，采用5点计分法对自己的心理健康水平进行自评。如在人际和谐维度，如果人际交往能力和人际关系非常好就给自己5分，如果非常不好，就打1分。综合各项数据，在一个八角形的八个顶点标注各维度及其得分，就可以完整地看到自己的心理健康状况。

如前所述，心理健康的标准只是一个相对的衡量尺度，其基本标准是能有效地进行工作、学习和生活。大学生偶尔出现一些不健康的心理现象和行为并不等于心理不健康，更不等于患上了心理疾病。

三、大学生心理健康的影响因素

研究认为，遗传素质、成熟水平、身体健康状况和个体人格特质等身心方面的因素对大学生心理产生较大的影响，而家庭、学校以及其他社会因素也对心理产生重要的影响。

1. 社会环境因素

经济因素作为社会环境因素的一个重要组成部分，对大学生的心理产生很大的影响。在市场经济大潮的冲击下，有的大学生在商品化的思潮中出现了自我价值危机，原来价值定向的唯一标准是学习成绩；步入大学后，价值标准开始多样化，经济地位、社会关系甚至外貌都可能影响个体的自我价值感。因此有些大学生可能受到多重价值定向所带来的矛盾冲击，从而影响情绪、认知及行为。

多元文化思潮也对大学生的心理结构的内容、行为和应对方式有着不可忽视的影响作用，使大学生的思想出现新动向，表现出纷繁复杂的思想观念和行为方式，在一定程度上导致大学生心理处于亚健康状态。

近年来，就业竞争压力也给大学生带来较大的心理压力，而且这种情况在各年级都存在。有调查结果显示，个人前途与就业已成为大学生心理压力最大的因素，而且压力有随年级增高而上升的趋势。

2. 家庭和学校教育因素

当代大学生多数从小处于家庭的羽翼保护之下，衣食无忧的生活使他们很少经受挫折锻炼，独立生活和协作能力相对较低。现实的大学生活与梦想的象牙塔中的生活的落差，以及同学间生活和价值观上的差异，很容易使他们产生心理上的不稳定。

大学生的心理问题与家庭和学校过于注重应试有关。目前虽然提倡素质教育，但中小学的心理学教育基础参差不齐，几乎与大学接不上轨，使大学的心理素质教育承受了太重的包袱。举例来说,很多贫困大学生有不平衡心理,对家庭和社会有所抱怨,对其他同学有所排斥,他们表面上显得自强,甚至自负,但事实上内心脆弱而自卑。

3. 大学生自身因素

首先,表现在大学生生理与心理发展不平衡。如生活能力差,对家长的依赖性强,认知和情感发育不正常,大学生的心理断乳期较长。再如,较强的"自我中心意识",认为别人对自己的付出是应该的,自己有权利得到父母的爱和照顾,而无需尽义务。还有,不能管理好自己的行为,行动时不考虑后果。大学生虽然生理成熟了,但心理却未成熟,导致生理与心理发展不平衡。

其次,表现在维护心理健康的意识不足。大多数大学生在小学和中学阶段未接受过系统的心理健康教育,心理健康知识匮乏,对心理健康存在认识上的偏差。如对心理健康标准片面理解,通常认为心理健康就是没"病",只有患精神病的人才有问题。缺乏维护心理健康的意识使很多学生错过了避免形成心理问题的最佳时机。他们往往是在心理问题日益严重,以至于直接影响到其正常的生活时,才不得不采取应急措施或是寻求心理咨询的帮助。

另外,人格上的缺陷、人际交往能力的不足、适应能力较低等也是大学生心理问题的重要影响因素。

四、增进大学生心理健康的途径与方法

当今大学生的心理健康问题不仅关系到其个人的生活、学习、工作及其健康成长,也关系到中华民族素质的提高,关系到社会的发展与未来,应该引起大学生自身和社会的高度重视。了解必要的心理保健常识,采取积极的措施维护心理健康对于大学生来说是十分必要的。

1.4 大学生维护心理健康的途径与方法

1. 掌握一定的心理健康知识,树立正确的健康观念

在我国,大学生对心理健康还存有片面理解。他们往往认为只要没有心理疾病就是健康,而忽略大学生应具有的持续的、积极的心理状态,忽略了自身潜能的发挥。为此,大学生应通过一些途径掌握一定的心理健康知识,如可以参加课程学习,听有关心理健康的讲座,也可以自修,阅读有关的心理学书籍,从理论上提高自己。掌握了一定的心理健康知识,就等于把握了心理健康的钥匙,掌握了心理健康的主动权,就有了自救能力,也就能做到防微杜渐,防患于未然,有利于顺利地度过大学生活。

2. 了解自我,悦纳自我

尽管每个大学生都认为对自己是了解的,但事实上他们中的很多人并没有很好地了解自己,并不能对自己做出客观的评价。过高估计自己,会使大学生在实现抱负的过程中,困难重重,处处碰壁,感到周围的人和物都在和自己作对,自以为怀才不遇、时运不济而

牢骚满腹；过低估计自己，会使大学生缺乏自信和进取心，不去努力寻求发展，坐失良机，没有和别人竞争的勇气，最终导致自暴自弃。大学生不仅要客观地认识自己、评价自己，而且要愉快地接受自己。任何人都是优缺点的集合体，都有可贵之处，也难免存在一些不足与有待完善的地方。大学生应该看到自身的优点，不断地发扬光大，"开发"利用它。同时，也要正视自身的不足，并不断克服、改正。

3. 调节和控制不良情绪

情绪是人的心理状态和心理活动的背景，是心理因素中对健康影响最大、作用最强的因素。情绪体验有强弱、正性负性之分。稳定而乐观向上的情绪，会使人心情开朗，精力充沛，对生活充满兴趣与信心，更好地发挥潜能，提高学习效率。相反，如果一个人情绪波动不稳，喜怒无常，处于不良情绪状态中，而自己不会调节和控制，就会影响健康。大学生要善于调节和控制自己的情绪，需要做到以下几点：一是情绪反应要适度，既不要无限地压抑自己，也不能无克制地发作、放纵自己；二是对于消极情绪，不一味沉浸其中不能自拔，要学会积极的自我暗示和恰当的宣泄、注意力转移及目标升华等自我疏导方式；三是培养自己的各种兴趣和爱好，参加有益的娱乐活动，这也是保持良好情绪状态的较好方式。

4. 学会共处

作为集体中的一员，大学生不可避免地要与人交往，同他人交流思想和感情，相互启发，相互疏导，增进彼此的沟通和理解，得到更多的社会支持，建立充分的安全感和信任感。学会共处是每个人毕生的学习课题，它对于心理健康来说是必不可少的。

5. 养成良好的生活习惯

生活习惯与人的身心健康有着密切的关系。良好的生活习惯使人精力充沛，延年益寿；不良的生活习惯对人的身心健康则会造成危害。处于成长中的大学生可以从以下几个方面入手，养成良好的生活习惯。

（1）生活有计划、有规律。有规律的生活和科学的作息安排是使人精力充沛、身心健康、提高活动效率的保证。但约有60%的大学生生活没有规律，不按时起床、睡觉、用餐，不能妥善安排好学习、休息、娱乐时间，生活无计划。生活缺乏规律，经常破坏生物节律，会导致身体机能减退，负性情绪增加，植物神经功能紊乱，学习效率降低。长此以往，不仅影响学习，而且容易使身心受到损害。

（2）适度进行体育锻炼。生命在于运动。体育运动不仅对生理健康有重要作用，而且影响人的心理健康。运动可以提高中枢神经系统的反应能力，加速人体生长发育。运动还能使人感知敏锐，观察力加强，促进注意力和记忆力的发展，提高思维的敏捷性和灵活性，提高人的活动能力，培养乐观开朗的性格，增强自信心，培养勇敢、顽强的意志。

（3）不吸烟，少喝酒。长期吸烟会影响人的智力水平，使人注意力分散，记忆力减退，思维不灵活，反应迟钝，学习和工作效率下降，并影响人的个性品质。饮酒成瘾或者大量饮酒，对身心健康有严重的危害。酒可直接或间接引起胃炎、胃溃疡、酒精中毒性肝炎等疾病，产生焦虑、抑郁、幻觉、妄想以及遗忘症、痴呆等。酒还会导致情绪不稳定，好冲动，行为容易失控。

（4）科学用脑并注意用脑卫生。大学生的主要任务是学习。在紧张的学习中，要注意科学用脑，改进学习方法，提高学习效率，做到劳逸结合，力戒"疲劳战术"，提倡"积极性休息"。过度的疲劳、紧张或长时间的高度兴奋、强烈刺激，都会引起脑功能失调，容易导致各种神经症，产生身心疾病。积极性休息是指采取合理措施，让大脑皮层的兴奋和抑制过度重新分配的休息方法。它对心理健康十分有益，可以使大脑皮层活动消耗量减少，不易疲劳，兴趣专注，提高学习效率。

> 【小贴士】正确看待心理咨询
> 1. 不是"有病的人"才去心理咨询。心理咨询包括发展性咨询、心理适应咨询和心理障碍咨询。
> 2. 心理咨询不是心理治疗，心理咨询师不是心理医生。
> 3. 心理咨询不可能一次性解决所有问题。

6. 积极主动寻求心理咨询和辅导

心理咨询和辅导已经成为各高校心理健康教育的一个重要途径。目前，几乎所有的高校都设有专门的心理咨询室，并配备专业的心理咨询师队伍。心理咨询和辅导可以有效地帮助来访者缓解心理压力，解决心理问题。积极主动地寻求心理咨询和辅导，可以使大学生及时地摆脱困惑和压力的影响，避免了某些微小问题严重影响学习、生活，并导致严重心理问题，甚至精神疾病发生的可能。目前，很多大一新生对心理咨询和辅导还存有偏见，认为是心理不正常或者有心理疾病才需要的。殊不知，能积极寻求心理援助不仅有助于心理健康，也是心理正常的一种表现。

【团体活动】

大学新生适应团体心理活动方案

一、活动名称：千里来相会，相逢是首歌。

二、团体目标：帮助成员形成客观的自我意识、积极的自我体验，促进成员有效适应新环境。

三、团体成员：班级内每12人为一个小组。由接受过心理辅导培训的高年级学生或辅导员担任团体领导者。

四、活动时间：一个半小时。

五、活动场所：独立、安静的教室。

六、活动方案

（一）热身活动

目标：促进成员熟悉，建立良好的成员互动关系。

内容：滚雪球。

方法：

（1）成员报数，单数成员为一组，组成外圈，双数成员为一组，组成内圈。内外圈成员两两相对，伴随音乐，内圈同学顺时针移动，外圈成员逆时针移动，音乐停时，相对的成员要相互自我介绍。1分钟后游戏继续。

（2）一轮游戏结束后，可扩大交往范围，内外圈相邻两组4名成员为一组，相互介绍。

（二）主要活动

目标：帮助成员增强团队意识，认识到自己应该迅速适应新环境，融入集体中。

内容：

1. 突破重围

方法：

（1）成员手拉手组成一个包围圈，一名成员站在圈外要努力冲进包围圈。"包围圈"要力求坚固，避免被对方击破。圈外的成员可以采取各种方式力求突围成功。

（2）成员分享、交流活动中的感受。领导者要引导成员明确个人的力量是有限的，被排斥在集体之外是痛苦的，从而增强成员的团队意识和对新集体的认同感。

2. 纸杯任务

方法：

（1）成员分成三组，每组4人，站成一列。

（2）各组排头的成员杯中要装满水，用嘴咬住，从起点出发，绕过障碍走到指定地点后返回起点，将杯中的水倒入第二位成员的杯中。

（3）各组第二位成员手背后，拿着空纸杯，接住第一位成员传递过来的水。保持该姿势，从起点出发，绕过障碍，走到指定地点后返回起点，将纸杯传递给第三位成员。

（4）各组第三位成员接住第二位同学传递的纸杯，自己的纸杯中也要装满水，双手平举两杯水从起点出发，绕过障碍走到指定地点后返回起点，将水杯传递给第四位成员。

（5）各组第四位成员接住第三位成员传递的水杯，两手平端，嘴里还要衔着一个装满水的纸杯，完成上述路线。先完成任务者获胜。

要求：整个过程中，成员间只能提出意见和建议，不许动手帮忙。如果完成任务时犯规或水洒出，则要回到起点，重新开始操作。

（6）引导成员分享、讨论活动中的感受和体会。

3. 我的大学

方法：

（1）成员分组讨论，谈一谈自己理想的大学生活是怎样的？进入大学后自己的感受又是怎样的？哪些人、哪些事让自己印象深刻，感受美好？又有哪些人、哪些事使自己感到困惑？自己应该怎样面对未来的大学生活？

（2）各组派代表交流讨论结果，领导者给予指导和建议。

（三）结束活动

目标：帮助成员总结收获，进一步强化团体目标。

内容：

（1）领导者带领成员分享本次团体活动的收获。

（2）领导者进行总结。

（3）团体活动在歌曲《相逢是首歌》中结束。

【推荐阅读】

1. 书籍：《重塑心灵》（升级版）李中莹. 北京：北京联合出版公司，2015.

简介：这是国际NLP（身心语言程序学）大师李中莹的经典著作。阅读本书，将学会：做情绪的主人，充分享受、完全拥有正面情绪，恰当处理负面情绪；利用大脑工作规律，运用潜意识引导我们相信有解决问题的能力和方向；建立和谐的信念系统，改进对待同类事情的想法与做法，化解内心冲突；通过制造机会不断肯定自我，提高自我价值，自尊、自信、自爱；从自己理想的身份出发，制订出改变环境及行为层次的计划，激发个人潜力；正确运用内感官的知识改变与别人的沟通方式，改善自己的人际关系网络；恰当使用正面词语，掌握大脑接收语言的规律，拥有充满力量的健康心理。

2. 书籍：《爱的重建》[美]梅丽莎·摩尔，[美]米歇尔·马特里西阿尼. 郑毓岑，译. 北京：中国友谊出版公司，2018.

简介：梅丽莎·摩尔是一名享誉国际的心理创伤与复原专家。米歇尔·马特里西阿尼是《纽约时报》畅销书编辑及资深撰稿人。两位作者统整长久以来的访谈内容，融合自身经验，佐以研究证明，最后集大成于新书《爱的重建》，介绍面对重创的五大步骤，带领深陷在绝望深渊的人们，缓慢而坚定地远离苦痛，并进一步地鼓励大家，如何在支离破碎的过去中接受现实，找到最真实且完整的自己，走向健康快乐的未来。在阅读过程中，读者不但能细听各种心路历程，获得慰藉，还可以遵循作者的建议拯救自己，帮助他人。

第二章 玉汝于成——大学生心理问题与心理咨询

【教学目标】

知识目标：了解大学生常见的心理困惑与异常心理；掌握心理困惑与心理异常的症状。

能力目标：辨识自己的心理健康状况，学会自我调适和寻求专业帮助。

【心灵漫话】

宝剑锋从磨砺出，梅花香自苦寒来。　　　　　　　　　　　　——《警世贤文》

让你疲惫的不是连绵不断的群山，而是你鞋子里的一粒沙子。

——［爱尔兰］乔治·萧伯纳

第一节　大学生常见的心理问题

2.1　大学生常见心理问题

【心理案例】

某大学一名女生，学习成绩在班上排第一名。从高中到大学很少与异性同学交往，别人评价她是个冷漠、孤傲的人。从小养成了以自我为中心的习惯，因此，在成长和交往的过程中，朋友越来越少，慢慢地脱离了群体，把自己封闭起来。后来她开始反省自己，然后深深自责，把怨气都闷在心里，总觉得难以与周围的同学建立一种和谐的关系，非常担心毕业后不能适应社会生活。近来更是觉得自己一无是处，极度自卑，没有勇气参加任何活动。该女生所遇到的心理问题，是由其社会适应挫折所引发的人际交往压力。她直接感受到的心理压力来自不和谐的人际关系，而且经历了两种极端的相处方式，先是过分地以自我为中心，把自我与群体、社会隔离起来；后又过于以

> 他人为中心，事事自责，迷失和忽略了自我。根本原因是该女生缺乏人际沟通能力，从而在现实生活中迫切感受到社会适应性压力。当她面临迫切的人际压力时，一开始采取的是比较积极的应对方式，但由于对个性和能力的培养过程缺乏科学认识，过于急功近利，在受挫后，极易滑向消极的应对方式，从而进行了错误的自我评价，使心理问题趋于严重化。

【心理知识】

一、心理问题概述

心理问题也称心理失衡，是正常心理活动中的局部异常状态，不存在心理状态的病理性变化，具有明显的偶发性和暂时性，常与一定的情境相联系，常由一定的情景诱发，脱离该情景，个体的心理活动则完全正常。按照程度的不同，我们将大学生的心理问题划分为三类：发展性心理问题、适应性心理问题与障碍性心理问题。

1. 发展性心理问题

主要是指个体自身不能树立正确的自我认知，特别是对自我能力、自我素质方面的认知，其心理素质及心理潜能没有得到有效、全面的发展。其特点主要体现在自负或缺乏自信、志向愿望过高或偏低、责任目标缺失等几个方面。如大学生对自我认知不清晰，学业发展遇到困惑，与同学关系出现小摩擦，等等，持续时间较短，原因单一，对学习和生活影响不大。

2. 适应性心理问题

适应是个体通过不断做出身心调整，在现实生活环境中维持一种良好、有效的生存状态的过程。适应性心理问题是个人与环境不能取得协调一致所带来的心理困扰。哈特曼认为：个人与环境的关系体现为一种状态，即个人与环境之间的一种和谐、平衡的状态，这种平衡是机体在不断运动变化中与环境相协调所取得的，这种平衡不是绝对静止的，某一个水平的平衡成为另一个水平平衡运动的开始。如果机体与环境失去平衡而不能及时、有效地调节，就会出现适应性心理健康问题。如大学生的入学心理适应问题，毕业后的入职适应问题等。

3. 障碍性心理问题

障碍性心理问题也称为"心理障碍""心理疾病"，主要特征有：一是个体持久地感受到痛苦（一般以6个月为界限）；二是社会功能受损，表现为人际关系糟糕，容易产生对抗甚至敌对行为；三是表现出非当地文化类型的特殊行为。当个体遭遇人际关系的严重冲突、重大挫折、重大创伤或面临重大抉择时，一般都会表现出情绪焦虑、恐惧或者抑郁，有的表现为沮丧、退缩、自暴自弃，或者异常愤怒甚至冲动报复。有的往往是过度应用防卫机制来自我保护，且表现出一系列适应不良的行为。如果长期持续的心理障碍得不到适当的调适或无法从中解脱，就容易导致严重精神疾病的产生，造成比较严重的后果。

【知识拓展】

网络成瘾是一种疾病

2018年6月公布的《国际疾病分类（第11版）》正式将网络成瘾作为一种独立的疾病。网络成瘾是指在无成瘾物质作用下对互联网使用冲动的失控行为，表现为过度使用互联网后导致较明显的学业、职业和社会功能的损伤。具体来说，网络成瘾包括网络游戏成瘾、网络关系成瘾、网络色情成瘾、信息收集成瘾、网络购物成瘾等，其中以网络游戏成瘾最为常见。一般情况下相关行为至少持续12个月才能确诊。

中国科学院院士、北京大学第六医院院长陆林指出，网络成瘾严重危害青少年的身心健康。长时间上网会影响青少年的生长发育，同时也会增加植物神经系统紊乱、心血管疾病、糖尿病、肥胖以及胃肠道功能紊乱的发生风险，严重时甚至会导致猝死。并且，网络成瘾人群多伴发共病精神障碍，如网络成瘾者中注意缺陷多动障碍的共病率为21.7%，抑郁障碍的共病率为26.3%，焦虑障碍的共病率为23.3%，远高于一般人群。研究结果提示，网络成瘾会引起脑功能紊乱甚至造成永久性损害。此外，网络成瘾也对家庭、社会和国家造成巨大的危害。网络成瘾青少年非理性地购买游戏装备和打赏游戏主播给家庭和社会带来沉重的经济负担。网络虚拟世界充斥着大量的暴力内容，沉迷于网络暴力游戏会增加青少年的攻击性思维、情感和行为，同时还会导致同理心的减弱和利他行为的减少，最终促使网络成瘾者暴力事件的发生，严重影响社会公共安全。

二、大学生常见心理问题

大学生中常见的心理困惑主要包括自我意识困惑、适应性问题、学习与学业问题、人际交往问题、恋爱与性心理问题、就业与职业规划问题等。

1. 自我意识困惑

自我意识也称自我或自我概念，是对自己存在的觉察，自己认识自己的一切。具体地说，自我意识就是个体对自身的认识和对自身与周围世界关系的认识、体验和评价。在大学学习阶段，学生个体自我意识虽在逐步增强，但并没有形成关于自己的稳固形象，自我意识还不够稳定，看问题往往片面主观，加上心理的易损性，一旦遇上暂时的挫折和失败，就灰心丧气、怯懦自卑。同时，对周围人给予的评价非常敏感和关注，哪怕一句他人随便的评价，都会引起内心很大的情绪波动和应激反应，以致对自我评价发生动摇。有的学生看到班上有些多才多艺、能力较强的同学，便觉得自己一无是处，事事不如人，产生自卑心理；还有的学生知道自己某些方面不足，但又不知道如何突破自己。

2. 适应性问题

大学新生离开自己的家庭和熟悉的学校，到另一个陌生的环境求学，因地域文化和生活环境的差异，容易处于心理应激状态，存在的心理适应问题相对较多，反映出来的心理和情绪问题也就比较突出。跨入校园后，突然发现现实并非自己想象的那样，一部分学生表现出对现实的失落感，还有一部分学生表现出对生活环境的不适应。譬如，由原来依赖父母的家庭生活过渡到相对自立的高校集体生活，心理上产生一种孤独感。与中学相比，大学学习具有更多的自主性、灵活性和探索性，于是进入大学后，他们一时无所适从，有些学生感觉一下子从中学的严格管教中"松了绑"，但又不知如何安排学习，以致产生忧郁、焦虑的情绪。有的同学表现为生活难以独立，经常与同学发生冲突，睡眠质量明显下降，等等。

【心理案例】

> 大一新生小叶，入学近一个月来情绪低落，头痛、胸闷、心慌，上课注意力难以集中，记忆力有所下降，食欲下降，睡眠不好，很晚才能入睡。"我总以为在这么好的学习环境里应该有很优异的成绩和突出的表现，没想到根本不是那么回事。我觉得同学都自顾自地学习、生活，宿舍里的气氛也很压抑，冷冰冰的，自尊心也迫使我不愿主动与同学交往，寂寞与孤独使我越发怀念以前的高中生活。学习上的优势也不再显现，现在虽然还没考试，但从回答问题和做作业上就感到自己成绩在班上只能算中等，比我成绩好、知识面宽的大有人在，以前的自信荡然无存，为此感到很痛苦。近一个月常感到头痛、胸闷、心慌和入睡困难，心里很着急，怕影响学习，但越急越不行，注意力集中不了，虽然还能坚持学习，但效率很低，有时觉得自己都快撑不下去了，总想回家。"辅导员了解情况后，推荐小叶到学院心理健康教育中心寻求心理咨询。在咨询师的帮助下，经过一个多月的咨询，小叶的情况得到明显改善。

3. 学习与学业问题

在影响大学生情绪波动的因素中，学习的因素排在第一位。一般来说，压力过大、学习负担过重会导致智力活动受限制，学习效率下降；反过来，学习成绩的下降又会削弱学生的学习兴趣，使学生对学习失去信心，精神上感到压抑、焦虑不安。同时，由于近年来毕业生数量大幅度增长，而社会整体就业职位无明显增加，就业难已成为大学生一入校就困惑伤神的难题。为了增加就业机会，大学生除了完成必修学业外，还会参加各种形式的等级和资格考试，学业负担普遍过重，这也使得部分学生身心疲惫，表现出焦虑、抑郁、悲观的情绪反应。

4. 人际交往问题

研究表明，在高校中有近一半以上的大学生会出现人际交往方面的心理困惑。有些学生表现为人际敏感，比如在与他人交往过程中，经常发生一些摩擦、冲突和情感伤害，这一切难免引起一部分学生的孤独感，从而产生压抑和焦虑；有些表现为人际交往的心理障碍，因为语言表达能力较差，他们害怕与他人沟通思想感情，把自己的内心情感世界封闭起来，经常处于一种要交往而又害怕交往的矛盾之中，这也很容易导致孤独、抑郁或自卑；还有些学生因为性格上的不合群，在同学中不被理解而遭到排斥，其中一部分人便独来独往，不与他人接触，久而久之就产生一种受冷落或性格孤僻、粗暴等心理倾向。

【心理案例】

> 2015年12月11日，备受关注的复旦大学投毒案的罪犯林森浩被依法执行死刑。此案历经三年，一波三折，至此司法程序宣告完结。只是，尘埃未曾落定，相信许多人心里仍无法完全平静下来。林森浩的冲动行为结束了黄洋年轻的生命，也让自己走上不归路，更留给两个家庭无尽的哀伤。从表面看，林森浩是教育体制培养出来的佼佼者，高考时以优异成绩考入中山大学，又因成绩优秀免试进入复旦大学读研。也许他在专业上很优秀，但在性格与价值观方面却存在严重缺陷。接受央视采访时，他不断提到自己精神境界不够、修养不足，可见到了最后时刻，他反思更多的是这些"触及灵魂"的问题。在人生成长过程中，人们或许过于匆忙地赶路，而忽略了对心灵的滋养，以至于会经常无法以积极的心态面对困难。

5. 恋爱与性心理问题

恋爱是认识自我、了解自我的一种方式，是学习与人建立一种亲密、和谐关系的途径。从这个意义上来说，恋爱是大学生一种很好的成长助推剂。可是，怎样选择恋爱对象，怎样处理好恋爱与人际交往、恋爱与学业、恋爱与工作、恋爱与性的关系，以及怎样应对失恋，这些问题总会打破恋爱的浪漫色彩。大学生在学校学习时间的延长导致了他们社会化过程的后延。他们在经济上尚未独立，还生活在半社会化的校园中，有比较艰苦的专业学习与专业训练的任务，未来还有许多不确定因素，这一切导致了他们性心理的成熟落后于性生理的成熟，由此而产生与性心理相关的心理冲突，这让大学生经常会感到困惑与焦虑。大学生常见的恋爱与性心理困惑主要包括失恋、单相思、恋爱纠葛、性幻想、性别认同偏差、异常性行为等。

6. 就业与职业规划问题

就业是人生的重要转折点，也是大学生最为关心的问题。面对择业，大学生的心理是复杂而多变的，有些毕业生鉴于学习成绩不理想、对自我形象不满意、家庭负担重或鉴于个人条件好、自我评价高，从而在择业中表现出急于求成、悲观失望、盲目攀高、消极依赖等情绪。在求职择业过程中产生的种种矛盾心理、迷茫和困惑干扰了他们正确的就业心态。什么单位是自己应该去的工作单位，什么样的领域才是最适合自己发展的，什么工作才是最有前途的，等等，都是摆在大学生面前的现实问题。

三、大学生常见的心理障碍

心理障碍是指个体由于生理心理或社会原因而导致的各种心理异常。学界也有人认为心理障碍是心理异常和心理疾病的表征或症候，但还没有达到心理异常或心理疾病的程度。大学生常见的心理障碍主要有以下几类。

1. 认知障碍

认知障碍主要表现为智力活动的不协调和低能。具体如下：

（1）感知障碍。主要表现为感觉过敏、感觉错位（倒错）、感觉矛盾、内感不适、感觉摆动、错觉、幻觉和感知综合障碍等。

（2）记忆障碍。主要表现为记忆亢进、记忆缺损、记忆力严重衰退、遗忘症、不识症、错构症和虚构症等。

（3）思维障碍。主要表现为抽象过程障碍（如抽象概括水平下降、抽象过程歪曲、脱离事实夸大）；联想障碍（如思维迟缓、思维中断、思维贫乏、思维不连贯等）；思维内容障碍，各种错误的、荒谬的、固执的妄想（如被害妄想、嫉妒妄想、关系妄想、罪恶妄想、疑病妄想、钟情妄想等）。

2. 情感障碍

情感障碍主要表现为情绪极不稳定，机体的反应与刺激、性质不相称，自我调节和控制能力低下，情感过程反常。具体如下：

（1）情感引发与反应障碍。主要指人受到现实刺激后，情感引发反应失调，如易激动、情感不稳定、感情脆弱、愤怒异常等。

（2）病理性情感异常。如情感高涨、情感欣快、焦虑、恐怖等。

（3）情感协调性障碍。如情感倒错、情感矛盾、表情倒错等。

（4）情感发育障碍。如情感幼稚，也叫情感还童和情感衰退等。还有的表现为性敏感，对异性拒绝接触，或热衷于性引诱，想入非非，不能摆脱。

3. 意志障碍

意志障碍主要表现为行为受直观感知、简单动机或情感冲动所支配，缺乏行为的目的性和一致性。常见的有以下两种。

（1）意志衰竭。如意志减弱、意志缺乏、意志增强，即在无意义、无价值的目的上表现出顽强和固执等。

(2)意志倒错。如意志矛盾、固执行为、运动障碍、强迫行为等。

4. 自我意识障碍

主要表现为对当前的自我不能正确认识,包括不能感知自身的存在,不能意识到自己是独立的、单一的个体,不能把当前的"我"和过去的"我"联系起来,失去自我支配感等,如自知力丧失、人格解体、双重人格、人格变形、自我界限障碍等。

5. 人格障碍

人格障碍是一种人格发展的内在不协调,是在没有认知过程障碍或没有智力障碍的情况下,出现的情绪反应、动机和行为活动的异常。所谓内在不协调,是指一种或几种人格特征的强度远远超过了正常的范围,并引起了情绪反应、动机和行为活动的异常。大学生常见的人格障碍主要包括偏执型人格、分裂型人格、强迫型人格、癔症型人格等。需要说明的是,在生活中有些正常人的人格有时也可能具有病态人格的近似特征,但其持续时间和强度并未超出正常的限度。因此,不能轻易将他们判断为人格障碍。

6. 大学生常见的心理疾病

心理健康状况进一步恶化,就会导致心理疾病的出现。主要表现为心身疾病、神经官能症和精神分裂症、情感性精神病等。大学校园多发的心理疾病有以下几类:

2.2 抑郁症的诊断和治疗

(1)心身疾病

心身疾病是一种主要因心理因素引起的躯体上的疾病。这种疾病的症状表现是生理的,但其起因却是心理的,没有直接的生理病因。如头疼、原发性高血压、胃溃疡等均属于心身疾病。一般来说,人在患心身疾病之前往往都有过一段心理的不健康状态。

(2)神经官能症

神经官能症是一种非器质性的心理疾病,即神经系统并没有器质性的病变,而仅仅是功能的降低或失调,是最常见的心理疾病之一。大学生中常见的有神经衰弱、焦虑症、强迫性神经症、疑病症、恐惧症、癔症等。

(3)精神分裂症

这是一种严重的心理疾病,在所有精神病中发病率最高。其显著症状是思维破裂、情绪紊乱,在感知、记忆、思维、情绪和人格方面均有严重障碍,思想和行为完全失去理智,脱离现实,哭笑无常,心理和行为高度不协调,常出现幻觉和错觉。

(4)情感性精神病

这是一种以情感活动过分高涨或过分低落为基本症状的精神病,也叫躁郁症。兼有躁狂状态和抑郁状态两种主要表现,可在同一患者身上间歇交替反复发作,也可以一种状态为主反复发作,具有周期性和可缓解性。典型症状是心境高涨,愉快而欢乐;思维奔逸,联想过程加速；精神运动性兴奋。躁狂发作时患者心境高扬，与所处的境遇不相称，可以兴高采烈，也可以易激惹、激越，甚至发生意识障碍。抑郁发作时患者心境低落，与所处的境遇不相称，可以从闷闷不乐到悲痛欲绝，甚至发生木僵状态。

【知识拓展】

抑郁症典型症状

1. 心境低落。主要表现为显著而持久的情感低落，抑郁悲观。轻者闷闷不乐、无愉快感、兴趣减退，重者痛不欲生、悲观绝望、度日如年、生不如死。典型患者的抑郁心境有晨重夜轻的节律变化。

2. 思维迟缓。主动言语减少，语速明显减慢，声音低沉，对答困难，严重者交流无法顺利进行。

3. 意志活动减退。行为缓慢，生活被动、疏懒，不想做事，不愿和周围人接触交往，回避社交。严重时连吃、喝等生理需要和个人卫生都不顾，甚至发展为不语、不动、不食，称为"抑郁性木僵"，严重的患者常伴有消极自杀的观念或行为。

第二节 大学生心理咨询

【心理案例】

小江入学以来，处处感觉不适应。用小江自己的话说"喝凉水都塞牙"，感觉世界末日都要来了。同学不熟悉，老师不熟悉，就连食堂的饭菜也觉得不是滋味，晚上也睡不好。以往这样的时候仅仅出现在大考前，有时候父母劝一劝带出去吃一顿就好了。或者遇到不开心的事情，自己发一会呆，或者打一会游戏就忘记了。可是这次就总是好不起来，小江好着急，"我都是大学生了，怎么越来越差了？我该怎么办呢？"

寝室长发现了小江的情况之后，告诉小江其实可以去问问心理老师，进行心理咨询是可以解决这种困惑的。小江很是疑惑，"难道我需要心理咨询的帮助才能解决？我生病了？"带着这样的疑惑，小江进入心理咨询室。心理老师了解了小江的情况之后，帮助小江对现实状况进行分析。小江了解到原来同样一个人在不同的年龄阶段、不同的环境中都有可能出现不适应的情况，适时进行调整，寻求帮助，就会解决问题的。

心理咨询可帮助人们解决内心困惑，大学生应学会在新的现实条件下，建立新的行为模式，做好新角色的适应。

【心理知识】

一、大学生与心理咨询

1. 什么是心理咨询

2.3 大学生心理咨询

心理咨询是指心理咨询师就求助者发展方面的问题或适应方面的困难，在为其提供能够自如进行心理交流的氛围中，运用心理学理论和有针对性的心理学方法，协助、指导、启发求助者发现造成心理困惑的问题所在，引导求助者调动积极因素，处理和解决心理问题与困惑，维护和增进身心健康，促进个性发展和潜能开发的过程。与心理治疗不同，心理咨询的标准化和结构化程度相对较低，是在协商和帮助过程中解决求助者的问题。心理治疗则是带有强制性的矫正和按治疗方法进行调治。

心理咨询的主要对象分为三类：一是精神正常，但遇到了与心理有关的现实问题并请求帮助的人群；二是精神正常，但心理健康出现问题并请求帮助的人群；三是特殊对象，即临床治愈的精神疾病患者。其中，心理咨询最一般、最主要的对象，是健康人群，或者是存在心理问题的亚健康人群，而不是人们常误会的"病态人群"。病态人群，例如精神分裂症、躁狂症等患者，是精神科医生的工作对象。

心理咨询的主要作用包括两个方面：一是心理保健功能。帮助求助者舒缓心理压力，调整适应能力，提高心理素质，提升生活质量。二是

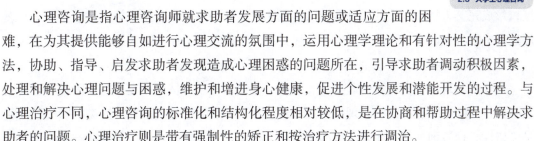

【小贴士】心理咨询的基本原则

（一）平等、尊重的原则； （二）真诚、温暖的原则；

（三）理解、支持的原则； （四）客观、中立的原则；

（五）保密的原则； （六）助人自助的原则。

促进成长的功能。人是终生发展的，每一个阶段的人都有其人生发展的任务和心理特点，心理咨询可以协助人更好地适应人生角色，更好地完成人生各个阶段的主要发展任务。心理咨询能帮助求助者全面地了解自我，接受真正的自我。心理咨询还能帮助求助者拥有健全的人格，克服自恋、自卑、偏执、抑郁、恐惧、焦虑等不良心态，预防和矫治各种心理偏差，帮助其渡过种种心理危机，教会其应付生活中种种挫折的方法，走出心灵的桎梏，获得自信、幸福与充实的人生。

2. 大学生心理咨询的分类

（1）按内容分类

① 发展性心理咨询

在每个人成长的各个阶段，都有可能产生不同的困惑和迷茫，比如到了一个新的环境如何更好地适应；面临人生抉择的关口如何做好决策；如何突破个人缺点，取得事业成功；

如何改善人际关系等一切涉及如何才能发展得更好的问题，这些都是发展性心理咨询的范围。发展性心理咨询根据个体的个性特点和心理发展的一般规律，帮助处于人生不同时期的个体顺利完成心理发展课题和阶段任务，从而正确面对现实，调整心态，解决心理不适，同时更好地认识自己和社会，充分开发潜能，增强适应能力，提高生活质量，促进全面发展，形成完美人格。学生的心理咨询大多属于发展性心理咨询，主要解决大学生在正常发展过程中的心理困惑，如新生适应、人际关系、学业问题、择业问题等。

②障碍性心理咨询

个体因心理、社会刺激引起焦虑、紧张、恐惧、抑郁等情绪不良状态或因各种挫折引起某些行为问题，有明显的心理冲突和心理症状，心理健康遭到破坏。这类问题的咨询就是障碍性心理咨询。如一些大学生因学习压力过大、自我要求过高，一到考试期间就出现明显的焦虑情绪，心理上很痛苦，也影响了日常的生活。障碍性心理咨询的重点是从根源上消除考试焦虑症状，预防再次复发。障碍性心理咨询解决的心理问题常常具有较突出的个体性和独特性，这些都与个体不同时期的具体生活情境有密切的关系。

需要注意的是，已经构成心理疾病的大学生需要到专科医院或综合医院的精神科进行诊断治疗，心理咨询对这类学生的作用非常小，还容易延误病情，造成严重后果。

（2）按规模分类

①个体咨询

个体咨询是咨询师与来访者一对一地进行的心理咨询方式。其目的是帮助来访者自助，即通过咨询，使来访者被压抑的情绪得以释放疏泄，并增加对自我或情境的了解，增强自信心与主动性，学会自己作出判断和决定，从而使人格得到成长。广义的个体咨询包括面谈咨询、电话咨询、书信咨询等；狭义的个体咨询专指面谈咨询。

个体心理咨询的特点有以下几点：

一是针对性强。即咨询师可以根据来访者的问题类型及程度、个性特征，选择适当方法。

二是轻松真实。易使来访者放松心理防卫，毫无保留地倾诉其内心秘密，真实地表现其喜怒哀乐。

三是深入细致。即通过个人接触，易建立咨询双方的信任关系，有利于咨询师耐心深入地分析来访者的问题，并提供帮助；

四是耗时相对较长。一次咨询面谈需要50分钟至1小时。一般需要通过多次咨询才能解决问题，花费时间较多。个体咨询通常包含搜集资料、分析诊断、确定咨询目标、帮助指导、终止咨询五个阶段。

②团体咨询

团体心理咨询是通过团体内人际交互作用，促使个体在交往中通过观察、学习、体验，认识自我、探讨自我、接纳自我，调整和改善与他人的关系，学习新的态度和行为方式，以发展良好的生活适应的助人过程。

团体心理咨询与个体心理咨询最大的区别，在于求询者对自己问题的认识和解决是在团体中通过成员间的交流相互作用、相互影响来实现的。具体而言，有以下几个特点：

一是团体咨询感染力强，影响广泛。这是因为群体的互动作用促进了信息的传递和自主性的激发，也就是团体动力的形成。在团体中，团体动力对于团体目标的实现有着很重要的作用，而团体成员也是靠着动力相互作用、相互影响来解决自己的问题。

二是团体咨询效率高，省时省力。相对于个体一次只解决一个人的问题，团体在解决问题方面是很有效率的。并且，团体中的复杂性，也会给团体成员其他的收获。

三是团体咨询效果容易巩固。"团体咨询的基本原理是它提供了一种生活经验，参加者能将之应用于日常与他人的互动中"，也就是说，团体咨询创造了一个类似真实的社会生活情境，增强了实践作用，也拉近了咨询与生活的距离，使得咨询较易出现成果，而成果也较易迁移到日常生活中。

四是团体咨询特别适用于人际关系适应不良的人。因为团体咨询是将来访者分成小组，通过在团体内和他人进行沟通、合作来改善自我的状况，所以团体咨询适合人际关系不好的人，能够使其在完善自我的同时，也能改善人际关系。

3. 大学生对心理咨询的常见误解

（1）我的心理没问题，没到什么严重地步，心理咨询和我无关。

心理咨询现在在我国还不是很普及，很多人认为心理咨询和自己没多大关系。其实就像都有过患"感冒"的经历一样，每个人在人生的不同阶段都曾存在或轻或重的心理困惑，这时候就需要求助心理咨询。认为只有负面情绪累积到"病"的境地才要咨询的看法是错误的。

（2）如果去接受心理咨询的话就代表自己不是正常人了。

心理问题与精神病是两个完全不同的概念，精神病是医学概念，如精神分裂症、躁郁症等，是严重的心理疾病，它与一般的心理问题和心理障碍有很大区别，而轻度的心理问题或者心理人格障碍、认知障碍、心理困惑等几乎人人都有，完全不算"不正常"。身体不适，我们要休息、锻炼和保健，心理不适也同样要休息、锻炼和保健。专业的心理咨询人员就如同教练和保健师，是人们心灵保健的指导者。其次，就心理问题求助于心理咨询并不意味着有什么不正常，相反，却表明了个体具有较高的自我认知和生活目标，希望通过心理咨询更好地自我完善，生活得更幸福，而不是回避和否认问题。

（3）去心理咨询要讲出隐私，感觉不安全，也不好意思。

这是一种常见的误解。咨询师的确会面对来访者的某些隐私，但是专业咨询师在咨询时不带有任何个人的主观立场和价值判断，而是从来访者角度出发，为了解决问题而给出咨询和建议。专业心理咨询严禁泄露咨询人姓名、咨询内容及相关信息，因为咨询师有义务替来访者保密,也必须遵守保密原则,并且严禁与来访者之间有咨询业务之外的私人关系。

(4)心理咨询就是聊聊天,发泄一下,开导一番,寻求安慰罢了,不算治疗。

心理咨询当然也有宣泄、开导、安慰的作用,但是上面这种观点忽视或未意识到心理问题是需要专门治疗的,否定了心理咨询的专业性。心理咨询是由专业人员即心理咨询师运用心理学以及相关知识,遵循心理学原则,通过各种技术和方法,帮助求助者解决心理问题的过程,绝非简单的聊天或者宣泄。心理咨询有一套完整的操作规程,有专门的测试量表和测试手段,有专门的交谈答问的技巧,旨在帮助求助者发现自身的问题和根源,从而挖掘求助者本身潜在的能力,来改变原有的认知结构和行为模式,以提高对生活的适应性和调节周围环境的能力,这也绝非一般的谈话开导所能做到的。

(5)我自己也可以看心理学书籍,学一点心理知识,就可以自我解决问题了。

遇到心理问题,看一些心理咨询方面的书籍,对于认识自己的问题不能说没有作用,自我调适也是非常重要的。从事实上看,自我解决心理问题效果一般不理想。心理咨询师可以比较客观准确地帮助我们识别问题,并可以有针对性地进行引导和建议。所以,心理咨询仍然要求助于专业心理工作者。

(6)有心理问题还是去看专门的医院精神卫生科最有效,好像那里更专业一点。

心理咨询师与精神科医生有各自的专业领域。心理咨询作为一门自然科学和社会科学的交叉学科,有着严谨的理论基础和诊疗程序。而精神科主要面向精神分裂症、偏执性精神病、双向情感障碍(躁郁症)、脑器质性精神障碍及酒药依赖等重症精神障碍患者和某些较重的神经症及人格障碍患者。精神科医生一般采用医疗和用药手段。不是所有的精神科医生都能够使用"心理咨询"技术,很多一般性心理问题,精神科医生不一定能胜任咨询,而专业心理咨询师却完全可以做得很出色。心理咨询师从事的是非药物的心理治疗,除了重视心理诊断外,更重视症状背后的心理过程,重视探寻心理症状背后的认知矛盾、潜意识冲突和心理应激的影响。咨询环境相对于医院来说通常更安静优雅,私密性好,而且实行预约节约了求助者的时间。所以说除了严重的心理疾病和精神疾病以外,一般人的心理问题完全可以由专业心理咨询师处理。

(7)去做一次心理咨询,就可以彻底解脱了。

许多人对心理咨询师抱着魔术师一般的想法,认为咨询一次就什么问题都解决了。事实上可能也会有这样的感觉,第一次咨询之后如释重负,其实,这种感觉很可能只是暂时的,当回到现实世界很可能又从头开始。心理咨询很难立竿见影,它是一个连续、动态的过程,这就决定了心理咨询和治疗很少一次就完全见效。心理咨询耗时几个月甚至几年的情况比比皆是,因为心灵的成长、个性的完善是需要时间的。

(8)心理咨询师应该能够帮我解决一切问题。

心理咨询也不是万能的,首先要求咨询的内容必须是心理方面的,其他方面则不在咨询的范围。心理咨询是咨询师协助求助者解决各类心理问题的过程,它的核心是"助人自助,自我成长"。整个心理咨询过程,始终是求助者主动,咨询师只起一种协助、指导的作用,不会主观地指示求助者一定要怎样做或一定不能怎样做,心理咨询不是要替人决策,而是要帮人决策。把心理医生当做"救世主",把自己的所有心理包袱丢给咨询师,认为咨询师有能耐把它们一一替自己解开,而自己无须思考、内省、努力的想法是不正确的。

二、大学生心理咨询的流程

大学生如果需要心理咨询,一般先要预约心理咨询。一般是通过电话预约。拨打学校心理咨询中心的电话,预约老师会根据求助者的意愿和问题的特点帮助预约匹配的咨询师。比如:你希望是男性咨询师还是女性咨询师,你希望是校内咨询师还是校外咨询师,你在什么时间方便进行心理咨询,等等。根据来访者的愿望来选择咨询师,本身就是尊重的体现。所以,从预约开始,咨询就已经产生效果了。现在,很多高校已经开通了心理咨询网络预约系统,大学生可以自行通过网络进行预约,选择适当的时间和合适的心理咨询师。

2.4 大学生心理咨询的流程

进入心理咨询后,各个阶段都需要来访者的密切配合。因此,来访者做好充分的心理准备,对提高咨询效果十分必要。

1. 咨询前准备

(1)有主动咨询的愿望

良好的心理咨询首先建立在来访者自愿的基础上,如果来访者没有沟通的愿望,仅仅是被老师或家长带来,是不会情愿地谈及真实的自我,咨询效果会受到影响。通常,来访者的求助动机越强,与咨询师的配合越好,咨询的效果也会更快、更明显。

(2)减少不必要的担心

心理咨询要遵循保密原则和价值中立原则,这是心理咨询师最基本的职业道德。有些来访者担心谈话的内容外露,咨询时往往隐去某些问题,这样不利于咨询师发现问题,做出诊断和提供帮助。此外,有些来访者清楚自己的行为是"非主流"的,如同性恋,担心咨询师嘲笑,又想解决自己的痛苦,交流过程中表现出犹犹豫豫。心理咨询不是做思想工作,不是与上级领导谈话,咨询师关注点不在价值判断,而是帮助来访者解决心理上的困惑。

(3)选择合适的咨询师

咨询前,要了解一些关于咨询师的情况,每个咨询师的职业背景、职业经历、咨询擅长领域都有所差异,尽量找受过专业培训、具有从业资格的咨询师。在选择时要考虑自己的需求,如咨询婚姻问题,最好找年龄偏大的咨询师;有关性的问题,最好找同性别的咨

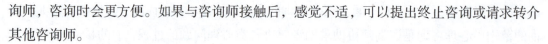

询师，咨询时会更方便。如果与咨询师接触后，感觉不适，可以提出终止咨询或请求转介其他咨询师。

（4）了解咨询的时间规定

心理咨询通常一次咨询的时间约50分钟。根据来访者表现出来的心理问题程度和咨询师使用的方法不同，咨询次数不固定，有的需要1～2次，就会达到咨询的目的，有的需要更长的时间，甚至1～2年。心理咨询一般需要提前预约，来访者应按照约定的时间准时去咨询，如遇特殊情况无法赴约，需提前告知，更改咨询时间。

2. 咨询过程中的准备与配合

（1）来访者要有自助意识

心理咨询不是一般的帮助人的行为，而是"助人自助"的过程。咨询师不是救世主，只能起到分析、引导、启发、支持、促进来访者改变和人格成长的作用，不能替来访者改变或做决定。心理咨询更需要来访者积极主动配合，参与到咨询方案的制订中来，认真完成咨询作业，勇于改变自己、战胜自己，最终才能走出心理困境。

（2）来访者要有耐心

心理问题、心理疾病不是一天两天形成的，它可能是多种原因造成的，解决问题也需要一定的时间。心理咨询也是循序渐进的过程，一般要经过了解来访者的问题、诊断、设立咨询目标、选择咨询方法、制订咨询方案、实施和反馈等过程，欲速则不达。有时在咨询的过程中，心理问题还会出现反复，非常考验耐心和细心。

（3）真诚坦率的交流

心理咨询主要以语言沟通为基础。面对咨询师，来访者不要过多地考虑说话的方式方法，要如实地、直截了当地讲述心理咨询的内心感受，即使分不清问题所在，也不用担心。咨询师会在倾听过程中捕捉一些信息点去询问，来访者不用辨别有用与无用，只要实事求是回答问题即可。

（4）认真完成咨询作业

咨询过程中，一个重要的环节就是来访者和咨询师共同制订咨询目标和计划，来访者要在咨询的不同阶段，认真完成各种实践作业，贯彻咨询计划，做好反馈，这样才会有助于收到理想的咨询效果。

> 【小贴士】参加心理咨询注意事项
>
> 自愿。是否开始和终止心理咨询都由来访者本人决定，来访者也有权根据个人情况与心理咨询师协商心理咨询方案并自主选择。
>
> 自主。心理咨询的理念是"助人自助"，所以咨询的主角不是咨询师，而是来访

者自己。咨询效果受咨询动机的影响。同时，不能过分依赖心理咨询师，不要期待咨询师为你做主或帮你决定。

坦诚。来访者应坦诚地向咨询师表达自己的内心困惑，并及时与咨询师沟通咨询过程中产生的问题、感受，以便更好地达到咨询目的。同时，咨询师也将严格遵循心理咨询的保密原则，保护来访者的个人隐私。

尊重。来访者须提前预约咨询时间，并严格遵守。认真配合咨询师的工作，按时完成"作业"，把个人的感悟与改变有效地反馈给咨询师。

耐心。"冰冻三尺非一日之寒"，大部分的心理困扰或心理问题并不是在很短时间内产生的，因此心理咨询也需要一段时间，需要来访者与心理咨询师很好地配合，以更多的耐心去面对和解决心理问题。最好不要期望一次咨询就能彻底解决所有问题。

【拓展阅读】

合理情绪疗法

合理情绪疗法也称"理性情绪疗法"，是帮助求助者解决因不合理信念产生的情绪困扰的一种心理治疗方法。是20世纪50年代由阿尔伯特·艾利斯创立的。该理论认为引起人们情绪困扰的并不是外界发生的事件，而是人们对事件的态度、看法、评价等认知内容，因此要改变情绪困扰不是致力于改变外界事件，而是应该改变认知，通过改变认知，进而改变情绪。他认为外界事件为A，人们的认知为B，情绪和行为反应为C，因此其核心理论又称ABC理论。

通常人们认为，人的情绪的行为反应是直接由诱发性事件引起的，即A引起了C。ABC理论指出，诱发性事件A只是引起情绪及行为反应C的间接原因，而人们对诱发性事件所持的信念、看法、理解B才是引起人的情绪及行为反应C的更直接的原因。人们的情绪及行为反应与人们对事物的想法、看法有关。合理的信念会引起人们对事物的适当的、适度的情绪反应；而不合理的信念则相反，会导致不适当的情绪和行为反应。当人们坚持某些不合理的信念，长期处于不良的情绪状态之中时，最终将会导致情绪障碍的产生。因此，如果能帮助求助者纠正不合理的信念，形成合理的信念，其情绪障碍就可以减轻甚至消除。

艾利斯根据自己的临床经验，总结出具有普遍意义的十一种非理性信念，并提出对应的转变策略。

1.每个人绝对要获得周围环境尤其是生活中每一位重要人物的喜爱和赞许。

对应的合理信念：我真希望得到大多数对我来说是重要人物的喜欢和认可。但是并非所有的人都喜欢和认可我，这并不糟糕，我能够承受，而且我仍然感到自己有价值。期望每个人都认可我，这是不合理的。我无法控制他人怎么想和怎么感受，就像他人也不能控制我的想法和感受一样。

2. 个人是否有价值，完全在于他是否是个全能的人，即能在人生中的每个环节和方面都有所成就。

对应的合理信念：我不是一个完美的人，我具有优点，同时也有缺点，我也会犯错误。我会努力完善我自己。我能够从失败和人生的巨大打击中汲取教训。

3. 世界上有些人很邪恶、很可憎，所以应该对他们做出严厉的谴责和惩罚。

对应的合理信念：我希望他人和这个世界是公正合理的，但是生活往往不是这样。追求公正是我的理想，但离现实情况还有距离。这恰恰是我为之努力的方向。

4. 如果事情非己所愿，那将是一件可怕的事情。

对应的合理信念：我希望事情像我期待的那样发展，有时候事情会尽如人意地发展，但有时候则不然。当事情发展不顺利的时候，并非糟糕透顶。我不喜欢那样的结果，但我能够忍受。我不能永远控制周围的事情，但我能够控制自己的消极感受。我可以平静地接受我不能改变的事实，但我能够区分可控与不可控二者之间的差异，并会鼓足勇气去改变我能够改变的现实。

5. 不愉快的事总是由外在环境的因素所致，不是自己所能控制和支配的，因此人对自身的痛苦和困扰也无法控制和改变。

对应的合理信念：外在因素会对个人有一定影响，但实际上并不是像自己想象的那样可怕和严重。如果能认识到情绪困扰之中包含了自己对外在事件的知觉、评价及内部言语的作用等因素，那么外在的力量便可能得以控制和改变。

6. 面对现实中的困难和自我所承担的责任是件不容易的事情，倒不如逃避它们。

对应的合理信念：承担各种责任、处理各种争吵是正常生活的一部分。在事情刚刚发生的时候就关注它，确实有些不舒服，但我会尽力去处理的。

7. 人们要对危险和可怕的事随时随地加以警惕，应该非常关心并不断注意其发生的可能性。

对应的合理信念：很多具有潜在危险的事情并未发生。而且在一定程度上，我还可以保持警惕并控制危险事情。

8. 人必须依赖别人，特别是某些与自己相比强而有力的人，只有这样，才能生活得好些。

对应的合理信念：我希望别人能够给予我引导和支持，但依靠自己更为现实，我可以变得更加独立。

9. 一个人以往的经历和事件常常决定了他目前的行为，而且这种影响是永远难以改变的。

对应的合理信念：过去的某些方面是不愉快的，但我能够接受他们，而且，我已经开始从这些经历中学习人生的经验。我当前的感受和行为更多地受到我现在信念的影响。

10. 一个人应该关心他人的问题，并为他人的问题而悲伤、难过。

对应的合理信念：当不幸发生在他人身上的时候，我会关心并感到悲哀，而且如果可能的话，我会尽力去帮助他们。但是他人的灾难和不幸不能直接使我感到极度的焦虑、抑郁和悲伤。

11. 人生中的每个问题，都应有唯一正确的答案。如果人找不到这个答案，就会痛苦一生。

对应的合理信念：我不希望某个问题没有得到完满的解决，但是我能够忍受。尽管我不能完全控制这个复杂并且经常让人受挫的世界，但我还是能够发挥作用的。

【心理测验】

焦虑自评量表（SAS）（汪向东，1999）

下面有20道题目，仔细阅读，每一题有四个选项，分别表示：A 没有或很少（1分）、B 有时（2分）、C 经常（3分）、D 总是如此（4分）。请根据你一个星期的实际感受，做出选择。

（1）我觉得比平时容易紧张和着急。

（2）我无缘无故地感到害怕。

（3）我容易心里烦乱或觉得惊恐。

（4）我觉得我可能将要发疯。

（5）我觉得一切都很好，也不会发生什么不幸。

（6）我手脚发抖打颤。

（7）我因为头痛、颈痛和背痛而苦恼。

（8）我感觉容易衰弱和疲乏。

（9）我觉得心平气和，并且容易安静坐着。

（10）我觉得心跳得快。

（11）我因为一阵阵头晕而苦恼。

（12）我有晕倒发作，或觉得要晕倒似的。

（13）我呼气吸气都感到很容易。

（14）我手脚麻木和刺痛。

（15）我因胃痛和消化不良而苦恼。

（16）我常常要小便。

（17）我的手常常是干燥温暖的。

（18）我脸发热发红。

（19）我容易入睡并且睡得很好。

（20）我做噩梦。

评分方法：

第5、9、13、17、19题反向计分，即选"没有或很少时间"4分，"有时"3分，"经常"2分，"总是如此"1分；其余题目正向计分。将各题目分数相加为总分。将总分乘以1.25后取整数部分，就得到标准分。

我国心理专家测验后确定标准，SAS标准分的分界值为53分，其中53～62分为轻度焦虑，63～72分为中度焦虑，73分及以上为重度焦虑。

抑郁自评量表（SDS）

以下表格中列出了有些人可能会有的问题，请您仔细阅读每一条，然后根据您近一周的感觉来进行评分，在四个答案里选择一个最适合您的答案，在对应的选项上打钩（1表示"从无"，2表示"有时"，3表示"经常"，4表示"持续"）。

1. 我感到情绪沮丧、郁闷	1	2	3	4
*2. 我感到早晨心情最好	1	2	3	4
3. 我要哭或想哭	1	2	3	4
4. 我夜间睡眠不好	1	2	3	4
*5. 我吃饭像平时一样多	1	2	3	4
*6. 我的性功能正常	1	2	3	4
7. 我感到体重减轻	1	2	3	4
8. 我为便秘烦恼	1	2	3	4
9. 我的心跳比平时快	1	2	3	4
10. 我无故感到疲劳	1	2	3	4
*11. 我的头脑像往常一样清楚	1	2	3	4
*12. 我做事情像平时一样不感到困难	1	2	3	4
13. 我坐卧不安，难以保持平静	1	2	3	4
*14. 我对未来感到有希望	1	2	3	4
15. 我比平时更容易激怒	1	2	3	4
*16. 我觉得决定什么事很容易	1	2	3	4
*17. 我感到自己是有用的和不可缺少的人	1	2	3	4
*18. 我的生活很有意义	1	2	3	4
19. 假若我死了别人会过得更好	1	2	3	4

*20. 我仍旧喜爱自己平时喜爱的东西　　　　　　　　　　　　1　2　3　4

结果评定（仅供参考）：标＊条目反向计分。指标为总分。将20个项目的各个得分相加，即得粗分。标准分等于粗分乘以1.25后的整数部分。总粗分的正常上限为41分，标准总分为53分。抑郁严重度＝各条目累计分/80，得分为0.5以下者为无抑郁；0.5～0.59为轻微至轻度抑郁；0.6～0.69为中至重度抑郁；0.7及以上为重度抑郁。

【推荐阅读与欣赏】

1. 书籍：《让你快乐起来的心理自助法》［美］阿尔伯特·艾利斯．李孟潮，李迎潮，译．北京：中国人民大学出版社，2010．

简介：很多人都希望把恼人的想法转变成健康的想法，在面对人生逆境时，仍不会产生困扰，能够克服焦虑、忧郁、愤怒、讨厌自己、自怨自艾。本书正是要指导人们如何达成这些目标。这本书提供许多相当简单且易懂的方法，这些方法不仅让我们使用起来更快乐，同时还能免除烦恼。

2. 电影：《美丽人生》

简介：又译名《一个快乐的传说》，出品时间为1997年，导演是罗伯托·贝尼尼，主演是罗伯托·贝尼尼、尼可莱塔·布拉斯基、乔治·坎塔里尼。该片讲述了一对犹太父子被送进了纳粹集中营，父亲利用自己的想象力扯谎说他们正身处一个游戏当中，最后父亲没有让儿子的童心受到伤害，而自己却惨死的故事。影片笑中有泪，将一个大时代里小人物的故事，转化为一部扣人心弦的悲喜剧。该片获"奥斯卡最佳外语片"奖及多个国际大奖。

第三章 自知之明——大学生的自我意识与心理健康

【教学目标】

知识目标：熟悉自我意识的概念与结构；掌握大学生自我意识的发展特点与发展规律；了解大学生自我意识发展冲突的具体表现；掌握大学生自我意识的完善途径。

能力目标：认识自我；悦纳自我；提升自我。

【心灵漫话】

知人者智，自知者明。　　　　　　　　　　　　　　　　　　——［春秋］老子

每个人都有不同程度的自卑感，因为没有一个人对其现时的地位感到满意，对优越感的追求是所有人的通性。然而，并不是人人都能超越自卑，关键在于正确对待自我、职业、社会，在于正确理解生活。　　　　　　　　　　　——［奥地利］阿尔弗雷德·阿德勒

第一节　自我意识概述

【心理案例】

> 萍是一名女生，今年18岁，来自边远山区，家境贫寒，大学以前的时光都在小山沟里度过，性格内向，平时说话不多。来到这里上大学，她感觉自己样样不如别人，自己没见过世面，知识面很窄，在同学面前什么都不懂，个头矮小，长得又不好看，家里不如别人有钱，甚至连她以前引以为豪的学习成绩在大学里也没有了任何优势。萍总觉得自己低人一等，怕身边的同学瞧不起自己，内心特别痛苦和无奈。

> 该生由于觉得自己各方面都不如别人，体验到深深的自卑感，进而产生失望、痛苦、无奈等消极情绪。自卑源于比较而不是源于真实，她的痛苦正是由于拿自己的短处去比别人的长处。俗话说："骏马能历险，犁田不如牛；坚车能载重，渡河不如舟。"每个人有每个人的优势所在，关键是如何去发现自己的优势和长处，学会接纳自我，尤其是要接纳自己存在的缺点。

【心理知识】

一、自我意识的内涵

（一）什么是自我意识

3.1 认识自我

自我意识是指人对自身及其与外部世界关系的意识，包括认知自己的生理状况（如身高、体重、体型）、心理特征（如兴趣爱好、能力、个性等）以及自己与他人的关系（如自己与周围人相处的关系、自己在集体中的位置等）。自我意识是人的主体意识与外部世界互动作用的结果，是个体通过观察、分析外部活动及情境、社会比较等途径获得的，是一个多维度、多层次的心理系统。

自我意识在个体的健康人格和行为的形成中具有主动调控和完善作用。自我意识完善和成熟的学生能更客观地自我肯定、自我欣赏和对自我行为和意识进行调控，同时对学习和生活中的挫折能更正确地加以分析和克服。

自我意识包括两个部分：一个是"主观自我"，即主观的"我"，是对自己活动的觉察者；另一个是"客观自我"，即客观的"我"，是被觉察到的自己的身心活动。人类学家米德把前者称为"I"，把后者称为"me"。"主观自我"与"客观自我"的分化是自我意识得以形成和发展的基础和前提。

进入大学的学生，都会思考"我是谁？""我有什么职业目标？""我为什么上大学？"等问题。当我们再问一个简单的问题：请你向别人描述你自己时，你首先想到的特征是什么？是你的性格特征如外向、内向，还是外表特征如高、矮、胖、瘦？事实上，你可能更倾向于用概括性的语言对自己做一个总体评价。如"我是一个大学生""我是一个有理想、有抱负，但有些懒惰、自制力弱的人"等。所有这一切，都是大学生自我意识的真实体现。

（二）自我意识的结构

自我意识的结构从不同的角度分析具有不同的解释如表3-1所示，概括起来有以下几种：

表 3-1 自我意识结构分析表

	自我认识	自我体验	自我控制
生理自我	对自己身体、外貌、衣着、风度、所有物等的认识	英俊、潇洒、漂亮、有魅力、迷人、可爱、自我悦纳	追求体貌的健康与美、物质欲望的满足，维护家庭的利益等
社会自我	对自己的名望、地位、角色、性别、义务、责任、力量的认识	自尊、自信、自爱、自豪、自卑、自怜、自恋	追求名誉地位，与他人竞争，争取得到他人的好感等
心理自我	对自己的智力、性格、气质、兴趣、能力、记忆、思维等特点的认识	有能力、聪明、开朗、敏感、迟钝、感情丰富、细腻	追求信仰，注意行为符合社会规范，要求智慧与能力的发展

1. 自我认识、自我体验、自我控制

按照自我意识的结果要素划分，自我意识是由知、情、意的统一组成的高级反映形成，可分为"自我认识、自我体验、自我控制"。

自我认识是主观自我对客观自我的认知与评价，包括自我感觉、自我观察、自我印象、自我分析、自我评价等。自我认识解决"我是一个什么样的人"的问题。比如说"我是一个高个子""我很老实""我性格开朗"等。进行客观、正确的自我评价是一个复杂的、毕生的过程，自我认识的发展也是一个连续、终生的过程。

自我体验是主观自我对客观自我产生的情绪体验，是在自我认识基础上产生的。自我体验包括自尊、自信、自爱、责任感、义务感、优越感等，主要集中在"能否悦纳自己""对自我是否满意"等方面。比如说一个人感到很有自信，因为自己比较有能力等。

自我控制是对自己行为和思想、言语的控制，以达到自我期望的目标。包括自我激励、自我暗示、自强自律，核心内容是"我将如何规划自己的人生"。如"我怎样才能成为一个口才好的人""我怎样才能克服懒惰""我可以选择如何做"。经常讲的"自制力"就是自我控制能力。

2. 生理自我、社会自我、心理自我

从自我意识的内容可以划分为"生理自我、社会自我与心理自我"。

生理自我是个体对自己身体、生理状态（如身高、体重、容貌、性别、年龄）的认识和体验。生理自我是与生俱来的，随着自我意识的成长，我们逐渐对生理自

【小练习】

从生理自我、心理自我和社会自我三方面，分别找出自己至少 10 个优点或闪光点。可以请其他同学帮助。

我有一个明晰、正确的认识。如女生关注自己是否漂亮迷人，男生关注自己是否高大健壮等。

社会自我是个体对自身与外界客观事物关系的认识、体验和愿望，包括个人对自己在客观环境及各种社会关系中的角色、地位、权利、义务、责任、力量等的意识。比如用"我已经长大了"来表达自己的社会自我，期望社会给予积极的肯定与认可。

心理自我是个体对自己的心理活动、个性特点、心理品质的认识、体验和愿望，包括对自己的感知、记忆、思维、智力、能力、性格、气质、爱好、兴趣等的认识和体验。心理自我也伴随着我们的情感、智力、能力、兴趣、情绪等与日俱增。比方说，觉得自己喜欢打篮球，性情随和等。

3. 现实自我、投射自我、理想自我

现实自我是指个体从自己的立场和观点出发，对自己目前的实际情况的评价和看法。比如认为自己是个学习成绩不错的大学生。投射自我是指个体想象他人对自己的评价和看法。比如觉得别人看不起自己。理想自我是指个体要实现的比较完善的一种自我境界或形象，是一个人追求的目标。比如大学生毕业后想自己当企业家等。理想自我虽然可能和现实自我不一致，但它对人的认知和行为有很大影响，是人前进的动力和方向。

4. 积极的自我意识、消极的自我意识

按自我意识的作用划分，分为积极的自我意识和消极的自我意识。如自信心、适度的自尊心、一定的责任感等属于积极的自我意识，而自卑、自我否定、缺乏自制力等属于消极的自我意识。健康的自我意识首先是积极的自我意识，而健全的自我意识主要表现为自我认知、自我体验、自我控制的协调统一，表现为生理自我、社会自我、心理自我的协调统一，现实自我与理想自我的协调统一，投射自我与他人对自己的实际评价和看法相一致。

（三）自我意识的作用

（1）让个体保持行为的一致性。人是社会生物，人的行为既受各种社会因素的制约，又在很大程度上受自我意识的影响。个人如何看待自己，会左右他采取何种方式去行动。如，某人的自我意识积极认真，那么他在待人接物、工作和学习等各方面都会严格要求自己。

（2）影响个体对事物的解释。自我意识各不相同，对于同样一件事，不同的人会做出不同的解释。自我意识积极的人，会倾向于做出积极的解释，而自我意识消极的人，往往会形成消极的解释和看法。

（3）使个体觉察和反省自身活动。每当个体做出行为，自我意识就会对个体保持良好的觉察，知道自身在干什么，干得怎么样，并随时做出调整。具有良好自我意识的人，能够对自己的活动做出恰当的评判，并分析信息，从而保持或改变活动的内容、方向和强度。

（4）引导个体寻求理想自我。理想自我指向未来，与现实的自我会有差距，而正是这种差距推动着个体不断努力，去寻求并达成理想的自我状态。

【心理故事】

神奇的发卡

有一个女孩子，相貌平平，个子矮小，总认为自己不讨人喜欢，因此有一点自卑。一天她偶然在商店里看到一个漂亮的发卡，当她戴起发卡的时候，店里的顾客都说她很漂亮，于是她非常高兴地买下发卡，并戴着它去学校。接着，奇妙的事情发生了。许多平日里不太跟她打招呼的同学纷纷来跟她接近，一些同学还约她一起去玩，原本死板的她似乎一下子变得开朗、活泼了许多。她想："都是因为我戴了一个奇妙的发卡。"随即她想到店里似乎还有许多其他式样的发卡，应当都买来试试。于是放学后，她立刻跑回那个商店。才进店门，老板就笑嘻嘻地对她说："我就知道你会回来拿你的发卡，早上我发现它躺在地上时，你已经一溜烟跑去上学了。所以我就暂且替你保存了。"这时她才发现其实自己头上根本就没戴什么神奇的发卡。

二、大学生自我意识的发展特点与规律

（一）大学生自我意识的发展特点

大学生由于在生理、认知和情感等方面的发展，自我意识进一步增强，出现了新的特点。这些新的特点标志着大学生们正一步步在自我探索的道路上走向成熟。

3.2 大学生自我意识的发展特点与规律

1. 自我评价能力提高

大学生正处于智力高速发展的时期，思维敏捷，反应迅速，求知欲望强，自我认知的广度和深度大大提高。大学生不仅关注自身，同时关注社会政治、经济变革问题，甚至世界形势的变化，乐于参与社会活动。大学生自我认知不仅涉及自己的气质、人格等一般问题，而且涉及自己的社会地位、社会责任、自我价值等深层问题，对这些问题的认知体现出自觉性和主动性。随着自我评价能力的提高，大学生对自己的分析、评价逐渐变得全面、客观，对自己的优缺点也有了比较正确的认知和评价，但是自我评价能力有很大的个体差异。

大学生自我评价具有不平衡性、多样性和不成熟性。一些学生认为"刚入学时觉得自己是天之骄子，要毕业时发现自己什么都不是"。因此，大学生自我评价存在两极性：一是"高估自我"，有着很强的优越感、自信心；二是"低估自我"，产生自卑心理，不主动规划自我，不敢向前。

2. 自我体验敏感而复杂

大学生自我体验的强度较大，具有敏感性、丰富性、波动性和深刻性等特点。大学生被称作各种社会群体中"最善感"的一个年龄阶段的群体。从整体上看，大学生自我体验的情绪、情感是积极的，健康的。多数同学表现为乐于接纳自我，对自己满意，但部分大

学生对他人的言行和态度十分敏感,把自己的情感体验封闭起来。自我意识的复杂性主要表现在大学生情绪波动性较大,凡是涉及"我"及与"我"相联系的许多事物,都常常引起大学生情绪和情感反应。因此,大学生内心体验起伏较大,取得成绩时容易产生积极、肯定的自我体验,甚至骄傲自满;遇到挫折时又容易产生消极、否定的情感体验,甚至悲观失望。

3. 自我控制能力提高

大学生有设计自我、完善自我的强烈愿望。他们根据自我设计的"最佳自我形象"而不断地充实自己的知识、培养自己的能力、形成自己良好的性格与品德。大学生的成就动机是最强的,他们不愿做一个碌碌无为的人,都想干出一番事业,能对社会、对祖国有所贡献,以实现自己人生的价值。大学生自我控制能力明显提高,处于低年级的大学生,冲动性还比较明显。进入高年级后,他们能够根据别人的评价和自己行动的结果进行反思,及时调整自己的行为和目标。大学生具有强烈的独立意识,希望独立和自制,摆脱依赖和管束,有着强烈的自我设计、自我规划的意愿。

(二)大学生自我意识的发展规律

大学生的自我意识的发展是有规律可循的,研究表明,大学生自我意识发展的基本规律表现为:分化→冲突→统一。

1. 自我意识的分化

青春期自我意识发展的特点是自我分化,原来完整笼统的"我"被打破了,出现了两个"我":"主观我"和"客观我"。随着"主观我"和"客观我"的分化,"理想我"和"现实我"也开始分化。随着自我意识的分化,大学生们开始主动、迅速地关注自己的内心世界,重新体验和认知生理自我、心理自我、社会自我。随着自我认知能力的提高,由此而来的种种激动、焦虑、喜悦增加,自我体验敏感而又丰富。大学生经常思考自己应该怎么做,能怎么做,不应该怎么做,不能怎么做等问题,渴望有自己的一片天空,期望得到理解和关注。

自我意识的分化是自我意识走向成熟的标志,也是大学生自我意识发展的重要过程。正是这种分化过程促进了大学生个体思维和行为的发展,从而为客观地评价自己或他人奠定了基础,形成新的自我意识。

2. 自我意识的冲突

自我意识的分化带来的种种矛盾冲突是大学生自我意识发展中的正常现象,也是大学生迅速走向成熟的集中表现。自我意识冲突一方面会使学生感到焦虑苦恼,痛苦不安,可能影响到他们的心理发展和心理健康,另一方面也会促使他们设法解决矛盾,来实现"理想我"与"现实我"的统一。大学生自我意识冲突主要有以下几种：

（1）"主观我"和"客观我"的冲突

"主观我"是用来表示我是什么，我做什么；"客观我"表示怎样看待我，是一个人对社会情境做出的反应，是自我意识中积极主动的一面。"主观我"和"客观我"的统一是个体对客体的认知与个人愿望的统一，是个人与社会的统一，是良好自我意识的标准。

一些大学生在失去竞争优势，或者遭遇到挫折后，"主观我"与"客观我"就会产生矛盾冲突，导致自暴自弃，表现为失望、苦闷、怨天尤人，因而重新思考"我应该成为什么样的人？""我的条件和前途如何？"逐步从与周围同龄人的比较中转移到社会背景下认知自我。

（2）"理想我"与"现实我"的冲突

这可以说是大学生自我意识矛盾中最突出、最集中的表现。大学生对未来充满信心，抱负水平较高，成就欲望较强，但由于他们生活范围相对狭窄，社会交往比较单一，缺乏社会阅历，对自我认识的参照点较少，因此，不能很好地将理想与现实结合起来，从而使"理想我"与"现实我"之间产生较大差距。在现实生活中，理想自我与现实自我总是存在着一定差距的，合理的差距能够激发大学生奋发进取的积极性，使人不断进步、奋发有为。但是，如果差距过大，则会带来很多苦恼和不满，有可能引起自我意识的分裂，导致一系列的心理问题。

（3）渴望交往与自我封闭的冲突

大学生迫切需要友谊，渴望理解，寻求归属和爱，有强烈的交往需要，希望能向知心朋友倾吐对人生和生活的看法，盼望能有人分担痛苦，分享欢乐。同时由于自我保护的需要，或其他一些因素的影响，大学生在与他人交往时存有较强的戒备心理，总是有意无意地与他人保持一定距离。许多大学生往往不愿主动敞开自己的心扉，而把自己的心灵深藏起来，或把自己的内心世界托付给不曾谋面的陌生人。正是这种自我封闭使得不少大学生都有孤独的感受。因此，大学生渴望交往与自我封闭的矛盾冲突在他们的心理上产生了明显的影响。建立正确的人际认知，学习沟通，学会交往是解决这一冲突的有效方法。

（4）积极进取与消极退缩的冲突

大学生都有较强的上进心，希望通过努力来实现自身的价值。但在追求价值实现中，困难、挫折在所难免，由于缺乏良好的自我控制能力，不少大学生常常出现情绪波动和行为退缩。主要表现在内心极为矛盾、困惑、烦躁不安、焦虑，在困难面前望而生畏，消极退缩，听之任之。但大多数学生在选择暂时的退缩之后，又不甘放弃，心中依然渴望追求与进取。所以常常看到大学生的精神状态波动较大，时而信心满满，斗志昂扬，时而颓废消沉，自怨自艾。

3. 自我意识的统一

自我意识的统一即自我同一性，主要指"主观我"和"客观我"的统一、自我与客观环境的统一、"理想我"与"现实我"的统一，也表现为自我认识、自我体验、自我控制的和谐统一。但是由于个人的社会背景、生活经验、智力水平、追求目标等方面的差异，自我意识的统一途径也有所不同，总的来说其统一途径有三个方面：一是努力改善现实自我，使之逐渐接近理想自我；二是修正理想自我中某些不切实际的过高标准，并改善现实自我，使两者互相趋近；三是放弃理想自我而迁就现实自我。不管通过哪种途径达到自我意识的统一，只要统一后的自我意识是完整的、协调的、充实的、有力的，就是积极健康的统一，就有利于个体的心理健康。

大学生自我意识的发展状况既是心理健康状况的集中反映，也是现阶段大学生心理健康、人格发展的新起点。一般来说，自我意识能积极统一的，则往往心情舒畅、生活如意、容易成功；自我意识消极统一的，即不惜牺牲理想自我而趋同现实自我以达到统一的，则往往胸无大志、悲观失望、难有作为；自我意识无法统一的，则往往内心苦闷、心事重重、无所适从。因此，要维护和增进心理健康，大学生应努力促进自我意识的发展和积极的统一。

【拓展阅读】

当代大学生自我同一性扩散现象

自我同一性是个体在特定环境中的自我整合和自我序化，是个体内在一致性和连续性的自我感觉和体验，也就是对"我是谁""我将来的发展方向"以及"我如何适应社会"等问题的确定而连贯的意识。同一性扩散指没有经历过广泛的探索，也没有固定的参与，或者陷入同一性危机之中不能成功地解决的状态。

我国当代大学生同一性扩散的具体表现为：

一是缺乏自我认知，没有形成统一和连贯的自我意识。不清楚自己到底是什么样子的，对自己的认识和感觉处于不断的变动之中，例如时而觉得自己乐观，时而觉得自己忧郁等等。不能恰如其分地自我评价，常常会自卑，看不到自己的优点，也不能正确认识自己的缺点，老觉得自己事事不如别人，自暴自弃。他们缺乏兴趣，陷入无动于衷和冷漠状态，学习、生活、朋友，一切都变得无所谓。他们缺乏目标和理想，不知道自己想要什么，不知道生活的目的和意义。对未来的方向彷徨迷惑，不知所措，不相信机遇，也不期待未来，陷于一种无力的状态；郁闷、空虚、无聊成为他们的流行语汇。

二是缺乏环境和社会认知，价值判断混乱。处于自我同一性扩散的个体不能正确认识周围的环境，对社会也缺乏正确的了解和认识，不能从社会中获取有用的信息，也不愿意去探索。他们人际关系混乱，不清楚自己在他人心中的形象，表现为事事以自我为中心，常常被他人所孤立。他们不清楚自己的位置和角色，不知道自己应该做什么，也不能区别自己在人际环境中的不同角色及其任务与责任。他们对事物价值判断混乱，分不清是非善恶，缺乏主见，常常陷于盲目从众之中。

三是缺乏解决各种矛盾和适应环境的能力。处于自我同一性扩散的个体不能适应进入大学前后的巨大落差，难以接受自己在新的团体中的位置。他们回避责任和选择，处于麻痹状态，不能保持正常的学习状态，无法集中精力工作和学习，或发疯似地埋头于单一的事务。他们缺乏人际关系处理的能力，不能理解别人，也不能被别人理解和接纳。他们自主性低，遇到问题无所适从，不知所措，容易受外界影响，被动接受、顺从社会压力。

大学生可在老师的引导下，积极地参与社会实践，对自我不断尝试、调整、再尝试、再调整，最终使自我意识发展适应社会环境的发展，建立健康的自我同一性，并为社会发展贡献自己的力量。

第二节　大学生自我意识发展中常见问题与完善

【心理案例】

小玲来自偏远的山区，长期营养不良，体弱多病，学习成绩下降，人际关系紧张。小玲的家庭十分贫困，无钱供她读书，她靠做兼职挣来的工资作生活费，还要养活一个在读高中的弟弟，因此她感到自卑，总觉得同学都瞧不起她，感觉很痛苦。其实，小玲原来的学习成绩不错，大一时曾获二等奖学金，同学对她评价还可以。可她却固执地认为同学都因她家庭困难而"鄙视"她，最令她苦恼的是没有男生追求她。为了改变现状，她节约伙食开支，购买漂亮衣服，以获得同学的羡慕与"尊重"。这样的"牺牲"，并没有让她感觉到自己的处境有任何好转，反而发现同学投来异样的眼光，心情越来越糟。因长期节食，她患上了严重贫血，常常头晕目眩，上课注意力难以集中，记忆力减退，学习成绩大滑坡，以致补考多门而成为班上的"困难"学生。烦恼、自卑、懊恼时刻在吞噬着她不甘人后的自尊心，但此时的她已感力不从心。

小玲的自我意识中出现了偏差，导致出现了心理问题。这样的学生在大学里并不鲜见，只是表现形式与程度不同而已。由于自我认识的偏差而导致自尊与自卑的矛盾体验，为了掩饰自己的自卑，常常拒绝帮助、语言尖刻、防御多疑、封闭自我，就其内心体验而言，是痛苦不堪的，外表的自尊无法欺骗自己真实的内心体验，在自卑与自尊的矛盾中挣扎，最后以偏颇的方式来解决问题，使自己越陷越深。

【心理知识】

一、大学生自我意识发展中的常见问题

（一）自我认识主观化

大学生在自我认知与自我评价上往往存在一定的主观性。在相对宽松的校园环境中，一些大学生积极参加学校组织的各项活动和社会实践，在知识和能力上有了很大程度的提高，视野不断扩大，自信心也有了很大提升，甚至是过分夸大了自己的能力与优势。但毕竟学校和社会是有差别的，大学生在探讨、评价和思考实际问题时，往往带有幻想的色彩，很难切合实际全面地看待事物并认识问题。当遇到挫折时不能正确归因，不能接受和正视自己的缺点，自我否定和回避的态度常使心理负担加重，进而影响学业和个人发展。

（二）自我体验两极化

由于大学生的自我意识还处在不断发展与完善中，个性还不够稳定和成熟，对情感的驾驭能力稍显薄弱，因此他们的情感体验往往表现出较为明显的敏感性和波动性。他们或因成功而产生积极快乐的甚至骄傲自大的情感体验，表现为过度自我接纳，即对自己的肯定评价过多；或因失败而自尊受挫、悲观失望，表现为过度自我拒绝，即经常的、严重的、多方面的自我否定。

过度的自我接受容易使人产生盲目的乐观情绪，自以为是。同样对自己的要求过高，错误的自我评价使自己难以完成任务，因此不可避免地引起实际行动中的失利和矛盾冲突。自我评价过低的人常常对自己的智力、能力及一切产生怀疑和否定，不仅限制了自己对未来事业及美好生活的向往，而且面对问题时常常退缩，因此他们不能最大限度地发挥自己的潜能和才能。

（三）过分的独立意识与依赖心理

大学生自我意识发展的特点之一是独立性，但是独立意向过强，往往使大学生感到压力很大。大学生生理与心理的成熟使他们渴望独立，尤其是在离开父母之后，有了更多的自主空间，更加希望能在经济、生活、学习、思想等方面独立，摆脱成人的管束。他们渴望独立，以独立的个体面对生活、学习与工作中遇到的问题，以证明自己已经长大。

过分的独立意识的典型表现就是逆反心理。为了保护新发现的、正在逐渐形成的、还比较脆弱的自我，为了抵抗和排除在他们看来压抑自己的那种外在力量，青年阶段出现了"第二反抗期"。另一方面由于长期的校园生活使他们应有的社会阅历与经验相对匮乏，在心理上又对父母、朋友存在深深的依赖，特别是遇到困难和挫折时，这种依赖就表现得

更为明显。尤其是对于独生子女来说，由于长期受到父母的溺爱与保护，这种过分的依赖心理就表现得非常突出。

（四）过度的"三自"心理

过度的"三自"心理就是过度的自尊、自信和自卑三种心理现象。过度的自尊就会变成虚荣，过度的自信就是自负，过度的自卑就是自我否定、自我拒绝。

1. 过度的自尊就是虚荣

自尊是个体对其社会角色进行自我评价的结果。自尊涉及个体是否对自己有积极的态度，是否感到自己有许多值得骄傲的地方，是否感到自己是成功和有价值的。如果个体把他予以积极评价的角色看得比较重要，他就有高水平的自尊。如果自尊遇到挫折，个体可能会感到无能与弱小，产生自卑，以致丧失自信心。

过度自尊的人通常是那些虚荣心强、不自信的人。虚荣是一种追求外表荣誉，以期望获得社会或他人尊重的心理行为。过度自尊者不是通过实实在在的努力，而是利用吹牛、撒谎、弄虚作假、投机取巧等手段去提高社会和他人的尊重。追求虚假的荣誉，只是自欺欺人，不仅会使个人失去他人的尊重和友谊，失去诚信，甚至会失去能真正体现自己价值的追求，留下苍白的人生。

2. 过度的自信就是自负

在过度自信的支配下，个体往往扩大现实的自我，形成错误的不切实际的理想自我，并认为"理想我"可以轻易实现。这种类型的大学生往往盲目乐观、以自我为中心、自以为是，不易被周围环境和他人所接受与认可，容易引起别人的反感和不满。因此极易遭受失败和内心冲突，产生严重的情感挫伤，导致苦闷、自卑、自我放弃。

当代大学生较为普遍地形成了自信的优良品质，他们有独立思考的精神，对自己的才能信心十足，对自己的未来充满希望。但也有一些大学生自信过度，自我感觉太好就变成自负。他们听不进父母的建议，听不进老师的教诲，听不进他人的意见，一意孤行，对自己的肯定评价超过实际情况。

3. 过度的自卑就是自我否定

自卑是一个人对自己的不满、轻视，对自己有过低的评价。这类大学生往往降低社会需求水平，对自我过分怀疑，压抑自我的积极性，并可能引发严重的情感损伤和内心冲突。他们的心理体验常伴随较多的自卑感、盲目性、自信心丧失、情绪消沉、意志薄弱、孤僻、抑郁等现象，尤其是面对新的环境、挫折和重大生活事件时，常常会产生过激行为，酿成悲剧。大学是个人才济济的地方，一些学生感到某些地方不如他人，感到自卑，这是正常现象。但是过度自卑，就等于自我毁灭。

【拓展阅读】

自 尊

3.3 关于自尊

自尊即自我尊重,是个体对其社会角色进行自我评价的结果。自尊首先表现为自我尊重和自我爱护。自尊还包含要求他人、集体和社会对自己尊重的期望。自尊来源于自尊需要,包括两方面:一是对成就、优势与自信等的欲望;二是对名誉、支配地位、赞赏的欲望。自尊策动人去追求和呈现一种良好的社会形象,从而更好地适应社会环境。

如果自尊不足(即低自尊)甚至缺乏,人就无法正确地对待自己和他人的评价,不能适时恰当地对社会环境的要求或事件作出合理反应,无法及时缓解生活中的基本焦虑,也就无法正常地进行社会生活。自尊不足的人一方面感到维护良好自我形象的需要非常迫切,另一方面又对表现出的自我形象不能令人满意(确切地说,是不能令自己满意),二者之间的差距和冲突促使个体主观上愈加追求自我尊重的情感体验。

低自尊具体表现为两类行为或态度:一类是自伤性行为或态度,主要指向自我。其表现有自暴自弃、自怨自艾、自哀自怜、自轻自贱等,甚至可能放弃生命。另一类是自恋式或自我中心的行为与态度,主要指向他人与环境。可能出现不负责任、冷漠、自我中心、敌视、攻击他人、报复社会等偏激行为和罪错行为,甚至走上违法犯罪的道路。这是由于个体不是通过正常的途径去获取自尊需要的满足,而是退居于目前的自尊状态并夸大、固守这种自尊状态,从而对外界环境的要求表现得不屑一顾甚至故意对抗。这种自恋式的貌似高自尊的状况本质上是一种虚弱的或虚假的自尊现象,个体内心深处其实极度渴望他人的尊重和关怀。

真正的高自尊是一种动态平衡的自尊。自尊需要(或维护良好自我形象的需要)与自我现状(或当前的自我形象)之间呈现出一种动态的平衡。一方面,高自尊的人对自我现状常常是满意的,他们对自己的存在能力和存在价值充满自信,即使这种能力和价值并不比别人高。另一方面,高自尊的人虽然对自我现状很满意,但并非停滞不前。相反,正是由于他们对自己很满意,很自信,所以无论在生活中还是在工作中,他们都恰恰表现出了社会所期待的良好形象,社会环境自然也就作出了良好的反馈,从而与社会环境形成了良性互动,进而不断改善和提高其自尊状况。

正如罗森伯格所指出的,高自尊感不是指优越感。高自尊的人不一定把自己看得比别人好,他们只是能够怡然自得而已。布兰登也曾指出,自信和自我肯定是自尊的内核,它们反映了自尊的最基本要素。这种自信和自我肯定使人看待自我和周围一切的目光明显地带有乐观、信赖和珍视的色彩,从而使其具备良好的心理素质和心理状态。高自尊的人也会有失败和落魄的时候,他们的自我意象与自尊需要之间也会产生不和谐的冲突,但是他们在与社会环境的良性互动中可以较容易地化解掉这种冲突,并很快恢复心理平衡,从而保持心理的和谐与健康。

二、大学生自我意识的完善

（一）正确地认识自我

3.4 大学生自我意识的完善

通过不断地反思自我，能够产生比较准确的认知与评价自我。在正确的比较中认知自我，能够认知自己的长处和短处。通过从别人对自己的态度与评价中认知自我，能够不夸大自己的优势与不足，对现状与未来有明确的认识，准确的评价和符合实际的规划，既不好高骛远，也不妄自菲薄。

对自己的身高、体重、体型、外貌的评价：＿＿＿＿＿＿＿＿＿＿

对自己的智力、优点、特长的评价：＿＿＿＿＿＿＿＿＿＿

对自己短处、缺点、弱点的评价：＿＿＿＿＿＿＿＿＿＿

我的座右铭：＿＿＿＿＿＿＿＿＿＿

我最欣赏自己的是：＿＿＿＿＿＿＿＿＿＿

我最讨厌自己的是：＿＿＿＿＿＿＿＿＿＿

我的烦恼是：＿＿＿＿＿＿＿＿＿＿

我与家人相处的情况：＿＿＿＿＿＿＿＿＿＿

我的朋友：＿＿＿＿＿＿＿＿＿＿

我的心理是否健康：＿＿＿＿＿＿＿＿＿＿

自己将这些描述清晰地整理出来，能够促使自己反思自我、正视自我，并在此基础上形成正确而全面的自我意识。你可以与你的同学、家人、朋友、恋人沟通，听取他们对你自己评价的认同度，这也是自我认识的过程。先将自己的优点列出，并得到大家的认同，再写出自己的弱点，请大家帮助分析，这些澄清的过程也是自我认识不断深化的过程。

> 【小贴士】健全的自我意识的标准
>
> 健全的自我意识是心理健康的重要标准，是人类自身内在的一种成功机制，在人才发展中发挥着重要作用。健全的自我意识有如下标准：第一，自我意识健全的人，应该是一个有自知之明的人，既知道自己的优势，也知道自己的劣势，能正确评价自我和发展自我。第二，自我意识健全的人，应该是自我认识、自我体验和自我控制相协调一致的人。第三，自我意识健全的人，应该是积极自我肯定的、独立的并与外界保持一致的人。第四，自我意识健全的人，应该是理想自我与现实自我统一的人，有积极的目标意识和内省意识，积极进取，永无止境。

【心理活动】

"我是谁"

指导语：现在我们来做一个帮助大家了解自己的心理测试。请你尽量写出10个"我是谁"，回答每次提问的时间为20秒，如果写不出来，可以略去，继续往下写。由于这是自我分析材料，不会给别人看，所以想到什么就回答什么，不要有什么顾虑。例如我叫某某，我是一个诚实的人，等等。

对自己的答案进行分析，内容包括以下几个方面：

① 案的数量和质量。即一共写出几个答案，答案中哪些方面的内容为多。如果能够写出8～10个答案，则大体上可以认为自我认知程度较高。如果只能写出5个或者更少的答案，则可以认为是过分压抑自己，回答时，会以感到无聊、害羞、时间不够等为借口，不能回答更多的问题。

② 回答内容的表现方式。有三种情况：符合客观情况的，如"我是女儿""我是大学生"等；主观解释的情况，如"我是老实人""我是个胆小的人"等；中性的情况，即谁都不能做出判断的情况。如果主观评价和客观评价都有，可以认为取得平衡；如果倾向于主观或客观，则不能取得平衡。在主观评价中，最好是既说到自己好的方面（令自己满意的特征），也说到自己的不足之处（令人不满意的特征）。如果只说到好的会使人觉得是自满；只作不好的评价，又令人感到是没有信心。

③ 回答的内容是否涉及自己的未来。哪怕只有一个答案涉及未来（如"我是未来的工程师"），也说明自己有理想和抱负，在现实生活中充满生机。如果没有一个答案涉及未来，则可能说明自己对未来考虑不多。

（二）积极的自我悦纳

积极的自我悦纳是发展健康自我体验的关键和核心。具体来说主要包括：①愉快感和满足感；②性情开朗，对生活乐观，对未来充满憧憬；③平静而理智地看待自己的长处与短处，冷静地对待自己的得失，以发展的眼光看待自己，充分认识到成功不是永恒的，失败也只是暂时的；④树立远大的理想，并以此激励自己，不断克服消极情绪；⑤既不以幻想的自我补偿内心的空虚，也不以消极的态度回避、漠视自己的现实，更不以怨恨、自责以至厌恶来否定自己。

自我悦纳是个体对自己本来面目的认同、肯定态度。一个人是否心理健康，重要的不是他能否准确地了解自己，而是他是否接纳自己，满意自己。一个人只有肯定自己、认同自己，才会有自豪感、自信心、自尊感。除了正确看待自己的长处和短处，正确面对失败，从实践活动中获得更多成功的体验，还需要调整自己的期望值。只有学会调控自己的期望值，建立合适的理想目标，把自我期望与自己的现实情况密切联系起来，才能逐渐适应社会。

【心理活动】

"天生我才"

每位同学按下表写出未完成的句子,并在小组中读出自己所写的内容。当有同学在分享的时候,请认真聆听,思考哪些与我写的相同,哪些不同,为什么。

1. 我最欣赏自己的外表是
   _____

2. 我最欣赏自己对朋友的态度是
   _____

3. 我最欣赏自己对学习的态度是
   _____

4. 我最欣赏自己的一次成功是
   _____

5. 我最欣赏自己的性格是
   _____

6. 我最欣赏自己对家人的态度是
   _____

7. 我最欣赏自己做事的态度是
   _____

(三)有效的自我控制

自我控制是自我意识的关键环节。"知"与"行"之间有很长的路,大学生常常"心动而不行动",事实上心动是一件容易的事,而真正历练意志则需要更多的自我控制。我们不妨打一个比方:早晨起床,应当是一件最简单不过的事,但对懒惰者而言,也是需要意志的,特别是寒冷冬天的早晨,想想被窝里的温暖,再面对起床的痛苦,都要进行思想斗争,而当意志成为一种习惯时,自我控制就转变为"自动化"。

培养自己的意志品质和坚强的性格,发展自己的自制力,增强挫折耐受力,主动自觉地认清理想自我,为实现理想自我建立长期的目标,为实现目标努力付出,坚持不懈,克服困难,正确地面对成功和失败。建立合乎自我实际情况的抱负水平,确立合理理想自我。把远大的理想分解成一个个远近高低不同的子目标,由近及远,由低到高,循序渐进,逐步实现。关键是每个子目标都是立足现实的,具体可行的,经过努力可以实现的。

(四)正确的成就归因

自我意识的完善还有赖于成就归因,或者说对其成败的解释。伯纳德·韦纳发现大学生个体可能将成败归结为4种原因：能力（或者缺乏）、努力、任务难度、运气（好与坏）。能力和任务难度这两种稳定因素，能导致强烈的成就期望，努力和运气则是不稳定的因素，随着环境不断变化，很难让人产生期望。韦纳认为正确的成就归因是将成功归结于能力强，因为这种稳定的归因使我们看到自己的成功，并使我们期望能再次成功，相反，将失败归结于努力不足（并不是能力不足）更理想，因为努力是不稳定的，使我们相信如果我们努力下次会更好。

对于成败的认识，个人的体验水平不同，会产生不同的归因方式，这对自我意识的完善形成一定的影响。将个人的失败归结于运气、机遇等不可控因素的人会趋于自我保护和防御，缺乏正视现实和挫折的勇气，不利于自我认知和反省；将个人失败归于自身能力、水平等内在因素，易于丧失自信，导致退缩行为。只有正确的成就归因，才能恰当客观地评价自己的能力，产生合理的自我分析与评价，形成积极的自我体验，实施有效的自我控制。

【小练习】

"假如我是一只动物"

假如我是一只动物，我希望是_____，因为_____。
假如我是一种花卉，我希望是_____，因为_____。
假如我是一棵大树，我希望是_____，因为_____。
假如我是一种食物，我希望是_____，因为_____。
假如我是一种电影，我希望是_____，因为_____。
假如我是一种乐器，我希望是_____，因为_____。
假如我是一种颜色，我希望是_____，因为_____。
假如我是一种交通工具，我希望是_____，因为_____。
假如我是一档电视节目，我希望是_____，因为_____。
假如我有万能的力量，我希望是_____，因为_____。
大家分组分享每位同学的故事，寻找真实的自己。

（五）增强自信心

自信是指一个人在对自己充分肯定的基础上建立起来的一种信心，它推动人的心理与行为向积极方向发展。大学生只有对自己的外表、学识、能力、品行等方面具有较强的自信心，才能真正

【小练习】

1. 写下我的20个优点或长处；
2. 请家长、同学、老师说说我的优缺点；
3. 综合各种评价，给自己画张"自画像"。

做到悦纳自我。增强自信可以从以下几个方面入手：

首先，大学生要了解自己自卑心理的特点和成因，理智看待自己自卑心理的合理性，克服自己的自卑心理。克服自卑心理最好的方法就是积极参与社会交往和社会实践活动，在学习和生活中，确立一个符合自己的清晰目标，为完成目标一步步地行动。

其次，大学生要积极发现自己身上更多的"闪光点"。任何人都不是十全十美的，都有自己的一些缺点和不足，最重要的是肯定自己的价值，接纳自己的不完美也是心理健康的体现。大学生要增强自信心，必须积极发现自己的优点，而不能过分夸大自己的缺点和不足。

最后，学会积极思考问题。在遇到挫折时，想一想事情的积极方面，就算是失败了，也有失败的价值。大学生要经常给予自己积极的暗示，在做一件事情的时候，心中默念：我可以！我一定能行！我能做得很好！

【心理测验】

自我和谐量表（SCCS）

下面是一些个人对自己看法的陈述，填答时，请您看清每句话的意思，然后选一个数字（1代表该句话完全不符合您的情况，2代表比较不符合您的情况，3代表不确定，4代表比较符合您的情况，5代表完全符合您的情况）以代表该句话与您现在对自己的看法相符合的程度。每个人对自己的看法都有其独特性，因此答案是没有对错的，只要如实回答就行了。

1. 我周围的人往往觉得我对自己的看法有些矛盾。
2. 有时我会对自己在某方面的表现不满意。
3. 每当遇到困难，我总是首先分析造成困难的原因。
4. 我很难恰当表达我对别人的情感反应。
5. 我对很多事情都有自己的观点，但我并不要求别人也与我一样。
6. 我一旦形成对事物的看法，就不会再改变。
7. 我经常对自己的行为不满意。
8. 尽管有时得做一些不愿意的事，但我基本上是按自己意愿办事的。
9. 一件事好是好，不好是不好，没有什么可含糊的。
10. 如果我在某件事上不顺利，我就往往会怀疑自己的能力。
11. 我至少有几个知心朋友。
12. 我觉得我所做的很多事情都是不该做的。
13. 不论别人怎么说，我的观点绝不改变。

14. 别人常常会误解我对他们的好意。

15. 很多情况下我不得不对自己的能力表示怀疑。

16. 我朋友中有些是与我截然不同的人，这并不影响我们的关系。

17. 与朋友交往过多容易暴露自己的隐私。

18. 我很了解自己对周围人的情感。

19. 我觉得自己目前的处境与我的要求相距太远。

20. 我很少去想自己所做的事是否应该。

21. 我所遇到的很多问题都无法自己解决。

22. 我很清楚自己是什么样的人。

23. 我能很自如地表达我所要表达的意思。

24. 如果有足够的证据，我也可以改变自己的观点。

25. 我很少考虑自己是一个什么样的人。

26. 把心里话告诉别人不仅得不到帮助，还可能招致麻烦。

27. 在遇到问题时，我总觉得别人都离我很远。

28. 我觉得很难发挥出自己应有的水平。

29. 我很担心自己的所作所为会引起别人的误解。

30. 如果我发现自己某些方面表现不佳，总希望尽快弥补。

31. 每个人都在忙自己的事，很难与他们沟通。

32. 我认为能力再强的人也可能遇上难题。

33. 我经常感到自己是孤独无援的。

34. 一旦遇到麻烦，无论怎样做都无济于事。

35. 我总能清楚地了解自己的感受。

评分说明 各分量表的得分为其包含的项目分直接相加，三个分量表包含的项目为：

1. 自我与经验的不和谐：1，4，7，10，12，14，15，17，19，21，23，27，28，29，31，33（题号）

2. 自我的灵活性：2，3，5，8，11，16，18，22，24，30，32，35

3. 自我的刻板性：6，9，13，20，25，26，34

将自我的灵活性反向计分，再与其他两个分数相加。得分越高自我和谐度越低。在大学生中，低于74分为低分组，75～102分为中间组，103分及以上为高分组。

【团体活动】

第一阶段：促进相互认识，初步建立信任关系活动一：初相识。（1）热身活动，成长三部曲（进化论）。（2）两人一组自我介绍，分享三个"最"。（3）八人一组相互介绍。（4）八人一组"滚雪球"。（5）分享与交流。

活动二：信任之旅。（1）热身活动之"棒打薄情郎"。（2）我们是一家人。（3）盲行。（4）分享与交流。

第二阶段：学会描述自我

活动一："我是谁？"（1）热身活动之"轻柔体操"。（2）我的自画像。（3）20个"我是谁"。

活动二：多维的我。（1）心理实验。进行表象训练：电影明星、自己的妈妈、自己。（2）准备3张纸，分别写上"理想的我""现实的我""别人眼中的我"。比较3张纸上的答案有什么区别。（3）探讨怎样使三个"我"更加协调一致。

活动三：我的性格。（1）气质测量。（2）同一类型的人分为一组进行讨论。（3）每个人说说自己的性格特点。（4）脑力激荡，说说优点。（5）总结每种类型的优点和缺点。

第三阶段：我的成长经历

自我成长分析报告。（1）每个人将自己的成长经历撰写成自我成长分析报告。（2）组内每个成员都要坦诚介绍自己的人生经历。（3）其他成员在听了讲述者的经历后，要对叙述进行认真细致的分析，要与讲述者分享其内心感受，分析其经历对其生活的影响，找出其快乐或者痛苦的原因，以探求组内成员生活中所遇困境和问题的解决策略。

第四阶段：悦纳自我

活动一：我很不错。（1）示范说明如何"正面评价"，之后让学生填写"我很不错"的自我分析表。（2）请一两名学生朗读自己的自我分析表，其他学生可以补充他的其他优点。（3）辅导者向学生讲述生活中虽然有不顺和悲伤，但同时也存在顺利和喜悦，当我们过度悲伤就会忽略喜悦，而这不利于我们积极的情感体验，是不好的。（4）辅导者示范性地说出自己的三个优点，之后让学生以小组的形式进行自我优点的介绍，其他学生也可补充，直到全组说完为止。（5）回到大团体中，教师引导学生分享参加小组活动的感想，并进行总结。

活动二：独特的我。（1）辅导者简述个性的重要性，人人都是独一无二的。（2）让学生填写"自我特长和不足之处"的表格。（3）让学生在小组内进行对他人的赞美。

第五阶段：挑战自我

活动一：高台演讲。（1）随机抽同学轮流站到高台上进行演讲，时间是3分钟，内容为你的过去、现在和未来，如果演讲结束而时间未到，请继续留在台上，可以随便说些其他话题。（2）分享与总结。

活动二：特别采访任务。（1）辅导者根据学生特点确定访问题目，最好是调查受访者一些比较个人而没什么价值判断的问题，如"您最近做了什么梦？""您觉得自己最有潜能的方面"等。（2）填写《勇敢承诺书》和《访问记录单》，并签订《保密协议》。

第六阶段：结束阶段

收获与成长。（1）每个人写下自己参加所有活动的感想与体悟。（2）分享与总结。（3）拥抱与赠言。（4）合唱《相亲相爱一家人》。

【推荐阅读】

1. 书籍：《心灵飞舞——李子勋谈心理健康》李子勋. 北京：中国广播影视出版社，2006.

简介：李子勋先生的观点总是能够颠覆你的固有认知，让人耳目一新。书中借用很短的篇幅阐述了他对一些问题的观点，而这些颠覆性的观点，打开了读者的视角和被禁锢的思维，看后有种轻松畅快的感觉。他的文字在不经意间把你的心门打开，让你走出曾经固执着坚守不出的心灵堡垒，让牢牢驻在心里的无限委屈松动了。听听别人的观点，看看别人的视角，仿佛呼吸到一缕清新空气。

2. 书籍：《自卑与超越》[奥地利] 阿尔弗雷德·阿德勒. 曹晚红，译. 北京：中国友谊出版公司，2017.

简介：该书是阿德勒从个体心理学观点出发，阐明人生道路和人生意义的通俗读物，但通俗中包含着极深的哲理和颇丰的学术创见。书中不仅涉及人为什么活着、心灵与肉体的关系、自卑感和超越的问题，而且着重论述了自卑感的形成对个人的影响，个人如何超越自卑感，如何将自卑感转变为对优越地位的追求以取得成就的问题。

第四章 山高水长——大学生人格发展与心理健康

【教学目标】

知识目标：了解人格的心理内涵、特点及重要影响因素；熟悉大学生人格发展的特点及常见的不良人格品质；掌握大学生常见人格问题的矫正方法。

能力目标：能够积极运用相关策略健全自我人格。

【心灵漫话】

天若无霜雪，青松不如草；地若无山川，何人重平道。　　　　——［唐］唐备

成人的人格的影响，对于年轻的人来说，是任何东西都不能代替的最有用的阳光。

——［俄］乌申斯基

第一节　人格与心理健康

【心理案例】

大学聚集了来自五湖四海的同龄人，宿舍如同一个丰富多彩的小社会，大家特点各异，共处一室。李同学进入大学后，住进了四人间寝室，寝室状况是这样的：老大身材高大，很强势，说话大大咧咧，但很会逗人开心，因此，寝室和班上的同学都喜欢他；老二寡言沉稳，学习刻苦，每天很早起床，跑步、晨读、上课、吃饭、去图书馆看书，做事情一丝不苟，井井有条；老三是典型的富家子弟，爱睡懒觉、痴迷打游戏、经常逃课，几乎每周都出去K歌，和哥们儿一起吃饭总是他买单，有很多朋友，他和老大关系最好；而李同学我呢，似乎是个另类，家里条件很一般，没有老三那么大方，

> 也没有老二那么认真，又做不到老大那么有魄力，事实上我只是一个中规中矩的人，学习成绩也中等，不逃课，也不怎么爱玩游戏，想认真学习却又坚持不下来……
>
> 李同学描述了自己和三位室友不同的人格特点，老大外向爱交际，老二内敛很认真，老三纨绔却大方，"我"中规中矩。

【心理知识】

一、人格的内涵与发展规律

1. 人格的内涵及特征

4.1 人格的内涵及特征

"人格"一词是我们日常生活中的高频词汇，我们经常说"他具有高尚的人格""他出卖了自己的人格""他具有健全的人格""那个老师这样骂学生，简直是侮辱人格"等。我国古代汉语中没有"人格"这一词，但有"人性""人品""品格"等词。最早讲到"人性"的是孔子，《论语·阳货》中说道："性相近也，习相远也。"

什么是人格呢？心理学家对于人格的定义有50多种，每一种理论都有自己的定义。人格（Personality）一词最初来源于古希腊语"Persona"，原意是演员的"面具"，是用来在戏剧中表现人物身份和角色特点的。它有内外两种意义的理解，既可以外指一个人在社会上呈现出的种种行为特点，又可以内指一个人不愿意展露的真实内在自我。

美国著名人格心理学家奥尔波特指出"人格是一个人内部决定他特有的行为和思想的心身系统的动力组织"。我国心理学家黄希庭认为，人格是个体在行为上的内部倾向，它表现为个体适应环境时的能力、情绪、动机、兴趣、态度、价值观、气质、性格和体质等方面的整合，是具有动力一致性和连续性的自我，是个体在社会化过程中形成的给人以特色的心身组织。米歇尔则把人格定义为：人格是心理特征的统一，这些特征决定人的外显行为和内隐行为，并使它们与别人的行为有稳定的区别。

综合各个学派的观点，我们把人格定义为：一个人相对稳定而不变的心理特质。在这里"特质"指的是一个人的认知、情绪或行为，而"相对稳定"指的是在不同的情境，以及不同的时间这个人的特质不会有太大的变化。可以认为，人格是个体内部的心理和行为倾向，它通过个体对环境的适应表现出来，包括能力、气质、性格、需要、动机以及价值观等方面，是个体在社会化过程中形成的独特的、稳定的身心特质。具体理解如下：

首先，人格是一组心理特质的有机组合。我们在描述一个人时经常会用到外向、乐观、认真、幽默、诚实守信、思维敏捷等词汇，有超过一万七千个此类的词汇可以用来描述人格特点，而我们描述每个人时所使用的词汇又是不一样的，这也是人格的首要特征：独特性。它是指每个人的心理活动与行为方式是不同的。不同的遗传、生活经历、教育环境等，形成了人们各自独特的心理特点，不同的因素组合构成不同的人格，体现了人格的多样性。在我们的生活环境中，可以观察到各种不同个性的人，他们在能力、气质、性格、动机和价值观等方面都具有自己的特点。所谓"人心不同，各如其面"，这就是人格的独特性。

其次，人格具有整体性。它是由多种成分构成的整体，但在一个人身上实现时，它们并不是孤立存在的，而是错综复杂地交互作用，组成一个有机的整体，具有内在一致性，受自我意识的调控。人格的整体性是人格健康的标志，一个失去了人格内在统一性的人，他的行为就会常常受到几种动机、意志相互抵触的支配，这是一种人格分裂的现象，它的表现是"双重人格"或者"多重人格"。人们对多重人格的好奇心在电影和文学作品中早已表现出来，比如电影《多面夏娃》《爱德华医生》《催眠》等许多作品使得人们对"多重人格"的好奇心越发增强了。

再者，人格是一个人在长期的生活过程中形成的独特的心理特征，具有相对的稳定性，具有跨时间的持续性和跨情境的一致性，并在一切生活中显示出其区别于他人的独特性。正如人们常说的"江山易改，本性难移"。就像上面案例中的"我"，想要成为老大那样招人喜欢、成为众人的焦点，或者像老三那样出手阔绰、潇洒自在，抑或是老二那样努力刻苦、坚持不懈，这似乎比较困难，这就是人格的稳定性。当然，这并不意味着它在人的一生中是一成不变的，随着生理的成熟和环境的变化，人格也可能发生或多或少的变化，这是可塑性的一面。正因为其具有可塑性，才能培养和发展人格。

最后，人格是社会的人所特有的。人是生活在社会群体中的动物，人格是在社会群体交往中体现出来的。古罗马著名学者西塞罗所讲的人格的含义是：一个人表现在别人眼中的印象，以及在生活和工作中扮演的角色，表示人的尊严和优越。所谓"别人眼中的印象"，就是人格的社会性。所以，人际关系是否正常，工作是否能够顺利展开，生活是否和谐，是否得到大多数人的尊重和认可，成为人格是否健康的评价标准。这就是人格的社会性。

2. 人格的发展

每个人在人格形成和发展过程中，都有"关键期"，呈现了连续的人格发展规律，最具代表性的是艾里克森的人格发展八阶段理论。他认为随着每个阶段心理、社会发展的完成，如果危机得到相应解决，就会形成积极的人格品质，反之，就会产生消极的人格品质。

第一阶段：婴儿期（0～1岁），信任—不信任。获得信任感而克服不信任感阶段。这阶段的婴儿对母亲或其他养育者表示信任，婴儿感到所处的环境是个安全的地方，周围人们是可以信任的，由此就会扩展为对一般人的信任。婴儿如果得不到周围人们的关心与照顾，他就会产生害怕与怀疑的心理，影响到下一阶段的顺利发展。

第二阶段：婴儿后期（1～3岁），自主—羞怯、怀疑。获得自主感而避免怀疑感与羞耻感阶段。在这个阶段，儿童开始有了独立自主的要求，如想要自己穿衣、吃饭、走路、拿玩具等，他们开始去探索周围的世界。如果父母及其他照顾者允许他们独立地去干一些力所能及的事情，并且表扬他们完成的工作，就能培养他们的意志力，使他们获得一种自主感，能够自我控制。相反，过分爱护，包办代替，或过分严厉，斥责体罚，会使孩子产生自我怀疑与羞耻之感。

第三阶段：幼儿期（3～6岁）：自信—内疚。获得主动感受而克服内疚感阶段。在这阶段肌肉运动与言语能力发展很快，能参加跑、跳和骑小车等运动，能说一些连贯的话，还能把活动扩展到超出家庭的范围，个体对周围的环境充满了好奇心。如果成人对于孩子的好奇心以及探索行为给予更多机会，耐心地解答他们的问题，孩子会表现出很大的积极性与进取心，形成自信。反之，会使孩子产生内疚感与失败感。

第四阶段：童年期（6～12岁），勤奋—自卑。获得勤奋感而避免自卑感阶段。儿童的思维能力发展迅速，提出的问题广泛，且有一定的深度，参加的活动已经扩展到学校以外的社会。对他们影响最大的不仅是父母，而且扩展到同伴，尤其是学校中的教师。他们很关心物品的构造、用途与性质，并产生浓厚兴趣。如果能得到成人的支持、帮助与赞扬，则能进一步加强他们的勤奋感。

第五阶段：青少年期（12～18岁），同一—混乱。这一阶段的核心问题是自我意识的确立和自我角色的形成。青少年从别人对他的态度中，从自己扮演的各种社会角色中，逐渐认清了自己。他们逐渐疏远自己的父母，与同伴们建立了亲密的友谊，并认识整合内心的自己与外在社会生活中的自我，完成心理社会同一感，这也是大学生最为重要的发展阶段。

第六阶段：成年早期（18～25岁），亲近—孤独。建立家庭生活的阶段，获得亲密感、避免孤独感阶段。亲密感是人与人之间的亲密关系，包括友谊与爱情。如果缺失亲密关系，就会陷入孤独寂寞的苦恼情境之中。

第七阶段：成年期（25～65岁），创造—停滞。获得创造感，避免自我专注阶段。这一阶段有两种发展的可能性，一种可能是向积极方面发展，个人除关怀家庭成员外，还会扩展到关心社会上其他人。他们在工作上勇于创造，追求事业的成功。另一种可能性是向消极方面发展，即所谓自我专注，就是只顾自己以及自己家庭的幸福，而忽视他人的困难与痛苦，自我利益至上。

第八阶段：成熟期（65岁以上），自我完善—悲观失望。获得完美感，避免失望感阶段。如果前面七个阶段积极的成分多于消极的成分，老年期就能汇集成完美感，觉得生活很有意义。相反，就会产生失望感，甚至绝望的感觉，精神萎靡不振。

二、人格对心理健康的影响

在人的生活工作中，人格对心理健康的影响至关重要。良好健全的人格能从根本上维护人的心理健康，偏差不良的人格会破坏人的健康心理，甚至产生严重的人格障碍，影响人的一生。在心理健康诸多影响因素中，遗传、生活事件、父母养育方式、社会环境等都会发挥重要作用，但心理学研究和实际个案辅导表明对心理健康产生核心影响的是人格因素，它起到支撑性结构作用。人格的重要组成部分中包括气质和性格等，其对心理健康的影响也可以从这几个角度分别来了解。

1. 气质

气质是由遗传和生理决定的心理和行为特征，受文化因素影响较小，在人格中最为稳定，基本的气质特点在人一岁时就表现出来并保持终生。公元前5世纪，古希腊名医希波克拉底创立了气质学说，他认为人体内有四种体液：血液、黏液、黄胆汁和黑胆汁，各种体液在人体内部的含量比例不同决定了一个人的气质类型不同。

根据神经系统活动的强度、灵活性、平衡性特征，将典型气质类型分为胆汁质、多血质、黏液质和抑郁质。

胆汁质（强而不平衡）类型的人直率、热情、精力旺盛、易于冲动、性情急躁、心境变化剧烈、难以克制等。比如张飞、李逵、普希金、李白等。

多血质（强而平衡、灵活）类型的人活泼、好动、反应迅速、喜欢交往、兴趣广泛、注意力容易转移、情绪易起伏波动、善于适应变化了的环境等。比如王熙凤、郭沫若等。

黏液质（强而平衡、不灵活）类型的人安静、稳重、反应缓慢、沉默寡言、善于忍耐、注意力稳定难以转移、情绪不易外露、交际适度等。比如诸葛亮、林冲等。

抑郁质（弱型）类型的人行动迟缓、感情体验深刻、心细敏感、感受力强、情感细腻、乐于独处、不善交际、孤僻多疑等。比如林黛玉、杜甫等。

大学生了解自我气质类型特点，便能知晓自己的优势与弱势，在学习、生活和人际方面自我定位，扬长避短，建立自信，拥有良好的心理健康水平。

【小贴士】

曾经有人设计了这样一个有趣的实验：有四个不同气质的人去电影院看电影都迟到了。胆汁质的人会和检票员大吵大闹，不顾阻拦闯进影院；多血质的人看到入口处看守很严，就会设法从别的门进去；黏液质的人会很守规矩地守着，等到中场休息时再进去；抑郁质的人会抱怨说："真倒霉，偶尔来看次电影都进不了门"，然后生气地走了。

当然单一的、典型的某一种气质的人是非常少的，大多数人都是两种或者三种气质类型的混合。具体属于哪种气质类型，可通过相关的心理测试来判断。

2. 五因素人格

五因素人格模型是在20世纪80年代由麦克雷和科斯塔对人格五因素理论进行广泛和深入的研究后提出的人格特质理论，现已在人才测评和心理健康教育领域得到广泛的应用。

（1）神经质（情绪稳定性）

神经质反映个体情感调节过程，反映个体体验消极情绪的倾向和情绪不稳定性。高神经质个体倾向于有心理压力、不现实的想法、过多的要求和冲动，更容易体验到诸如愤怒、焦虑、抑郁等消极的情绪。他们对外界刺激反应比一般人强烈，对情绪的调节、应对能力比较差，经常处于一种不良的情绪状态下，而且，这些人思维、决策以及有效应对外部压力的能力比较差。相反，低神经质个体较少烦恼，较少情绪化，比较平静。

（2）外向性

外向性表示人际互动的数量和密度、对刺激的需要以及获得愉悦的能力。这个维度将社会性的、主动的、个人定向的个体，和沉默的、严肃的、腼腆的、安静的个体做对比。

外向的人喜欢与人接触，充满活力，经常感受到积极的情绪。他们热情，喜欢运动，喜欢刺激冒险。在一个群体当中，他们非常健谈，自信，喜欢引起别人的注意。内向的人比较安静，谨慎，不喜欢与外界过多接触。他们不喜欢与人接触，但不能被解释为害羞或者抑郁，而仅仅是因为相比外向的人，他们不需要那么多的刺激，因此喜欢一个人独处。内向者的这种特点有时会被人误认为是傲慢或者不友好，其实一旦和他经常接触，你会发现他是一个非常和善的人。

（3）开放性

开放性描述一个人的认知风格。对经验的开放性是评鉴对经验本身的积极寻求和欣赏以及对不熟悉情境的容忍和探索。这个维度将那些好奇的、新颖的、非传统的以及有创造性的个体，与那些传统的、无艺术兴趣的、无分析能力的个体做比较。开放性的人偏爱抽象思维，兴趣广泛。封闭性的人讲求实际，偏爱常规，比较传统和保守。

（4）宜人性

宜人性表现个体对其他人所持的态度，这些态度一方面包括亲近人的、有同情心的、信任他人的、宽大的、心软的，另一方面包括敌对的、愤世嫉俗的、爱摆布人的、复仇心重的、无情的。宜人性代表了"爱"，表现为对合作和人际和谐是否看重。宜人性高的人是善解人意的、友好的、慷慨大方的、乐于助人的，愿意为了别人放弃自己的利益。宜人性低的人则把自己的利益放在别人的利益之上，因此也不乐意去帮助别人，甚至对人非常多疑。

（5）尽责性（严谨性）

尽责性指控制、管理和调节自身冲动的方式，评估个体在目标导向行为上的组织、坚持和动机。它把可信赖的、讲究的、严谨的个体，和懒散的、马虎的、冲动的个体作比较。同时反映个体自我控制的程度以及推迟需求满足的能力。冲动的个体常被认为是快乐的、有趣的、很好的玩伴，但是冲动的行为常常会给自己带来麻烦，虽然会给个体带来暂时的满足，但却容易产生长期的不良后果，比如攻击他人、吸食毒品等等。谨慎的人容易避免麻烦，能够获得更大的成功。人们一般认为谨慎的人更加聪明和可靠，但是谨慎的人可能是一个完美主义者或者是一个工作狂。极端谨慎的个体让人觉得单调、乏味、缺少生气。

五因素人格及相关特征见表4-1所示。

表 4-1 五因素人格及相关特征

高分特质	特质量表	低分特质
烦恼、紧张、情绪化、不安全、不准确、忧郁	神经质（N）	平静、放松、果敢、安全、自我陶醉
好社交、活跃、健谈、乐群、乐观、好玩乐、重感情	外向性（E）	冷静、无精打采、冷淡、厌于做事、退让、话少
好奇、兴趣广泛、有创造力、有创新性、富于想象	开放性（O）	习俗化、讲实际、兴趣少、无艺术性、非分析性
心肠软、脾气好、信任人、助人、宽宏大量、直率、易轻信	宜人性（A）	愤世嫉俗、粗鲁、多疑、不合作、报复心重、残忍易怒、好操纵别人
有条理、可靠、勤奋、自律、准时、细心、整洁、有抱负、有毅力	严谨性（C）	无目标、不可靠、懒惰、粗心、松懈、不检点、意志弱、享乐

因此，了解自我人格特点，能从多维度了解自己的情绪情感、人际互动、思维模式特点，结合到自我学习与工作之中，从而取得高效率成就，同时容易构建良好和谐的人际氛围，有利于身心健康发展。

3. ABC 人格

这一人格划分方法是由美国两位心脏病专家弗里德曼与罗森曼及其后来者在临床经验的基础上提出的，由于其与身心健康紧密关联，已被人们广泛接受。

A 型人格（性格）的人具有 6 种基本特征：①强烈持久的目标动机。②处处追求完美的内在倾向。③强烈持久的追求赞誉与进步的欲望。④连续卷入多项事务，挑战极限压力。⑤习惯于突击完成工作。⑥经常特意地使自己的心理与身体处于机警状态。总结起来，A 型人格集中体现的心理行为特征：过强的时间意识和过强的竞争意识，说话快，做事快，雷厉风行，急躁。A 型人格易患冠心病和高血压等疾病。

B 型人格与 A 型人格相反，属于一种舒缓的、善于自我调节的人格。B 型人格特征为：①未有上述任何一项 A 型人格特质。②从未感到被时间所迫，亦未因时间不够用而感到厌烦。③除非万不得已，不在别人面前自夸。④万事随遇而安，不对别人产生敌意。⑤休闲消遣时，身心松弛，心旷神怡，与世无争。⑥不易为外界事物所扰乱。

C型人格表现为：情绪不稳定，易产生焦虑不安、怨恨、愤怒，但又好忍气吞声，过度压抑自己的情绪；负性情绪体验过多，以牺牲自我或隐藏情绪来换得人际关系的和谐；内心矛盾冲突，不统一，造成长期心理压力。中国人当中具有比较典型的C型人格特征的是一些带有较强传统意识的中年人。他们常常为了面子而强调家丑不可外扬，同时家庭观念又特别强，所以只要子女"不成器"，就会整天处于一种负性情绪体验中，不仅不释放这种负性情绪，反而拼命地压抑与忍耐。C型人格是大多数癌症病人的一种普遍人格特征。

如A型性格者积极进取，富于竞争意识，讲效率，能充分利用时间并发挥自己的才能，有助于个人事业的成功和潜力的发挥。但是，A型性格者过于紧张、急躁，情绪起伏大，在生活中心理压力过大，造成较长时间的应激状态而严重影响身心健康及学习和工作。因此，了解人格，把握特点，因势而为，成长无限。

三、人格的影响因素

本章开始的心理案例中，"我"是一个各方面都中规中矩的人，羡慕老大的豁达和魅力、老二的刻苦与毅力、老三的大方与义气，但想要成为那样的人却又不容易。那么，是什么原因塑造了一个人的人格呢？

1. 生物遗传

现代研究结果表明：遗传是人格不可缺少的影响因素，但遗传因素对人格的作用程度因人格特征的不同而不同。通常在智力、气质这些与生物因素相关性较大的特征上，遗传因素较为重要；而在价值观、信念、性格等与社会因素关系紧密的特征上，后天环境因素更重要。人格发展过程是遗传与环境交互作用的结果，遗传因素影响人格发展方向及形成的难易。

2. 社会文化

人一出生，便置身于社会文化之中并受社会文化的熏陶与影响，社会文化塑造了社会成员的人格特征，共同的人格特征使得个人正好稳稳地"嵌入"整个文化形态里。社会文化对人格的影响力因文化而异，这要看社会对顺应的要求是否严格。越严格，其影响力就越大。影响力的强弱也视其行为的社会意义的大小而定，对于不太具有社会意义的行为，社会允许较大的变异；但对在社会功能上十分重要的行为，就不太允许太大的变异，社会文化的制约作用就比较大。

3. 家庭环境

家庭常被视为人类性格的加工厂，它塑造了人们不同的人格特征。家庭虽然是一个微观的社会单元，但它对人格的培育起到了至关重要的作用。家庭是社会的细胞，家庭不仅具有其自然的遗传因素，也有着社会的"遗传"因素。这种社会遗传因素主要表现为家庭对子女的教育作用，父母们按照自己的意愿和方式教育孩子，使他们逐渐形成了某些人格特征。父母教养态度不同往往形成民主型、专制型和放纵型家庭氛围，使孩子形成不同的人格特征。民主型教养态度下的人谦虚、礼貌、亲切、诚实，有合作精神，有主见；专制型教养态度则导致孩子自卑、攻击性强、待人粗暴无礼、充满敌意；放纵型教养模式则易形成自私自利、任性、独立性差、责任心差等不良人格特点。总之，孩子的人格是在与父母持续相互作用中逐渐形成的。

4. 儿童早期经验

心理学精神分析学派创始人弗洛伊德强调，成人的人格和思想在很大程度上植根于早期的生活经历，童年经历（6岁以前的经历）对今后人格发展至关重要。"早期的亲子关系定出了行为模式，塑成一切日后的行为。"这是有关早期童年经验对人格影响力的一个总结。中国也有句俗话："三岁看大，七岁看老。"人生早期所发生的事情对人格的影响，历来为人格心理学家所重视。人格发展的确受到童年经验的影响，幸福的童年有利于儿童向健康人格发展，不幸的童年也会引发儿童不良人格的形成。但二者不存在一一对应的关系，溺爱也可使孩子形成不良人格特点，逆境也可磨炼出孩子坚强的性格。早期经验不能单独对人格起决定作用，它与其他因素共同来决定人格。

5. 学校教育

教师对学生人格的发展具有指导定向作用。教师的人格特征、行为模式与思维方式对学生产生巨大影响。每个教师都有自己独特的风格，这种风格为学生设定了一个"气氛区"，在教师的不同气氛区中，学生表现出不同的行为特征。洛奇在一项教育研究中发现，在性情冷酷、刻板、专横的老师所管辖的班集体中，学生的欺骗行为增多；在友好、民主的教师气氛区中，学生欺骗行为减少。同时学校是同龄群体会聚的场所，同伴对学生人格也具有巨大的影响，班集体的特点、要求、舆论和评价对于学生人格的发展具有"弃恶扬善"的作用。

> 【小练习】
>
> 1. 回顾自己的成长和受教育经历，分析自己目前人格的形成因素。
>
> 2. 列出自己想要完善的人格特点，制订改变的计划并实施。
>
> 3. 想进一步了解自己的同学，可去心理健康中心测验，并请心理老师给予解释。

6. 自我调控

上述各因素体现的是人格培养的外因，而对于大学生来说，自我调控是完善人格的最重要途径，因为外因是通过内因起作用的。调控因素主要是指自我意识，它的主要作用是对人格的各成分进行调控，保证人格的完整统一与和谐。对于先天遗传因素和后天环境中不可改变的因素，我们不应该把它们看作是阻碍个人发展的因素，而应该有效地利用个人资源，发挥个人长处，不断改善和完善自我。

第二节　大学生的健全人格塑造

【心理案例】

卢刚，一个18岁考入北京大学物理系的普通工人家庭孩子，1984年通过李政道主持的中美物理学交流计划选拔，公费赴美爱荷华大学攻读博士学位。1991年11月1日下午三点半左右，卢刚进入了正在进行专题研讨会的爱荷华大学物理系大楼三楼309室，在旁听约五分钟后，他突然拔枪射击。他首先击中他的47岁博士生导师戈尔咨教授，然后又朝史密斯副教授开了两枪。在众人纷纷逃离现场时，卢刚又瞄准了一位中国留学生，27岁的山林华博士，并向他连开数枪。随后，卢刚下楼来到二楼，一枪射杀了44岁的系主任尼克森。持枪离开物理系大楼到达生物系大楼，寻人未果，卢刚又进入了行政大楼，冲入校长办公室，向副校长安妮·克黎利连开两枪，又朝办公室内的茜尔森开了一枪。随后，卢刚开枪自尽。整个枪击过程不足20分钟，卢刚枪杀五人。

杀人者的枪杀动机，可能是由于博士论文最高奖学金没有由卢刚获得，而是由山林华获得。另有说法认为，枪击的原因可能在于经过长达6年辛勤工作得到博士学位的卢刚，却无法得到一份应得的可以维持生计的体面工作，走投无路的他决定自杀，并对社会的不公进行极端报复。

是什么让一位令人羡慕的博士生有如此可怕的冲动行为？究其根本，在于内在人格存在缺陷。那么，怎样的人格是健全的呢？当前在校大学生人格特征如何，又该怎样发展自己的人格呢？

【心理知识】

一、大学生人格发展特点

大学是一个人人生发展的特殊阶段，大学生具有独特的个性特质，但大学生群体还是具有明显的群体特征。由于大学生正处于身心急剧发展和自我意识由分化、矛盾逐渐走向统一的特殊时期，因此大学阶段仍然是大学生人格不断完善的重要时期。人格发展特征与社会政治、经济、文化密切相连。改革开放伊始，大学生具有强烈的主体意识，表现为寻找自我、渴望成才,这是20世纪80年代大学生人格发展的显著特点。进入90年代以后,随着社会主义市场经济体制的建立,大学生逐步形成自由、平等、开放、竞争等人格特征。

在新世纪时代,大学生在一个更加开放、进步的国家大环境下,人格特征体现为富有热情,自信饱满,自我特点越发明显,拒绝平庸,个性化强,但是在追求卓越的同时内心也彷徨孤独。在急剧变革、观念多元的社会文化中也显得迷茫、矛盾和冲突。

根据国内外心理学家对人格素质结构的研究,结合我国当今社会发展的现状和当代大学生的实际表现,我们认为当代大学生在人格发展中呈现出如下几个方面的特点:

(1)具有良好的自我认知和内省能力,但防御意识较为明显。首先大学生善于内省和自我认可,对自我有较为客观的中立性评判和思考,有着对自己的积极的看法,自信张扬;其次是大学生对他人、社会尚缺乏足够的了解和判断,自我潜在的防御意识还很强烈,敏感脆弱难免存在。网络发达带来信息知识的丰富,但大学生内心有时也较为空虚。

(2)情绪情感体验丰富,稳定性与波动性、外显性与内隐性并存。随着知识层次的提高和思维判断力的提升,大学生群体情绪情感体验丰富多彩,并有明显的外露特征,能将积极的情绪情感体验融入到学习生活中,好奇心强,接受新事物能力强。但是大学生自我调控情绪的能力尚显不够,对他人的情绪觉察和体验欠缺,在社交过程中情绪还不稳定,具有不平衡性特点以及相对的波动性。

(3)行为上喜欢创造,勇于创新,甘愿冒险,对社会环境的适应能力较强,但务实、坚守的意志品质还需加强。当代大学生对外部世界有着浓厚的兴趣,有着广泛的活动爱好,积极参与各种形式的社会实践,富有事业心,具有一定创造性、开放意识和竞争意识。但是大学生受到兴趣驱使,往往在过程中坚守和持之以恒的精神还不够,注意力容易转移,新鲜感具有很强的诱导性,名利意识过分强烈,对团队和集体的考虑欠佳。

二、大学生常见的人格问题及其矫正

在人格的发展过程中,受到诸多因素的影响,可能会出现一系列的问题,出现不良的人格品质,比较常见的人格问题有悲观、自我中心、急躁、狭隘、偏激、虚荣、懒散、依赖、破坏等。人格中的不良品质不像变态人格那样严重干扰个人正常的心理机能和行为,但在一定程度上会使心理健康受到损害。

4.2 大学生常见不良人格品质以及矫正

1. 悲观及其矫正

悲观是精神颓丧,对事物的发展缺乏信心。有的同学觉得自己就读高职院校没有前途,心灰意冷,有的同学觉得自己理想破灭,垂头丧气。悲观者常常从消极的角度看问题,放大挫折和困难,用静止的眼光看失败,认为它们不可改变,缺乏信心,勇气不够。

矫正悲观的建议:

（1）调整归因方式，倾向积极归因，积极挖掘不好事情的好的方面。

（2）即使处境不利也要寻找积极因素，不放弃获取胜利和转机的努力。

（3）多与乐观的人交往，你会发现，乐观的火种慢慢地在你内心点燃。

2. 自我中心及其矫正

自我中心是指考虑问题、处理事情时将自我作为出发点与归宿。表现为目中无人，自私自利，遇到冲突时，归罪于他人。如果大学生将一些不健康的思想意识（如个人主义、自私自利）和心理特征（如过强的自尊心、唯我独尊）相结合，自我中心便会呈现出来。

自我中心矫正的途径：

（1）正确评价自己，既不妄自菲薄也不夜郎自大，既不自我贬损也不自恋。

（2）树立正确的人生观与价值观，将自己与他人、集体、社会的利益统筹考虑。

（3）学会尊重自己与尊重他人，懂得设身处地，换位思考，真诚待人。

【心理故事】

林肯是美国历史上最伟大的总统之一。他出生在肯塔基州哈丁镇荒郊一间泥土小屋中。5岁时就开始帮助家里做活，9岁时生母去世，15岁才开始读书。上学时，他读的书以圣经为主，用华盛顿与杰弗逊的字迹作为自己的练字模板，先后只接受了一年的正规教育，凭不断自学成才。他从来不遮掩自己，当有人笑话他的父亲曾是个鞋匠，林肯笑笑说："不错，我父亲是个鞋匠，但我希望我治国能像我父亲做鞋那样娴熟高超。"

林肯的一生是在接踵不断的磨难中度过的，挫折是他的生活的主旋律，抑郁是他个人的大敌，但他仍乐观地等待明天，这一点就连他的对手都对他敬佩不已。南军总司令罗伯特·李将军也曾言："林肯是我一生中最敬佩的人，尽管我们的政见不同"。

林肯的乐观态度使他不因为自己出身卑贱就感到自卑，反以实际行动向世人证明，一个鞋匠的孩子也可以通过个人努力成为美国总统，他经常挂在嘴边的一句话是："上帝一定很喜欢平民，不然他不会造就出这么多平民来。"

3. 急躁及其纠正

急躁是指碰到不称心的事情马上激动不安的心理状态，或想马上达到目的，不做好准备就开始行动的行为方式。主要表现为冒失、莽撞、做事急于求成，甚至走马观花，浮光掠影，结果半途而废。急躁者大多缺乏耐心、恒心和毅力，不够细致、严谨。

矫正急躁的建议：

（1）遇事三思而后行。行动前多深思，耐心从多角度考虑，不急着行动。

（2）加强自我修养。性格急躁的人容易发怒，应把制怒格言铭记在心，避免冲突。

（3）及时反躬自问。反省检查，吸取经验教训，稳步前进，否则欲速则不达。

（4）改变行为。吃饭细嚼慢咽，说话控制语速，看书字句细读，工作有条不紊地做。

4. 狭隘及其矫正

狭隘是指一个人心胸气量狭小、容不得他人的不良性格。表现为斤斤计较、患得患失；别人稍有冒犯便耿耿于怀；好嫉妒，好挑剔。狭隘的人往往固执己见，按照自己固有的框框、模式，去批评、抱怨他人的言行，没有广博的胸怀；解决问题思路狭窄，态度、观点极端，方法单一。

矫正狭隘的途径：

（1）换位思考。从他人的角度设身处地去理解、体会他人的态度和言行。

（2）投身大自然的怀抱。朝霞的绚丽和夕阳的宽厚，皓月的自谦和星空的深邃，山脉的博大和江河的雄浑，感受世界的无限和个人的渺小，培养宽阔胸怀。

（3）"己欲立而立人，己欲达而达人。"欣赏别人，为别人进步和成功表示真诚祝贺。

（4）博学广闻。个人的视野越开阔，就越不会陷入狭隘之中，所谓"站得高，看得远"。

5. 虚荣及其纠正

虚荣是指个体为了维护或满足自尊而过分追求外在的荣誉、名望和赞美的心理和行为。一般而言，每个大学生可能或多或少都有点虚荣心，这是正常的。但虚荣心过强的大学生往往不接纳自己，有较强的自卑感，情感脆弱，非常介意别人对自己的看法和评论，防御心理重。他们通常不敢正视自己的不足，但为了满足自尊，常会千方百计地抬高自己的形象，甚至不择手段地追求虚假的名誉。

虚荣心的纠正策略：

（1）清醒认识虚荣的危害。虚荣是爱慕虚荣者给自己挖的陷阱，久而丧失真实的自我。

（2）努力认识自己，了解自己，扬长而不讳短，要有勇气接纳自己和改变自己。

（3）要树立自信和健康的荣誉心，正确表现自己，不卑不亢。

（4）不为外界的议论所左右，正确对待个人得失，淡泊名利则宁静致远。

6. 懒散及其矫正

懒散是指一种慵懒、闲散、拖拉、松垮的生存状态。主要表现在：活力不足，没有计划，随波逐流；无法将精力集中在学业和活动中，百无聊赖，心情不爽，情绪不佳，做事磨蹭。在大学生活中常常是踏着铃声进教室，常为自己的懒散寻求合适的解释，虽下决心改正，但不能自拔，对任何事没有信心，没有欲望。

克服懒散的方法：

（1）从小事做起，自我监控，学会运筹和管理时间。

（2）树立发展目标，科学规划自己的大学生涯，体验存在感和价值感。

（3）寻求好友或老师的支持，勇于接受监督和鞭策，不断修正自我的懒散习惯。

7. 怯懦及其纠正

怯懦即胆小怕事。怯懦的学生"怕"字当头，怕别人不高兴，怕伤和气，怕失去同学间友情，怕别人说自己不会处事而丢面子，等等。以为委曲可以求全，于是忍气吞声逆来顺受，体验到强烈的挫败感。如果到了忍无可忍的地步，怯懦的人有可能爆发极端行为。

怯懦的纠正途径：

（1）转变观念。懂得良好的人际关系是以平等和尊重为前提，而非迁就和退让。

（2）怯懦的背后是自卑和讨好的混合，所以要增强自信心。

（3）学会勇敢而恰当地表达自己的看法和情绪，要学会拒绝和勇于表达拒绝。

8. 攻击性及其纠正

攻击性是指具有对他人有意挑衅、侵犯，或对物有意损毁、破坏等心理倾向和行为的人格缺陷。破坏性的攻击性是人内心产生的一种负面能量不能或不会通过合理手段宣泄，而过度堆积可能会产生的负面情绪和行为。

攻击性的纠正途径：

（1）增加对攻击性的正确认知。攻击是一种破坏和变相发泄，对于人和事物都有很强的伤害，无益于解决问题，是一种心理水平低的表现。大学生需要利用已学知识对问题有更科学的理解。

（2）提升自信心。面对问题，如果内心强大，有足够的力量合理有效解决，便能缓解内心压力。自信缺失的人容易暴怒，要以行动来解决问题。

（3）培养合理宣泄方式。一般可以由运动、倾诉、唱歌、书写等积极表达的途径向外宣泄，避免采取消极有害的方式。

【知识拓展】

几种常见的人格障碍

（1）偏执型人格障碍。表现为极度敏感，思想行为固执，坚持毫无根据的猜疑，好嫉妒，对自己估价过高，对人要求过多，不信任别人，表情冷漠、缺乏幽默。偏执人格的人对他人的过错很难宽容，固执地追求不合理的利益或权力，忽视或不相信与其想法不符的客观证据，因此很难以说理或事实来改变其想法。

（2）自恋型人格障碍。过分自我关注，常幻想自己是何等重要、才貌出众等，期待别人的赞扬，要求别人特别关注自己，但又不能接受别人的建议和批评。其行为特点是自吹自擂、装腔作势，善变；爱穿着打扮，表现性感，喜爱挑逗，谋求他人的注意和关心；细微刺激常可导致情感爆发，对人要求多，重依赖，内心缺乏真情。

（3）焦虑型人格障碍。懦弱胆怯，易惊恐，有持续和广泛的紧张、忧虑感觉。其行为特点是敏感羞涩，对任何事情都表现出惴惴不安；表现为自卑、退缩、面对挑战采取逃避态度或无力应付，日常生活中惯于夸大潜在的危险，甚至达到回避某些活动的程度。个人交往十分有限，对与他人建立关系缺乏勇气。

（4）依赖型人格障碍。极度依赖他人，虽有较强的工作能力，但缺乏自信，总需他人来应付日常事务或做出决策。情绪幼稚；自我中心，缺乏道德感、义务感和同情心；不守公德，不讲道理；适应能力差，一旦遭受挫折，容易自暴自弃。

（5）强迫型人格障碍。刻板固执，循规蹈矩、墨守成规，不会随机应变。优柔寡断，过分谨慎。要求十全十美，但又缺乏自信，反复核对，过分注意细节；由于过分谨慎多虑，过分专注于工作成效而不顾消遣和人际关系。

（6）反社会型人格障碍。行为与整个社会规范相背离而令人注目。对他人的感受漠不关心，缺乏同情心。忽视社会道德规范、行为准则和义务，长期对行为不负责任。认识完好，但行为未加深思熟虑，不考虑后果，常因微小刺激便引起攻击、冲动和暴行。他们无内疚感，不能从经验中吸取教训。不能与他人维持长久的关系，容易责怪他人。

三、健全人格塑造

1. 健全人格的含义

健全人格指各种良好人格特征在个体身上的集中体现，国内外学者关于健全人格都做了相应论述。高玉祥认为，健全人格的特点有：①内部心理和谐发展；②能够正确处理人际关系，发展友谊；③能把自己的智慧和能力有效地运用到能获得成功的工作和事业上。这些阐述都是人格健全者的标志，生活中很多人达不到这个标准，但这些都为健全人格的培养提供了一种范式。归纳起来，大学生健全人格包括以下几个方面的内容：

一是自我悦纳，接纳他人。人格健全的学生能够积极地开放自我，正确地认识自己，坦率地接受自己的局限并对生活持乐观向上的态度。

二是人际关系和谐。人格健全者心胸开阔，善解人意，宽容他人，尊重自己也尊重他人，对不同的人际交往对象表现出合适的态度，既不狂妄自大，也不妄自菲薄，在人际交往中吸引人，深受大家的喜欢。

三是独立自尊。人格健全者人生态度乐观向上，生活态度积极热情，有正确的人生观与价值观，能够用理性分析生活事件，头脑中非理性观念较少。人格独立，自信自尊。

四是能够发挥自己的潜能。人格健全的大学生具有自我发展、自我塑造与自我完善的能力。能够充分开发自身的创造力，创造性地生活，发现生命的意义并选择有意义的生活。

2. 大学生健全人格的塑造

大学生健全的人格主要表现为：正确的自我意识，和谐的人际关系，良好的社会适应能力，积极乐观的人生态度，良好的情绪调控能力，人格品质相对稳定等。培养大学生的健全人格，实现自我，适应社会，做到自我发展与社会发展的相互促进，是进行大学生人格教育的主要目的。如何塑造自己的健全人格，可以从以下几方面做起。

4.3 健全人格的塑造

（1）对自己有满意感，对自己所做的事情、对经过努力完成的目标有认同感。除了对自己外，还要对别人采取同样的态度。承认别人的存在价值，由衷地为别人的成功而高兴。同时，还要善于接纳社会上现实存在着的事物，包括承认一些丑陋的现象，乐于接受科技发展带来的新经验和新观点，对社会产生的新变化能较快适应，即意味着能以一种非传统非固定的思维方式去思考问题，并愿意改变固定的生活方式，去适应和创造一种新的生活。

（2）学会独立，相信自己有能力改变目前不够理想的生活，相信人们可以通过自己的努力来改变社会，使之更加合理美好。同时，在学习和生活上，要拒绝被动，要相信命运是可以改变的。不随波逐流、见风使舵，要有正义感，说话做事不要违背自己的良知。

（3）以理智的态度对待生活中的一切，要客观地认识自我和评价自己。对自己提出的目标必须是切实可行的；要善于控制自己的情绪，喜、怒、哀、乐都适可而止；活泼而不轻浮，豪放而不粗鲁，坚定而不固执，勇敢而不鲁莽，干练而不世故；建立自己和谐的人格，不肆意放纵自己。

（4）培养社会道德感。敢于面对社会上的不良现象。例如，在公共汽车里看到老人、孕妇、抱婴儿者以及病残的人，要起来让座；看到周围有需要帮助的人，给他们自己力所能及的帮助，对他人抱有深切的同情心和爱心，善于理解别人；要遵守各种法律和地方、学校、单位的规章制度，恪守中华民族的美德。

（5）热爱生活，树立正确的世界观、人生观和价值观，形成积极向上的人生态度，培养广泛的兴趣。积极参加学校举行的各种文娱活动，多交朋友，使自己的身心得到很好的发展。同时在课余的时间扩大自己知识面，博学广识，全面发展自己，做到知识全面而又有专长。

【小贴士】优化人格的方法

1. 了解自己的气质，气质没有好坏之分，关键在于认识到自己的优缺点，适当扬长避短。

2. 运用心理剧、情景模拟、角色扮演、心理咨询等手段优化人格。

3. 积极参与社会实践、志愿者服务、实训实习，从中训练良好人格。

【推荐阅读与欣赏】

书籍:"人格心理学"[美]兰迪·拉森,等著.郑永玉,译.北京:人民邮电出版社出版,2011.

简介:阅读本书,你会发现它并非以传统的人格理论为框架,而是涉及了有关人格功能的六个重要知识领域,以问题为中心展开论述,令人耳目一新,代表着当代人格心理学体系建构的新趋势。这六大知识领域揭示了人格的不同侧面,分别是:特性领域(特质、特质分类和跨时间的人格特性),生物学领域(生理、遗传和进化),心理动力领域(心理动力、动机),认知经验领域(认知、情绪和自我),社会和文化领域(社会交互作用、性别和文化),以及调适领域(压力、应对、健康和人格障碍)。强调人格的整体性,注重联系性,体系上有新颖性。适用于心理学专业本科生、研究生和专家学者,也适合对人格感兴趣的读者拿来轻松阅读。

第五章 力学笃行——大学生学习心理

【教学目标】

知识目标：了解学习以及大学生学习的特点；了解大学生常见的学习心理问题；掌握学习动机知识。

能力目标：能够及时调节学习心理问题；能够高效地利用自己的时间。

【心灵漫话】

学习要有三心，一信心，二决心，三恒心。　　　　　　　　　——陈景润

学会学习的人，是非常幸福的人。　　　　　　　　　——［古希腊］米南德

第一节　学习与心理健康

【心理案例】

> 来到大学半年多了，当初入学报到时的新鲜感已消退，慢慢适应大学生活的小曼却感到有些迷茫。从未有过的自由和宽松的氛围竟让她迷失了方向。大学第一学期每天只有六节课，更多的时间留给个人来安排。没有了堆积如山的模拟试题，没有了老师的叮咛与指导，感到课程学习很枯燥无味，稀里糊涂选择的专业让小曼也打不起精神，未来和理想变得模糊了。难道大学就要这样在迷茫和颓废中度过吗？
>
> 上述案例中，小曼同学在学习时间、学习内容以及专业兴趣等方面的困惑，反映出她对大学学习环境的不适应。

【心理知识】

1996年，国际21世纪教育委员会向联合国教科文卫组织提交了一份名为"教育：财富蕴藏其中"的报告，提出由四大支柱支撑的现代教育观念，它们分别是：学会认知、学会做事、学会生活和学会发展。其中首屈一指的就是学会认知，即学会如何学习。

学习是一种非常复杂的心理现象，它不仅与感觉、知觉、注意、记忆等认知过程相联系，同时还与情绪、动机社会化等有关。本章的目的是让同学们理解学习的含义，掌握学习与心理健康之间的关系，学会运用心理学的规律和原理指导学习，提高学习效率和质量，有效地进行学习。

一、学习心理概述

（一）学习的含义

广义上的学习，是人和动物共有的行为，是指一定情境下由于反复地经验而产生的行为或行为潜能的比较持久的变化。通过学习，动物和人类可以获得经验，并引起行为或者心理结构的变化。

动物的学习，如鹦鹉通过训练，可以学会许多人类的词语表达；牛可以学会耕地；警犬可以识别毒品等。而人类的学习现象就复杂多了，学习的对象可以是某种抽象的知识，也可以是某种具体的行为方式；可以是一些公式、定理，也可以是一些动作技能。不论是哪种学习，都是一个经验的获得和不断累积的过程，同时在这个过程中，人的一些能力会得到改变。所以我们可以把学习看作一种过程，同时也是一种结果。

对于人类的学习，心理学家桑代克认为："人类的学习就是人类本性和行为的改变。本性的改变只有在行为的变化上表现出来。"与动物学习相比，人的学习具有主动性、直接经验和间接经验并存以及以语言为中介等特点。

狭义的学习则是指学生的学习。学生的学习是指在各类学校的特定的环境中，按照特定的教育目标的要求，在教师有目的、有计划、有组织的指导下，以掌握一定的系统的科学知识和技能，形成一定的价值观、世界观和道德品质为主要任务的学习。

（二）学习过程

学习过程是一个在意向活动（动机、情感、意志、性格等）参与下，以认识活动（感知、记忆、想象、思维）为基础的心理活动过程和以智能为核心的个性心理形成过程。据此，可以把学习过程分为如下几个阶段：

1. 动机阶段

学习者必须首先要形成学习动机，才能产生学习行为。动机源于需要。当学习者产生学习的需要，他就会形成学习的意向，并确定学习目标，调动各种心理因素指向学习对象，形成学习的内驱力。动机阶段集中体现了意向活动的作用。

2. 了解阶段

这是认识活动的开始阶段。学习者对学习材料予以注意和选择性知觉，并进行初步感知和思维加工。

3. 获得阶段

学习者对信息进行编码等进一步加工，即对学习材料进行比较、分析、综合，经过抽象概括形成概念法则，并把这些知识纳入已有知识结构中去或改组以往的知识结构。这种加工有利于深入理解知识，也有利于知识的记忆和巩固。

4. 保持阶段

学习者对所学知识进一步编码加工，使之便于存储在长时记忆系统中。

5. 运用阶段

相当于作业阶段。在这个阶段，学习者进行练习、实验、实习等，把知识用于新的学习或实践活动，形成技能和品德。

6. 反馈阶段

学习者借助于反馈信息（他人评估或自我检查评价等）使学习动机和学习行为受到强化，并据此进一步调整学习态度和学习策略。

人类学习，不论是学生在校学习还是成人业余学习，基本上包括上述 6 个阶段。经过这几个阶段，学习者在知识、技能、情感意志、人格等方面都有所改善，走上新台阶。

（三）学习的心理基础

学习的心理基础主要包括智力因素和非智力因素两种。

1. 智力因素

智力是影响学习的重要因素，尽管智力的定义尚无定论，但它与学习的密切关系则是公认的。智力由注意力、观察力、记忆力、思维力、想象力、创造力等构成，其中思维力，特别是抽象逻辑思维能力是智力的核心。国内外学者的多项研究结果表明，智力与学生的学业成绩存在着中等程度的相关。智力不仅影响着学生的学业成就，更重要的是影响着学生掌握知识与技能的速度、深度和灵活性，并且在很大程度上决定着学生的准备状态，决定着学生学习的可教育程度。

在人的一生中，智力水平随个体年龄的增长而变化。一般来说，智力的发展可以划分成三个阶段，即增长阶段、稳定阶段和衰退阶段。从出生到 15 岁左右，智力的发展与年龄的增长几乎等速，之后以负加速方式增长，增长逐渐减慢。一般在 18 到 25 岁之间，智力的发展达到高峰。在成人期，智力表现为一个较长时间的稳定保持期，可持续到 60 岁左右。进入老年阶段（60 岁以后），智力的发展表现出迅速下降现象，进入衰退期。当然，智力发展的趋势也存在个体差异。大学生正值智力发展高峰期，要充分发展智力。

2. 非智力因素

广义的非智力因素包括智力以外的心理因素、环境因素、生理因素。狭义的非智力因素指那些不直接参与认识过程，但对认识过程起直接制约作用的心理因素，主要包括需要、动机、态度、目标期望、归因、价值观、自我效能感、习得性无力感、个性（气质、性格）等，其中个性是核心。它对人的认知活动和行为起着驱动、定向、引导、持续、调节和强化的作用。学生学习内容的选择在一定程度上取决于动机、兴趣等心理因素。而长时间的学习会产生疲倦、松懈、枯燥乏味等情绪，这时就需要顽强的意志、强烈的求知欲等良好的因素介入，以推动学习能够持续进行。

对于大学生来说，智力的个体差异较小，学习中非智力因素比智力因素更具有影响力。大量研究表明，在智力水平相当的学生中，非智力因素优秀的学生，其学习成绩普遍高于非智力因素不良的学生；智力水平中等但非智力因素优秀的学生，其学习成绩会超过智力水平较高但非智力因素不良的学生。

二、学习与心理健康的相互影响

大学生的学习与其心理健康是相互影响、相互制约的。一方面，学习是大学生的主要任务和主要活动方式，因而它对大学生的心理健康、心理发展有很大的影响；另一方面，学习又是一个非常复杂的心理现象，大学生的心理健康状况、心理发展水平亦对大学生的学习产生直接的作用。两者互为基础、互相影响、互相促进。

5.1 大学生的学习与心理健康

（一）学习对大学生心理健康的影响

1. 学习对大学生心理健康的积极影响

（1）学习能发展智力，开发潜能

每个人都有与生俱来的智力和潜能，但是这些潜能必须通过后天的学习才能被挖掘出来，并进一步得到开发。一个人的智力也是在学习中不断发展提高的。可以说，一定的智力水平是心理健康的基础，而智力的发展程度也反映了心理健康的水平。

（2）学习能够调节大学生的情绪和情感

学习能够带来愉快和满足，乐于学习的人常常能从学习中找到乐趣和精神寄托，每当完成一项学习任务，取得一定成绩后，就会感到喜悦和快乐。而在遇到不如意的事情时，若能埋头学习，也会冲淡或忘掉烦恼。以学习为乐，有助于心理的健康发展。

（3）学习能够提高大学生的能力

大学生的能力包括自学能力、操作能力、创造能力、表达能力和管理能力等。一方面，上述能力是通过学习获得的；另一方面，只有学习，才能使能力不断得到提高。

（4）学习能促进大学生认知水平的提高和自我概念的发展

古人说"玉不琢，不成器；人不学，不知义""学然后知不足，知不足然后能反也"。只有多学习，才能提高理论水平，从而提高认识问题、分析问题的能力，掌握科学的认知方法；也只有学习，才能发现自身的不足，才能正确认识和评价自己和他人，也才能不断根据社会需要进行自我调节。

（5）学习使心理健康水平不断提高

大学生的学习活动能逐渐纠正错误的认知观念，形成正确的认知，学会合理的认知方式。通过学习活动，尤其是文学、艺术等方面的学习，有助于培养健康的情绪和丰富的情感。在集体中学习，同学之间相互学习，各取所长，既有利于培养健全人格、提高个人的适应能力，还有助于同学之间的交流、合作，从而建立和谐的人际关系。心理健康不是一蹴而就的，它需要不断地学习、实践。只有不断加强学习，才能提高个人的心理健康水平。

2. 学习对大学生心理健康的消极影响

学习活动是人类实践活动的一个重要方面，而通过学习去认知世界，就必须要遵守学习活动的心理规律。如果不遵守规律，则学习也会给心理健康带来消极影响。学习负担过重，容易造成心理压力，造成精神高度紧张；学习内容不健康容易造成心理污染，让一些辨别能力差、抵抗力弱的大学生受害；学习难度过大，容易使人产生畏难情绪，甚至失去信心；学习方式方法不当，学习成绩长期得不到提高，容易导致自卑心理，甚至自暴自弃；劳逸结合不当，过度疲劳，容易对身体健康造成危害，进而影响心理健康。凡此种种，都应该引起足够的重视。

> 【思考】
>
> 进入大学后，我有没有感受到学习压力？这些压力源自什么呢？我从大学的教学活动中学到了哪些新的知识和经验？

（二）心理健康状况对大学生学习的影响

学习是一种非常复杂的心理现象，与智力因素和非智力因素都有关系。因此，不能简单地在学习与智力之间画等号。不能认为，学生的智力好、智商高，学习成绩就一定好；反之，也不能由学习成绩的好坏，来推知学生智力的高低。

经过选拔而进入高校的大学生，就普遍意义而言，其智力起点比较高，智力的个体差异较小。按理说，他们在校期间，学习成绩应该相差不大，但事实却不是这样。同一班级或同一年级的大学生的学习成绩的差别比较大，有的成绩优秀，而有的则对学习感到吃力，极少数甚至无法完成学业，不得不中途退学。为什么会出现这种情况呢？原因是多方面的，但心理健康状况却是一个重要因素。

心理学研究表明，心理健康状况对大学生的学习起着重要的影响：心理健康状况良好，对学习有很大的促进作用；反之，如果心理健康状况不良，甚至有心理疾病，则会不同程度地妨碍大学生学习，阻碍大学生潜能的发挥，严重者甚至无法学习。

【心理测试】

你了解自己的自学能力吗？

自学是一种获取知识的重要能力。根据考察，人的一生的知识，有四分之三是在离校以后靠自学得来的。从一个人自学能力的强弱，能看出他的志向、毅力、情趣和气质，能决定他的知识水准和工作能力的高低。年轻的朋友，你的自学能力如何呢？你了解你的自学能力吗？请试着回答下列问题，测测你的自学能力。

1. 你能每天在业余时间学习一小时吗？　　　　　　　A.能　B.有时能　C.不能
2. 你每天有浏览报纸的习惯吗？　　　　　　　　　　A.有　B.有时有　C.没有
3. 你每天能坚持阅读 5000 字吗？　　　　　　　　　A.能　B.有时能　C.不能
4. 你在影戏开演或车船到来之前有阅读书报的习惯吗？A.有　B.有时有　C.没有
5. 你有记读书笔记或读书卡的习惯吗？　　　　　　　A.有　B.有时有　C.没有
6. 你有剪贴报刊资料的习惯吗？　　　　　　　　　　A.有　B.不明确　C.没有
7. 你有睡觉前检查一天学习情况的习惯吗？　　　　　A.有　B.有时有　C.没有
8. 如果你一天中没有学习，有一种遗憾的感觉吗？　　A.有　B.有时有　C.没有
9. 你会每月拿出工资的百分之几购买图书、订阅报刊吗？A.会　B.有时会　C.不会
10. 你有同朋友交谈自学体会的习惯吗？　　　　　　A.有　B.有时有　C.没有
11. 你有博览百科知识的嗜好吗？　　　　　　　　　A.有　B.一般　　C.没有
12. 你有给报刊投稿的习惯吗？　　　　　　　　　　A.有　B.有时有　C.没有
13. 你常听学术报告吗？　　　　　　　　　　　　　A.有　B.不明确　C.没有
14. 你学有专长吗？　　　　　　　　　　　　　　　A.有　B.不明确　C.没有
15. 你参加业余学校学习吗？　　　　　　　　　　　A.有　B.有时有　C.没有
16. 你在没有别人帮助时，能独立制定出自己的生涯规划吗？A.能　B.差不多　C.不能
17. 你有自测自学成绩的习惯吗？　　　　　　　　　A.有　B.有时有　C.没有
18. 你参加过有关单位组织的自学考试吗？　　　　　A.有　B.有计划　C.没有
19. 你有著书立论的行动或计划吗？　　　　　　　　A.有　B.有计划　C.没有
20. 你有一年的学习计划吗？　　　　　　　　　　　A.有　B.不明确　C.没有

计分方法： 选 A 得 5 分，选 B 得 3 分，选 C 得 0 分。

结果说明： 本测验旨在通过20个小问题来测知你的自学能力如何，诊断后未能达到满意效果的，那你就要努力了。总分80分以上的人，自学能力很强；总分70～80分的人，自学能力良好；总分60～70分的人，自学能力一般；总分60分以下的人，自学能力较差。

三、当代大学生学习心理的基本特点

（一）大学生学习心理特点

1. 学习的专业性与广博性

大学生的学习活动是一种高层次的专业学习，是以掌握专业知识和技能为特征的社会活动。大学的学习与中学学习有着显著的不同。中学是基础教育阶段，不区分专业，主要是按年级划分的，各年级开设的主要课程基本相同，只是程度有差异。而大学是专业教育阶段，学生按专业划分，所学课程分为公共基础课、专业基础课和专业技能课等，目的是培养专业人才，且各专业之间也存在较大差异。但是，专业性不等于单一性。当今大学教育同样注重对学生全面素质的培养，强调知识掌握的广博性。大学生在学习本专业知识的同时，也要做到广泛涉猎各学科领域，做到一专多能，以便于更好地适应社会的发展。

2. 学习方式的独立性和自主性

大学生的学习虽然按照教师的要求进行，但是是以自学为主，教师教授为辅，充分强调学生学习的自主性。学生自主安排课外时间，自我支配的时间较多，因此，大学学习要学会统筹规划，合理安排自己的学习，懂得自我督促和自我检查，选择合适的学习方法，提高学习效率。

3. 学习方法的创新性

创新是民族的灵魂，是国家前进的动力，是一项具有开拓性的活动。大学生不仅要掌握基础知识和专业知识，同时还需要积极拓展自己的思维能力。大学教育必须重视培养大学生的创新能力，大学生的学习也具有研究和探索的性质。大学生要学会利用新观点、新思想去武装自己，积极探索和思考，敢于提出自己的见解。大学生要渐渐地萌发一种重新整合各种知识，从新的角度解释已有现象的创新愿望，从而产生探索和创新的需求，并通过社会实践、参与科研项目等方式培养自己的创新能力。因此，在大学期间，大学生应当学会如何学习。

（二）高职大学生学习的特殊性

高等职业教育是我国高等教育的一个发展方向。高等职业教育是一种培养生产、管理、服务第一线需要的德、智、体、美全面发展的高等技术应用型人才的新的教育模式。培养应用型的人才是高等职业技术教育的本质属性。要求所培养的人才不仅要具备一定的理论知识，更重要的是要有较强的动手实践的能力。高职大学生的学习活动有自己的独特性。

1. 学习结构专业性和职业性突出

高职教育是按照国家和社会的需要培养专门的高技能人才。因此，高职院校学习的课程，突出了专业知识和专业技能的认识、学习和训练，意在为学生未来的职业生涯做准备。

2. 学习内容的应用性和实践性显著

高职院校直接向社会输送应用型人才，注重学以致用。因而高职大学生在校学习期间，不仅要学习和掌握文化知识、专业理论，进行实习、设计、撰写论文等，还要学习和掌握专业操作技能，提高认识问题、分析问题、解决实际问题等通用能力和综合能力。

3. 学习方法多样性和选择性结合

与过去相比，高职院校教学和学习方法灵活、多样、自主、广泛。高职大学生的学习不仅仅是在课堂，更多的还在课外，例如：自学、实训、考察、讲座，还有各种社团活动和校园文化活动。学生在这样的学习活动中，少了许多约束，而有更大的选择权和主动权。

【思考】

我热爱我的专业吗？我喜欢现在的教学模式吗？我需要做怎样的调整？主动学习，积极适应，做名副其实的大学生！

第二节 大学生常见学习心理问题及调适

5.2 大学生常见学习心理问题及调适（一）

5.3 大学生常见学习心理问题及调适（二）

【心理案例】

小田入学前由父母和老师做主填报了现在的专业。上大学后，他发现自己所学虽然是个热门专业，但自己对它提不起兴趣。他考虑转专业，却又达不到学校要求的学业条件。因此，他感到非常郁闷，情绪不佳，学习时没有精神，整天无法入眠，食欲不振。到后来他经常逃课，期末时甚至不想参加考试，结果考试不及格。

案例中的小田同学的情况是所学专业与自己目标不一致而导致的学习问题。由于对所学专业不感兴趣，而产生了矛盾心理。因此，要了解大学学习的真谛，不断培养学习兴趣，需要对学习有深入的了解，坚定自己的信心，正确处理好专业与兴趣的关系，从而学会学习、热爱学习、享受学习。

【心理知识】

一、学习动机不当与调适

学习动机是激发个体进行学习、维持已引起的学习活动，并使其行为朝向一定学习目标发展的一种内在的心理过程或内部心理状态。学习动机反映着学习者的某种需要，它决定着学习的方向，是影响学习效果的重要因素之一。心理学研究表明，学习动机对学习具有一定的促进作用，当动机强度处于中等水平时，工作或学习效率是最高的。动机太弱或动机过强，都会对大学生的学习造成影响。

（一）学习动机不当的分类

【心理案例】

> 小李是一位来自山区的家庭困难的大学生，学业成绩一直都很优秀。上大学后，忽然感到心中茫然，学习没有了动力，生活没有了目标。每当想到辍学在家的妹妹和日渐年老的父母，心中极度愧疚，觉得自己不争气，但又找不到奋斗的方向和学习的动力。在学习上仍马马虎虎，漫无目的，上课打不起精神来。后来渐渐迷上了聊天和网络游戏，以打发无聊空虚的时间。

1. 学习动机缺乏

学习动机缺乏就是指学习缺乏动力，没有明确的学习目标，学习态度不端正，学习毅力不强，对专业不感兴趣。另一方面，家庭、社会、环境、经济等外部因素也会导致动机不足。学习动机缺乏的主要表现为：学习目标模糊、缺乏理想；不愿上课、注意力下降、纪律观念淡薄；上课时无精打采，对知识毫无兴趣；无成就感、无抱负和期望；逃课；等等。

【心理案例】

> 小红从小到大"两耳不闻窗外事，一心只读圣贤书"。除了学习，父母什么都不让她干。就连学习时，父母都会陪在身边。在小红看来，好像学习就是为了考大学，为了让父母满意。进入大学后，没了父母的"照顾"，小红突然迷失了方向，不知道该为什么学习。由于缺乏自理能力，也不知道如何选课，如何安排作息，尤其是课外时间不知如何安排，每天都很沮丧，因为不是这门功课作业没做完，就是那门功课的作业忘记了。

2. 学习动机过强

学习动机过强同样不利于学习。学生自尊心过强，对自己的学习能力缺乏合理评价，个性好强、固执等造成学业自我效能感下降，产生巨大心理压力。主要表现为：自我期望过高，一旦遇到失败，自尊心会严重受损；学习焦虑情绪严重，对成就渴望过于强烈，害怕失败，精神长期处于紧张状态，把努力和勤奋看做是成功的唯一条件，对自己要求过高从而导致注意力减退、思维迟缓，甚至可能出现考试作弊等情况。

（二）学习动机不当的调适

1. 学习动机缺乏的调适

（1）正确认识大学学习的意义。把学习与社会需要紧密联合起来，建立学习的价值感、使命感和责任感，规划自己的学业和人生。

（2）培养学习兴趣。兴趣和爱好是最好的老师，是一切的基础，是推动学习的强大动力。学习兴趣可以在学习过程中逐步培养，从而改变缺乏学习动机的现状。

（3）端正学习态度。学习态度是影响学习效果的重要因素。大学生要积极调整心态，转换角色，树立切实可行的学习目标，站得高，看得远，以积极的心态战胜挫折和困难，显示出强大的动力。

2. 学习动机过强的调适

（1）正确认识自我。大学生应通过各种方式进行正确的自我评价，对自己的能力和水平做出客观的认识，制订恰当的学习目标，避免好高骛远。

（2）过程比结果更重要。一味强调结果会引发攀比心理，容易对学习结果形成不恰当的归因。因此大学生要多关注过程，重视学习活动的亲身体验，形成积极的学习态度，正确地对待荣誉和学业成绩。

（3）端正学习态度，积极参加社会活动。社会活动能丰富大学生活，促进个体素质的发展，同时也给大学生提供体验成功的更多可能性，使其在保持学习热情的同时弱化过强的学习期望。

【心理活动】

小小辩论赛

小王是一名大二学生，学习成绩连续两年专业第一，学生们都称她为"学霸"。小王的成绩来自非常严格的自我管理，每天学习时间10个小时以上，只要没课，都泡在图书馆，没有什么业余活动，因为她总认为如果自己不学习，马上就会被其他同学超越。小王的父母均是高校教师，对小王的将来也寄予了厚望，跟小王谈论最多的话题就是她的学习。大二的时候，小王突然对这种紧绷的生活状态不适起来，莫名地头疼心慌，学习注意力很难集中，老想着逃避，越想看书越看不进去，越看不进去越着急，后来演变到晚上出现失眠的症状。

请讨论：

1. 小王在学习上出现了什么问题？是什么原因引起的？
2. 将同学分成两个小组，围绕学习的"张弛之道"展开一场课堂小辩论。

正方：学习应该"张弛有道"，只有这样才能提高学习效率。

反方：学习丝毫不能懈怠，只有每时每刻都在学习才能取得好成绩。

二、学习目标迷茫及调适

【心理案例】

> 桃桃上大学已经半年多了，慢慢习惯了大学生活的她却开始觉得迷茫。大学生活丰富多彩，学习、活动种类繁多，但是桃桃却不知道自己在这样的环境中每天应该做什么。大学每天的课程不多，有大量时间留给自己。刚刚从高三紧张的氛围中缓过劲来的她开始觉得生活没有目标，每天的生活没有动力，越来越无所适从。

1. 学习目标迷茫

高中阶段，学生的学习目标是升学，学习就成了高中生的全部生活。高考结束后，很多学生感觉轻松了，但与此同时，茫然感也由此而生，多年的学习目标消失，压力骤减，进入大学后不知道为什么还要努力学习，于是出现前所未有的空虚、迷惘等感觉。还有的同学想好好放松一下，体验一下丰富多彩的大学生活，但是一放松就再也紧张不起来了。在每年毕业季的后悔墙上，都会有学生说，就要毕业了，回头看自己所谓的大学生活，似乎什么都没有学到，什么都没有做到，不知简历该怎么写……当考试亮起红灯，就业遭受挫折时，才觉得为时已晚。还有一种学习目的不明，表现在对自己的发展方向没有想法和规划，盲目跟随潮流，社会上流行什么，别人学什么，就跟着学什么，学了不少，收获不多，真正适合自己的则更少了。

2. 确定明确的学习目标

（1）规划人生与学业，制订合理目标

学习目标有远大与短近之分，远大的学习目标是建立在社会需要的基础之上的，例如"为服务社会而学习"。短近的学习目标是与学习的具体活动或具体教学要求相联系的，如准确理解某个词的含义就是课堂教学要求的反映。大学生在学习过程中，既要有长远明确的目标，又要有短近具体的学习目的，后者是有效地完成学习任务、成功地达到远大学习目标的关键。

（2）设置分层目标，操作简易可行

合理学习目标的确定，受多种因素的制约和影响，比如个人兴趣爱好、能力以及自己现有的主观条件等。应学会将相对宽泛的总体目标分成多个具体的子目标，将一个长远目标分成多个近期的子目标。目标分层渐进，简便易行并具有可测性。

一般来说，确定具体的学习目的时，应掌握三个原则。一是求近不求远。要完成某项学习是眼前的事而非指向未来的学习目标。二是具体明确而非笼统模糊。没有明确的学习目标，就不能做到有的放矢。三是分析个体情况，制订具体的有一定挑战性的学习目标。只有难易适度的学习目标才能激起自身强烈的学习动机。因此，在学习中要不断获得反馈信息，随时知道自己学习的阶段性效果，并不断提高自我评价水平。在这个基础上再制订恰当的学业目标与学业期望，调整成就动机，脚踏实地，循序渐进，不好高骛远。

三、考试焦虑与调适

【心理案例】

> 某大学一年级的学生，每次考试前一周晚上就睡不好觉，考试时走进教室就开始紧张，心怦怦地跳，等考卷发下来时脑子一片空白。他想尽各种办法让自己安静下来做题，但注意力总是无法集中，容易受周围环境的影响，看到旁边的同学不停地写或者翻考卷，他就越发紧张，手脚发抖、手心冒汗，经常平时会做的题目考试时做不出来。而如果让他一个人在宿舍或图书馆时，则会轻松很多。

1. 考试焦虑及其表现

考试是一种复杂的智力劳动，是对大学生学习效果和知识掌握程度的检查。大学里考试科目众多、内容繁杂，因此在临考前，大学生普遍感觉心情焦虑、精神紧张、心理压力大，容易出现心理障碍。焦虑是一种以不安、担心和忧虑为标志的情绪状态。适度的焦虑有利于自身水平的正常发挥，提高考试成绩。但是过度的焦虑则会对身心健康产生危害。考试焦虑是在应试情景下引起的一种状态焦虑，它以担忧为基本特征，以防御或逃避为行为方式。就大学生而言，身体的健康状况和成熟水平、遗传因素、学习水平、考试动机等都会导致考试焦虑的发生。

考试焦虑是一种严重影响学生水平发挥的情绪反应，主要表现为以下几个方面：

（1）情绪上的担忧、焦虑、烦躁不安。主要担心考不好，他人对自己不利的评价以及未来的前途等。

（2）注意力不集中，记忆力下降，答题效率低，思维僵化等。

（3）行为上心神不定、坐立不安、惊慌失措。

（4）焦虑严重时身体上出现躯体化反应。在备考时出现头痛、食欲不振、恶心、失眠、腹泻等症状；在临考时出现心慌气短、呼吸困难、出汗、发抖等；在考试时，部分学生出现动作僵硬，看不清题，看错、看漏题目，大脑一片空白等。

2. 考试焦虑的调适

考试焦虑并不是一开始就有的，很可能是因为受到过去失败的考试经历的影响产生的心理压力，使其对考试产生了畏惧感，从而产生考试焦虑。对大学生而言，考试成功的标准应该是在考试中发挥正常水平，让考试顺利通过。然而很多学生却因为考试焦虑导致考试异常发挥。因此，调控好心理状态，再以积极平和的心态应对考试是非常重要的。众多研究表明，通过积极的自我调适，可以达到有效消除焦虑情绪的目的。

（1）改变对考试的不合理认知。意识到自我认识和评价是造成考试焦虑的关键，明确考试只是衡量学习好坏的手段之一。考试成绩并不全面反映一个人的学习能力和知识水平，更不能决定一个人的前途和命运。不把考试成绩看得太重，相信人可以用理智和意志来控制和调节情绪。

（2）调整抱负水平。学会恰当地估计自己的能力，既相信自己的能力水平，又能实事求是，不做过高的期望，降低过高的学习目标，保持恰当的学习压力，重视学习的过程而不是考试的结果。

（3）认真学习和复习。平时学习做到刻苦勤奋，考试时就会"艺高胆大"，充满信心。考前全面复习，尽量熟悉考试题型、时间、地点、要求等，做到心中有数，胸有成竹。

（4）劳逸结合。科学用脑，讲究方法，注意营养，睡眠充足，维持神经系统的正确机能，保证充沛的精力、清醒的头脑和良好的身心状态。

（5）掌握必要的考试技巧。学生应该在考前对考试的基本模式有所了解，以便做到心中有数。比如在计算机、英语等重要考试前，应该熟悉题型，通过模拟测试把握考试时间，通过不断练习掌握必要的答题技巧等，这样可以使大学生在能力相同的情况下获得更高的分数，也有利于减轻考试焦虑。

（6）保持健康的体魄。在大学的学习生活中，大学生要注重锻炼身体，加强体魄，保证充足的睡眠，这样才能在考试时保持乐观的情绪、充沛的体力、清醒的头脑以及良好的身体状态。同时，适当参加一些户外的文娱体育活动，劳逸结合，有助于考前放松、稳定情绪，营造良好的考试状态。

【心理练习】

考试焦虑克服方法——考试心理操

为克服考试焦虑，可以考前一个月，坚持每天做一次考试心理操，每次约10分钟。

第一节 凝神

①坐正；②微微闭上双眼；③头脑中想象一个三角形，好像你在用眼盯着它，盯住，默数 1~10；④头脑中的三角形变成了一棵松树，你的眼睛正盯着松树，盯着，默数 1~10。

第二节 聚气

①嘴唇微合；②慢慢地轻轻地吐气，不停地吐气，默数 1~10；③慢慢地轻轻地吸气，不停地吸气，默数 1~10；④同②；⑤同③。

第三节 回想

回想你最高兴的一次考试。①那次考试之前，你是什么样子？②你坐在那次考试的考场上；③你正在静心地做题；④交卷后，你高兴地走出考场。再复想一遍。

第四节 临境

①闭目想象将要面临的考试；②你正走在上学的路上，准备参加今天的考试，一边走一边哼着歌儿；③你正走进考场，面对老师热情的笑脸，你在心中对自己说：我行！我行！④你不慌不忙地坐在考试的位子上。以上内容想象两遍。

第五节 自考

①围绕课文内容，自己给自己提 2 个问题，自己解答（在心里进行）；②第二天提 3 个问题，以后每天增加 1 个问题。

第六节 松弛

①在头脑中"听"一段音乐，轻松活泼的音乐；②全身各部位肌肉绷紧、绷紧、再绷紧，然后全身放松、放松、再放松。重复 5 遍。

第三节 大学生学习能力的培养

一、学习能力的培养

（一）培养大学生良好的个性品质

能力的发挥总是和个体的个性特征有紧密的关系。凡是能够充分发挥自己能力，获得成功的人，都具有坚强、乐观、上进等优良的个性品质。学习是一项艰苦的和长期的任务，在此过程中，需要进行严格的自我计划性安排，在计划实施的过程中达到对所学知识的充分掌握。在学习的过程中，自我规划是保证学习顺利进行的必要条件。

此外，在学习过程中，免不了会有失败以及困惑不解的地方，这就需要大学生自己努力去克服。因此，高等教育必须重视培养大学生对社会、对家庭、对自己人生成长负责任的态度和责任心,让他们具有积极向上、有责任感的优秀品质。培养大学生优良的个性品质,教育大学生有抱负,树立远大目标,有积极进取的人生态度,开朗乐观的性格和坚强的意志。

(二)增强学习的自我效能感

提升自我效能感对于大学生的学习具有重要意义。首先,自我效能感影响学生对学习任务的选择。其次,自我效能感影响学生学习的坚持性。最后,自我效能感影响学生的思维方式与情感反应。

大学生提升自我效能感的途径:第一,通过多发现自己的优点,不盲目地横向比较,而是同自己的过去纵向比较,看到自己的进步。第二,进行正确的归因。所谓归因,即寻找成功或失败的原因。在解释学习成功或失败的原因时最好归结为不稳定但可以控制的因素,比如努力程度。这样,当学习成功时就可以促使自己为下一步的成功继续努力;而当暂时失利时,也能够对自己说,我的努力程度还不够,还要加把劲。

(三)提升自身内部的学习动机

自我决定理论认为,当社会环境满足了人三种先天的心理需要时,就可以促进内部动机。这三种需要是:自主(自我决定做什么和如何做)、胜任力(发展技能以操控环境)、归属(通过社会联系而归属某个群体)。在满足这三种需要的环境中,学习者就可能体验到内部动机。当这些需要得不到满足时,学习者会感到受控制而不是自我决定,这时学习者的学习动机主要来源于外部。由此,我们不仅要认识到调动自己学习的内部动机很重要,同时也需要激发自己的内部动机。以下几种方法有助于提升自身的内部学习动机。

首先,要正确认识学习的价值。在大学里,专业课往往是衡量学习能力的指标,往往对于未来的发展有重要的影响。通过专业课的学习,可以培养大学生的学习能力。例如:获取信息的能力;加工、应用、创造信息的能力;创造能力;学习的调控能力等。因此,学习专业课程,也是一个人自我认识、自我成长的过程,它更是职业生涯中不可缺少的重要组成部分。

其次,在选择自主学习的材料时,难度系数不能太低也不能太高。难度系数太低,不具有挑战性,不能调动积极性,就算我们完成了这个学习任务也难以获得成就感。同时,选择的任务也不能太难,否则不能解决问题也就不利于调动我们内在的学习动机。

再次,我们要学会自我奖励。当完成任务后可以给予自己适当奖励,强化自身内在的学习动机。

最后,培养专业学习的兴趣。很多同学进入大学后,发现所学专业并非是自己理想的专业,专业课的学习枯燥乏味,没有学习兴趣,缺少学习的动力。其实,兴趣不是天生的,兴趣和其他心理因素一样,都是以一定的素质为前提,在后天环境中逐渐形成和发展起来的。

【心理练习】

做自己的时间馅饼

目的：对自身的时间管理有个全面认识，训练学习自我管理的高效方法，学会管理自己的学习时间，并学会发现学习的最佳方法。

材料：A4白纸每人一张，彩笔每人若干。

步骤：

1. 请根据你的思考先绘制一张最理想的"时间馅饼图"（图 5-1），而后再请你尽量回忆在过去一周中参加的各项活动，包括花在各项工作、学习、家庭和朋友身上的时间，参加的各项进修、兴趣爱好、身体锻炼、休闲活动等，然后根据每项活动所投入时间的多少，按照百分比分配在这张时间馅饼图（图 5-2）中。

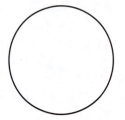
图 5-1 最理想的时间馅饼

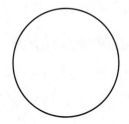
图 5-2 实际的时间馅饼

2. 完成"时间馅饼图"的绘制后，对照一下自己做的最理想的"时间馅饼图"，看看你是否将自己的时间用来实现自己定下的大学目标。可以尝试问自己以下问题：

（1）我是否合理地安排时间去吃饭，有足够的睡眠，有规律地锻炼？

（2）我是否知道未来的几个星期或几年想要去哪里？

（3）我完成每天为自己定下的目标了吗？我想要做的是什么？

（4）我有时间平衡娱乐、工作和学习吗？

（5）我觉得自己太匆忙了吗？

（6）我有时间来培养自己与一些重要朋友的关系了吗？如果我告诉自己没有为朋友留出时间，这个信息意味着什么呢？

（7）每天是否有时间来满足自己的精神需求？我留出时间来做自己生活中重要的事情了吗？

（8）我喜欢自己运用时间的方式吗？我愿意做到更多吗？我愿意减少或去掉我日常的一些活动吗？

（9）我今天利用时间的方式和昨天有什么不同吗？与上周或者上个月比呢？

3. 最理想的"时间馅饼图"的分割与你目前实际的时间分配状况之间有何区别？是什么造成了这种情况？能不能进行改进？如何改进？

请你写出你的时间管理具体计划。

二、几种科学的学习策略

（一）阅读策略

1. PQ4R 法

一是预习（Preview）——快速浏览材料，对文章的主题和主要标题有一大致了解。

二是提问（Question）——针对阅读内容提出一些问题，如谁（Who）？什么（What）？何时（When）？为什么（Why）？怎么样（How）？

三是阅读（Read）——针对内容进行阅读，全面了解内容。

四是沉思（Reflect）——理解所学内容的意义，包括把现在所学内容与学习者已有的知识相互联系起来，把课文中的细节和主要观念联系起来，对所学内容做些评论等。

五是背诵（Recite）。

六是复习（Review）。

2. OK5R 法

一是纵览（Overview）——相当于以上所述浏览。

二是提出关键点（Key idea）——列出文章中主要的、关键的内容，为下一环节的阅读做准备。

三是阅读（Read）。

四是摘录（Record）——在阅读的基础上把文章中主要的内容摘抄下来或在脑中重点加以理解。

五是背诵（Recite）。

六是复习（Review）。

七是反思（Reflect）——对整个阅读过程进行反思，包括有无理解、记住内容，阅读速度是否合适，有哪些方面需要加以改进等。这一环节在阅读过程中显得尤为重要，它体现了阅读策略的核心。因此在阅读时，必须充分重视这一环节。

（二）复习策略

复习策略主要用于信息的长时记忆与保持。根据遗忘发生的规律，采取适当的复习策略来克服遗忘，即在遗忘尚未发生之前，通过复习来避免遗忘。

1. 复习的时间

有效的复习时间最好做如下安排。第一次复习：学习结束后的 5～10 分钟，比如下课后将要点加以背诵，或者阅读后尽快用自己的语言来表述所学的内容。第二次复习：学习当天的晚些时候或学习结束后的第二天,重读有关内容,将要点用自己的语言表述出来。第三次复习:一个星期后。第四次复习:一个月后。第五次复习:半年后。

为增强记忆效果,将连续的集中复习时间加以分散,分为几个小的单元时间,中间穿插短暂的休息。这样,增加开始和结尾的数量,进而提高记忆效果。至于每一单元的复习时间,可根据学习材料的趣味性与难易程度而定。

2. 复习的次数

过度学习,即在恰能背诵某一材料后再进行适当次数的复习学习。一般而言,过度学习的程度达饱和学习的50%至100%时效果较好。比如,当你识记某一材料读6遍刚好能够记住时,那么最好你再多读三四遍。但要注意,超过1倍的过度学习反而会引起疲劳、注意力分散甚至厌烦情绪等不良效果。

3. 复习方法

要注意选择有效的复习方法。较好的方法是尝试背诵法,即阅读与背诵相结合:一面读,一面试着背诵。这样,可以使注意力集中于学习中的薄弱环节,避免平均分配学习时间和精力,进而达到提高学习效率的目的。此外,还应尽量地调动起多种感官来共同进行记忆,眼到、口到、耳到、手到、心到,可使记忆的效果得到增强。

复习策略的主要目的在于使信息在头脑中牢固保持。而一系列的研究证明,只有理解了的信息才比较容易记忆并长久保持,反之,呆读死记的东西既难记,也容易遗忘。因此,复习策略应该与其他的学习策略协同作用,共同促进学习效果的提高。

(三)学会做笔记

俗话说,"好记性不如烂笔头""最淡的墨水胜过最强的记忆",这两句话都是说笔记的重要性。听课时,结合做课堂笔记,由于耳、眼、脑、手并用,多种感觉器官参加识记,能增强记忆,不仅如此,还便于日后复习。如果上课中提问题的机会减少,要记下一些问题自己钻研或课后提问。如果教师讲课的速度较快,教师讲解的顺序与教科书不完全一致,内容上有所取舍,也有所补充,着重点也不同,学生听课时要注意把握教师的思路,抓住重点、难点,提高记笔记的能力。

1. 怎样做课堂笔记

课堂笔记有它独特的格式。开头应先写好课题或章节的名称,而且要留有"天"(一定的空白)。接着下面写要记录的内容,记录时写一行空一行,而且只写正面,余下的留作修正错误、增补资料之用。左边还应留一些空白,以便注释或加小标题。为了不至于与其他课题的内容相混,末尾要留有"地"(一定的空白),如果是活页,最好是以一章或一节为单位,以便整理和装订。

课堂笔记的内容主要有：

（1）老师的板书。老师的板书往往是上课的主要内容、章节的重点和难点，把老师提纲挈领的板书记下来，既便于日后复习，又易于形成自己的知识体系。

（2）老师反复强调的内容。这往往是重点、难点之所在。

（3）课本中章节的要点。

（4）自己认为重要的或难以理解的问题。

课堂上记下的内容一般比较零乱，而且不够完整，课后要加以整理，对笔记进行补充或订正。

2. 怎样做读书笔记

古今中外的许多学者都得力于读书笔记。塞尔维特说："做读书笔记，像是修筑事业大厦的基石。"马克思的《资本论》是他的一百多本读书笔记的结晶。托尔斯泰的《战争与和平》跟他随身携带的"万宝囊"——读书笔记分不开。做读书笔记可以将他人的知识化为自己的知识，可以训练自己分析问题的能力及解决问题的技巧。这实际上是培养自己获取信息、积累信息、处理信息的能力，培养自己的创新能力。

常见的读书笔记有下列几种：

（1）摘录法，即把读物中重点的句子摘录下来的方法。

（2）提纲法，用简明扼要的语言写下读物的主要内容，通常是以其大小标题做提纲，每个小提纲中，再把主要内容概括一下。

（3）提要法，按原文的顺序把读物的主旨和要点，用自己的话简明扼要地写下来。

（4）心得法，即写读后感。

（5）综合法，即把围绕某个问题的若干篇文章或材料，加以分析、归纳、概括和整理，使之成为一份简明扼要的材料。

3. 怎样整理笔记

整理笔记是读书治学的必要步骤，通过整理笔记不仅可以对所记的内容进行补充和修改，还可以使知识条理化，系统化。常用的整理方法有下列几种：

（1）修正补充法：先将笔记阅读一遍，然后对笔记的内容进行修正和补充，使之正确完整。

（2）归类法：把所记的内容分门别类进行整理。

（3）比较法：比较识记材料的异同的方法。

（4）列表法：用图表的形式把各种知识分门别类地放在应有的位置上，使杂乱无章的知识条理化、系统化。列表法常和比较法、归类法综合使用，这样做既可以使知识记得清楚，提取方便，又可以培养自己比较和归纳的能力。

（5）知识树法：按照知识的体系，把学习的内容用树干派生出树枝，总枝派生出分枝的形式，把知识的体系画出来，使之条理化的方法。

【推荐欣赏】

1. 电影：《风雨哈佛路》

简介：丽兹出生在美国的贫民窟里，从小就开始承受着家庭的千疮百孔，父母酗酒吸毒，母亲患上了精神分裂症。贫穷的丽兹需要出去乞讨，流浪在城市的角落，生活的苦难似乎无穷无尽。随着慢慢成长，丽兹知道，只有读书成才方能改变自身命运，走出泥潭般的现况。她从老师那里争取到一张试卷，漂亮地完成答卷，争取到了读书的机会。从那时起，丽兹在漫漫的求学路上开始了征程。她千方百计申请哈佛的全额奖学金，面试时候连一件像样的衣服也没有。然而，贫困并没有阻止丽兹前进的决心，在她的人生里面，从不退缩的奋斗是永恒主题。

2. 电影：《叫我第一名》

简介：BoBo患有先天性的妥瑞氏症，这种严重的痉挛疾病，导致他无法控制地扭动脖子和发出奇怪的声音。而这种怪异的行为，更是让他从小不被周围的人理解。在学校里老师经常批评他，同学们更是对他冷嘲热讽，就连他的父亲也对他失望透顶。只有他的母亲一直是他的坚实臂弯。母亲的坚持与鼓励，让他能够在正常人的生活里艰难前行。然而面对这个不能理解他的世界，BoBo一直在痛苦的漩涡里挣扎。直到在一次全校大会上校长在众人面前巧妙地让大家了解了BoBo的真实情况，让他有了成为一名关爱学生的教师的坚定梦想。即使因为这个病症让BoBo在寻求教师梦想的道路上遭到众人怀疑，屡屡受挫，但他始终坚持着自己的这份梦想。为了找到一个愿意接受自己的学校，他不抛弃梦想，不放弃信念，默默地努力。而他曾经曲折的人生道路在他的坚持下也开始慢慢好转。

第六章 安心乐意——大学生情绪与心理健康

【教学目标】

知识目标：了解情绪的基本理论；掌握情绪健康的基本标准；了解大学生的情绪特点。

能力目标：能够对不良情绪采取积极有效的调节策略；能够通过多种途径合理表达自己的情绪。

【心灵漫话】

怒不过夺，喜不过予。　　　　　　　　　　　　　　　　　　——［战国］荀子

能够控制自己情绪的人，比能够拿下一座城池的将军更伟大。

——［法］拿破仑·波拿巴

第一节　情绪概述

【心理案例】

> 情景一：大学二年级的小莉和男友吵架了。当她看到男友和一个女孩子一起走，说说笑笑，她感到自己受到了侮辱，头发蒙，想哭，但没有哭出来。她冲了过去，声色俱厉地对那个女孩进行指责，男友好像在一旁劝阻着，解释着，她听不到男友在说什么。后来，她感到自己的眼泪流了出来，看到男友对自己很生气的样子，她出手给了男友一个耳光。她没想过自己会这样，她很爱他。男友转身走了，小莉坐在地上痛哭了起来。
>
> 情景二：马努快要大学毕业了，就业的问题从大二开始就困扰着自己。来自农村

的他无法和家长很好地商量，他怕家人担心。看到身边的同学已经有好几个签了就业协议，他感到自己的压力更大了。晚上经常睡不着觉，食欲也下降了。他曾想过去找老师谈谈，甚至去心理咨询室咨询，但他又退缩了。他感到自己快到了崩溃的边缘。

咨询师分析，小莉和马努都处于非常强的不良情绪状态，他们在认知上由于受消极情绪的影响也做出了不利于问题解决的判断，继而诱发了消极的行为，使问题进一步恶化。研究已经表明，不良情绪对人的心理健康和生理健康均会产生消极的影响。

【心理知识】

谈到情绪，人们自然会联想到喜怒哀乐。生活中，每个人都会随着心理的活动，表现出不同的心理状态。有时积极，有时消极；有时温和，有时暴躁；有时平静，有时起伏；有时焦虑，有时轻松；有时痛苦，有时幸福；有时烦恼，有时快乐……人在清醒时每时每刻都处于一定的情绪状态之中，情绪时时刻刻伴随着我们的生活、学习、人际交往，并直接影响我们的生活、学习和身心健康。

一、情绪的内涵

什么是情绪呢？从一般意义上讲，情绪（Emotion）是指人们在内心活动过程中所产生的心理体验，或者说，是人们在心理活动中，对客观事物是否符合自身需要的态度体验。

（一）情绪及其生理反应

在不同的情绪状态下，人的心律、血压、呼吸乃至人的内分泌、消化系统等，都会发生相应的变化。例如，人在焦虑状态下，会感到呼吸急促、心跳加快；人在恐惧状态下，则会身体战栗，瞳孔放大；而在愤怒状态下，则会出现汗腺的分泌、面红耳赤等生理特征。这些变化都是受人的自主神经支配的，是不由人的意识控制的，即使你再不愿意，甚至去控制，情绪也会出现。

（二）情绪是一种内心感受

人的不同情绪生理状态必然会反映在人的知觉上，反映到人的意识中，从而形成人的不同的内心体验。如人在受到伤害时，会感到痛苦；在朋友聚会时，会感到由衷的快乐；当面临极度危险境地时，会让人产生毛骨悚然的恐惧感；当自己的某些需要得到充分满足时，会感到幸福愉快；在被欺辱时会感到愤怒。

（三）情绪会表现在行为中

情绪不仅体现为生理反应和内心体验，而且也会直接反映到人的外在行为表现中。主要反映在人的表情、语态和行为过程中。面部表情最直接反映着情绪状态，人们可通过一个人的面部表情的变化，来了解一个人的情绪状态。例如，当自己所希望的球队获胜时，脸上会不由自主地喜笑颜开；当有学生遇到困难和挫折时，即会愁容满面。体态行为也同样反映着一个人的情绪状态。例如，在期末考试过后，我们可通过考生们的坐立不安、手舞足蹈和垂头丧气看出他们此时此刻的情绪状态和面临的境地。声音语态则是指人们交流时声音的声调、音色和声音节奏的快慢等方面的变化，如一个人悲伤时会语调低沉、言语缓慢、语言断断续续；而当人兴奋时则会语调高昂、语速加快，声音抑扬顿挫、清晰有力。

二、情绪的分类和功能

（一）情绪的分类

情绪本身是非常复杂的，许多研究者对此进行了长期的探索，提供了一些可以将不同情绪进行归类的依据，其中有几种分类方法颇具有代表性。

1. 从情绪的愉悦维度来看

情绪的愉悦度是指情绪体验在快乐和不快乐的程度上的差异，依此可以把情绪分为积极情绪、消极情绪和双重情绪。

积极情绪。积极情绪是人们进行正性的、积极的外部行为和内心活动时的情绪状态。其核心是积极的内心体验，如喜欢、满足、快乐等。

消极情绪。消极情绪代表个体对某种消极的或厌恶的情绪体验的程度，如紧张、悲哀、厌烦、不满等。

双重情绪。许多情况下，人的情绪并不简单地表现为积极或消极两种，如满意和不满意，信任和不信任等，而经常表现为既喜欢又怀疑，基本满意又不完全称心等双重性。例如，消费者对所要购买的商品非常喜爱，但价格偏高而感到有些遗憾。

2. 从情绪状态来看

依据情绪发生的强度、速度、紧张度、持续性等指标，可将情绪分为心境、激情和应激三种。

心境是一种比较平静而持久的情感体验。当人处于某种心境时，会以同样的情绪体验看待周围事物。如人伤感时，会见花落泪，对月伤怀。心境体现了"忧者见之则忧，喜者见之则喜"的弥散性特点。平稳的心境可持续几小时、几周、几个月，甚至几年。

激情是一种迅速爆发而持续短暂的情绪体验。激情往往是由对人具有重大意义的强烈刺激所产生的过度兴奋或抑制引起的。积极的激情可以激励人们去克服困难，成为正确行动的强大推动力；消极的激情具有抑制作用，会使人对周围事物的认识与自控力降低，不能预见行为的结果，不能评价自己的行为及其意义。因此，在激情状态下，要注意调控自己的情绪，以避免冲动性行为。

应激是指在意外紧急的情况下所产生的适应性反应。当人面临危险或突发事件时，人的身心会处于高度紧张状态，引发一系列生理反应，如肌肉紧张、心率加快、呼吸变快、血压升高、血糖增高等。例如，当遭遇歹徒抢劫时，人就可能会产生上述的生理反应，从而积聚力量以进行反抗。但应激的状态不能维持过久，因为这样很消耗人的体力和心理能量。若一个人长时间处于应激状态，可能导致适应性障碍的发生。

（二）情绪的功能

喜、怒、哀、乐并不简单地是一个人内心体验的表达，情绪对于人的生存生活都具有重要的意义。那么情绪对于个体具有哪些功能呢？

1. 自我防御功能

在最常见的情况下，情绪能够帮助人们做出更迅速的反应。当身体或人的其他方面受到威胁时，人会产生恐惧以应对；当发生利益或权利上的冲突时，人会产生愤怒以应对；当吃到不适的食物或污物时，会产生厌恶感。因为我们可以清楚地体察这些情绪，所以才能积极地采取应对措施，以达到情绪上的平衡。这些情绪反应表现出非常明显的自我保护倾向。例如，学生在考试前会表现出适当的焦虑，这种焦虑的情绪会促使他更加认真地复习功课，以实现自己的考试目标。

2. 社会适应功能

情绪能够使个体针对不同的刺激事件产生灵活自如的适应性反应，并调节或保持个体与环境间的关系。情绪在社交活动中拥有广泛的功能。作为一种积极的社会黏合剂，它使你更贴近某人；作为一种消极的社会防水剂，它使你远离他人。情绪不仅直接反映着人们生存的状况，如快乐表示生活得幸福，痛苦表示生活得困苦等，人们还通过情绪进行社会适应，维持人际关系，传递信息和沟通思想，以求得更好的社会发展。羞怯感可以加强个体与社会习俗的一致性。当个体对他人造成伤害时，内疚感可激发社会公平的重建。其他的情绪，诸如同情、喜欢、友爱等，也能起到构建和保持社会关系的作用。同时，个体间既能凭借表情传递情感信息，也能凭借表情传递自己的某种思想和愿望。当你倾听别人的演讲或者谈话时，始终面露微笑，就可以把支持和赞赏等情绪传达给对方，同样也可获得对方的好感。

3. 动机唤起功能

当你第一次穿上自己新买的鞋子，但刚穿了一天就开线了，你为什么会很快去商店要求退款？如果你想回答"因为我生气了"或者"因为我很失望"，那么你可以看到情绪实际上成为行为的原动力。

情绪的一个重要功能是促使人向重要的目标迈进。由情绪环境引发的生理唤醒可以令人达到最高的绩效水平。适度的情绪兴奋，可以使身心处于活动的最佳状态，进而推动人们有效地完成工作任务。人在紧张情绪发生时会表现出一系列生理变化，如血压升高、呼吸频率提高、肾上腺分泌增加等。这一切都有助于一个人充分调动体力，去应付紧急状况。

4. 强化认知功能

研究证明，情绪影响学习、记忆、社会判断和创造力。情绪反应在人们对生活经历进行组织和分类时起着重要作用。当出现紧急情况时，消极情绪（如愤怒和恐惧）能够唤起大脑的警觉水平；积极情绪（如高兴）能使一个人的感知觉变得敏锐、记忆获得增强、思维更加灵活，有助于一个人内在潜能的充分展示。也有研究表明，一个人在特定的情境下体验到给定的情绪时，那种情绪就会同事件一起储存在他的记忆中，就像背景一样。而在处理和提取信息时，那些和当时情绪一致的内容更容易被发现、注意和深入加工。这说明，有效记忆的方法之一就是把情绪加入到影响记忆编码的重要情境因素中去。

总之，情绪在人的生活中占有重要的地位。正是因为情绪的存在，人们才能体验到幸福、欢乐、喜悦，才会欣赏美好的事物，体会创造的愉悦。若没有情绪生活，这个多姿多彩的世界将毫无意义。因此，每个人都应该学会认识自己的情绪，并适时地管理和调控自己的情绪，促进自己的身心健康和生活幸福。

【心理案例】

> 小杨，大二男生，被同学称为学霸。小杨学习非常努力，门门功课都优秀。他认为自己之所以取得这样的成绩，主要取决于自己情绪平稳，不受干扰。他认为情绪是非理性的，是影响学习和生活的"干扰源"，可以通过个人的意志力战胜这些情绪，保持理智的状态。因此，不开心时他总是要求自己用理性尽快摆脱，开心时也要求自己用理性尽快恢复平静。进入大二后，他慢慢发现常会有一些莫名其妙的不开心的情绪出现，让自己保持淡定变得越来越费劲，似乎是越想摆脱干扰就越摆脱不了，学习、生活、人际关系等好像都有点乱了，时常会出现问题，他很着急，不知道自己是怎么了。这种状况一直困扰着他，让他无所适从。
>
> 请思考和讨论：
> 1. 该案例给你的启示是什么？
> 2. 你赞成"情绪是非理性的，是影响学习和生活的'干扰源'"的说法吗？
> 3. 怎样帮助小杨调整自己的情绪？

三、健康情绪的标准与表现

人本主义心理学家马斯洛在阐述关于"自我实现者"的情绪特点时,指出了健康情绪的特征:平和、稳定,愉快和接纳自我;有清醒的理智;适度的欲望;对人类有深刻、诚挚的感情;富于哲理、善意的幽默感;丰富、深刻的自我情感体验。

6.1 情绪健康的标准与表现

对大学生来说,情绪健康具体表现为:情绪的基调是积极、乐观、愉快、稳定的;对不良情绪具有自我调控能力,情绪反应适度;高级社会情感(理智感、道德感、美感等)能得到良好的发展。

概括而言,可以从以下三个方面来考察情绪是否健康。

1. 愉快的情绪多于不愉快的情绪

一般表现为乐观开朗、充满热情、富有朝气,善于自得其乐;处事豁达,不斤斤计较;谈吐风趣、幽默、文雅;自信、乐观、有主见,能独立地解决问题,进行创造性的工作;对自己、对生活充满信心和希望;对前途充满信心,勇于上进,坚韧不拔。

2. 情绪稳定性好,善于控制和调节自己的情绪

既能克制约束,又能适度宣泄,不过分压抑,使情绪的表达既符合社会规范的要求,也符合自身的需要;情绪正常、稳定,不会经常或长时间地大起大落或喜怒无常,能随遇而安;尊重他人,具有一定的宽容性,能与人为善、和睦相处,建立良好的人际关系;明智、少偏见,能正确认识自己和他人的长短处;能面对现实、承认现实和接受现实,并能按社会要求行动;对平凡的事物保持兴趣,能不断从生活环境中得到美的享受、快乐的享受,会学习也会消遣;能给予人爱或接受他人的爱,待人热情、乐于助人、有同情心。

3. 情绪反应是由适当的原因引起的

一个人的喜、怒、哀、恐等情绪是由具体的可感受的现象和事物所引起的,而非莫名其妙的无端反应。同时,情绪反应的性质、强度和持续时间应与引起这种情绪的情境相符合。

第二节 大学生常见情绪问题及调适

【心理知识】

一、大学生的情绪特点

(一)丰富性和复杂性

大学阶段是一个可以令学生身心发生骤变的阶段。在这一时期,大学生将面临人生的

多种选择。随着学习、交友、恋爱、就业等人生事件的发生，他们的社会化水平不断提高，自我认识的内容越来越丰富，情感体验也在逐步加深。他们朝气蓬勃、精力充沛、思维活跃、兴趣广泛，有着丰富、强烈而又复杂的感情世界。他们的情绪体验快而强烈，喜怒哀乐常常一触即发。心理学家常用"急风暴雨"来比喻这种丰富而复杂的情绪特征。

大学生的情绪发展是一个由不稳定到稳定、由不成熟到成熟的渐进过程。由于大学不同年级培养目标和培养重点不同，大学生的情绪发展出现阶段性和层次性的特点。以高职高专院校学生为例，一年级新生主要面对的是适应新环境、掌握新的学习方式、确立新目标等问题，此阶段他们的情绪波动较大。二年级的学生因为对学习和生活普遍存在适应感和自信感，情绪较为稳定；但受三年级学生就业信息的影响，内心会有一些压力；情感问题会成为部分同学的第一大事。三年级的学生因为面临着就业或升学等多方面的重大问题，内心压力较大，情绪呈现出矛盾性和复杂性特点。

（二）外显性和内隐性

大学生情绪的内隐性和外显性是同时存在的。他们对外界的刺激反应迅速敏感，常常将情感外露，这是情绪外显性的表现。尽管他们的情感变化与外部表现在多数情况下是一致的，但是由于自制力的逐渐增强，以及思维独立性和自尊心的发展，情绪的文饰性表现开始增多。比如，有的即使遭受挫折，也努力克制沮丧的情绪，以笑颜示人；有的对异性萌生爱慕之情，却刻意给对方"并不在意"的印象。

同时，大学生常常会思考"我是谁""我的生活目标是什么""我应该如何发展"等问题。对这些问题的探究，导致了他们关注自我，情绪内隐。这是大学生积极认识自我、适应社会的一种表现。大学生愿意拥有更多的私人空间，内心深处有渴望被理解的需要。

（三）稳定性和波动性

大学生情绪的稳定性相比高中生有了很大的提高，但仍存在一定的波动性。大学生的情绪容易从一个极端跳到另一个极端，情绪跌宕起伏。他们的积极性往往随情绪起伏而涨落。在波动起伏的情绪中，往往可以观察到大学生试图理智地控制自己的情绪时所做的努力。

大学生情绪的波动性，是处在青春期的他们在发展过程中迅速走向成熟而又未完全成熟的表现。就其自身发展而言，大学生对自我的认识还不稳定，还缺乏完整的把握，因而往往轻易地加以绝对的肯定或否定，易走极端。他们的人生观、价值观也正在逐步确立中，经常会自我否定。从另一方面讲，社会、家庭、学校及生活事件，都会对大学生的情绪产生影响，使他们的情绪摇摆不定，时而热情兴奋，时而悲观消沉，有时会因为一件微不足道的小事黯然神伤，有时也会通过理智的思考处理一些棘手的事情。

【心理练习】

探索情绪

1. 每天花片刻时间独处，思索你的心愿，并写下你独处时的想法和感受。

2. 在生活中难免会有诸多的不顺利，对此你有什么样的反应和行为？比如，当你情绪很压抑的时候，你是否可以很好地表达出来呢？此练习可以比较客观地了解你的情绪表现及其反应。

- 当我生气时，我会（做）＿＿＿＿＿＿＿＿＿＿＿＿＿＿＿＿＿＿＿＿＿
- 当我愤怒时，我会（做）＿＿＿＿＿＿＿＿＿＿＿＿＿＿＿＿＿＿＿＿＿
- 当我害怕时，我会（做）＿＿＿＿＿＿＿＿＿＿＿＿＿＿＿＿＿＿＿＿＿
- 当我妒忌时，我会（做）＿＿＿＿＿＿＿＿＿＿＿＿＿＿＿＿＿＿＿＿＿
- 当我悲伤时，我会（做）＿＿＿＿＿＿＿＿＿＿＿＿＿＿＿＿＿＿＿＿＿
- 当我害羞时，我会（做）＿＿＿＿＿＿＿＿＿＿＿＿＿＿＿＿＿＿＿＿＿
- 当我开心时，我会（做）＿＿＿＿＿＿＿＿＿＿＿＿＿＿＿＿＿＿＿＿＿
- 当我内疚时，我会（做）＿＿＿＿＿＿＿＿＿＿＿＿＿＿＿＿＿＿＿＿＿
- 当我苦恼时，我会（做）＿＿＿＿＿＿＿＿＿＿＿＿＿＿＿＿＿＿＿＿＿

二、大学生常见的不良情绪及其危害

大学生有强烈的上进心，渴望做出一番成就，可是由于人生经验和社会经验不足，学习和生活中的学业压力、竞选失败、人际冲突、失恋、就业困难等会使他们产生负性的情绪，如愤怒、憎恨、悲伤、焦虑、恐惧、苦闷等。当然，这些负性情绪体验本身都具有意义，是个体应对环境或事件的常见反应，具有调节意义，并无好坏之分，只是强度过大、持续时间过长才可能对个体造成危害。

大学生常见的不良情绪有以下几种。

1. 焦虑

焦虑是一种复杂的、综合的负性情绪，是在社会生活中，人们对于可能造成心理冲突或挫折的某种事物和情境进行反应时所产生的一种不愉快的情绪体验。个体主观上预料到将会有某种不良后果产生，但因无法明确不良后果的性质与内容，从而无法采取有效的手段加以控制，便产生焦虑。其表现是：提心吊胆、惶惶不安、忧心忡忡，似乎是大祸临头，却又说不出究竟怕什么或究竟会发生什么样的灾难和不幸。

焦虑可以分为现实性焦虑、道德性焦虑和神经症性焦虑。严重的焦虑情绪久久不能得到处理，就会导致焦虑性神经症，突出表现为：一是无原因、无对象的烦躁，易激怒，注意力不集中，记忆力下降，经常处于惊觉状态；二是躯体性表现，如颤抖、坐立不安、来回走动、经常变换姿势等；三是植物神经功能紊乱，如心跳加快、呼吸紧迫、胸闷、心悸心慌、多汗等症状。

焦虑是大学生常见的异常情绪和心理障碍，主要涉及以下几个方面：考试焦虑，即由于担心考试失败或渴望获得更好的成绩而产生的一种忧虑、紧张的心理状态。考试焦虑一般在考试前几天就表现出来，随着考试日期的临近而日益严重。身体焦虑是指由于对身体健康过分关注而产生的焦虑不安，并有失眠、疲倦等症状。适应焦虑，即由于对大学的环境、学习方式和人际关系等不能很快适应而产生的焦虑，常见于一年级学生。

2. 愤怒

愤怒是由于客观事物与人的主观愿望相违背，或因主观愿望无法实现时，人们内心产生的一种激烈的消极情绪反应。心理学研究表明，当愤怒发生时，可能导致人体心跳加快、心律失常、高血压等躯体性疾病。同时还会使人的自制力减弱甚至丧失，思维受阻、行为冲动，干出一些事后后悔不迭的蠢事或造成不可挽回的损失。

愤怒是大学生常见的一种消极情绪。大学生处于精力充沛、血气方刚的青年时期，在情绪情感发展上容易产生好激动、易动怒的特点。如有的大学生因一句刺耳的话或一件不顺心的小事而暴跳如雷；有的因人际协调受阻而怒不可遏、恶语伤人；有的因别人的观点或意见与自己相左而恼羞成怒；有的因暂时的挫折或失败而悲观失望，痛不欲生。如此种种遇事缺乏冷静分析与思考，图一时之快，逞一时之勇的好激动、易动怒的不良情绪特点，在一些大学生身上时有体现。这种情绪对大学生的影响是极其有害的。

3. 抑郁

抑郁是一种感到无力应付外界压力而产生的消极情绪，一般表现为情绪低落、心境悲哀。抑郁者会表现出对生活的无望感和强烈的无助感。大学生抑郁情绪的表现有郁郁寡欢，闷闷不乐，做事情缺乏兴趣，没有活力，思维迟缓，回避与他人的交往，感到生活没有意义。与此同时，还伴随一些身体症状，如经常感到乏力，起床变得困难，更严重时睡眠方式都将改变，睡得太多或者早晨醒得太早，并且不能再次入睡。也可能出现饮食紊乱，吃得过多或过少，随之而来的是体重激增或剧减。抑郁是一种持续时间较长的、低落的、消沉的情绪体验，常常与苦闷、不满、烦恼、困惑等情绪交织在一起。

有抑郁倾向的大学生对自我评价是以消极为特征的，严重的抑郁还会导致大学生自杀。因此，对抑郁情绪的及时调整十分重要。

4. 嫉妒

嫉妒是自尊心的一种异常表现，是由于别人胜过自己而引起抵触的、消极的情绪体验，在大学生中普遍存在。大学生中常见的嫉妒心理是攀比心理，别人有的东西自己没有就会产生心理不平衡和一种相对剥夺感。有些大学生不能对自我做出正确的评价，总是喜欢拿自己的长处和别人的短处比,不允许别人超过自己。当看到他人学识能力、品行荣誉甚至穿着打扮超过自己时,内心会产生不平、痛苦、愤怒等感觉。当别人身陷不幸或处于困境时则幸灾乐祸,甚至落井下石,在人后恶语中伤、诽谤。嫉妒是一种情绪障碍,它扭曲人的心灵,妨碍人与人之间正常真诚的交往。

嫉妒心强的人往往事事好胜,常想方设法阻止别人的发展,总想压倒别人。这可能使同学们想躲开你,不愿与你交往,从而给自己造成一个不良的人际关系氛围,带来孤独、寂寞等情绪。嫉妒还会造成个人内心的痛苦。嫉妒心强的人,常常陷入苦恼之中不能自拔,时间长了会产生自卑,甚至可能采取不正当的手段去伤害别人,使自己陷入更恶劣的处境。

【心理故事】

古时候有个陶匠,他非常妒忌油漆匠受皇帝喜欢。他跟皇帝说,油漆匠可以把大象洗成白色的。皇帝很惊奇,就让油漆匠去把大象洗成白色。油漆匠听了,明白了是怎么回事,就请求皇帝提供一个大缸,好把大象放进去洗。于是,陶匠就不得不领命去做大缸。可每当大象踏进缸里,缸就碎了。多次不成功后,陶匠被皇帝弃用了。

不良情绪的产生,一方面是机体为适应环境而做出的必要反应,它能动员机体潜在的能量,使自己适应环境的变化;但另一方面,这种情绪的产生又会引起高级神经活动的机能失调,使人体失去身心平衡,从而对机体的健康产生十分不利的影响。我国古代医学很早就有关于不良情绪影响人的生理功能的论述。如喜伤心,怒伤肝,忧伤肺,思伤脾,恐伤肾。当然,这里所说的情绪反应都是超过一定限度,或过分强烈,或过分持久。

长期的负性情绪,会妨碍个体正常的心理功能,如注意力、记忆力、思考和抉择的能力,同时导致社会功能的下降,如学习不能集中精力,人际交往中冲突增多。持续性的不良情绪往往使某些人寻求一些错误的应对方式,而这些错误的应对方式进一步强化了不良情绪,会导致恶性循环。如长期酗酒或上网,久而久之造成酒精依赖或网络成瘾,更有甚者,还会诱发某些精神障碍,如精神分裂症、双向情感障碍、痴呆、强迫症、恐怖症、疑病症等。因此,不良情绪应及早消除,以防发生上述问题。

【心理活动】

情绪猜谜

1. 每位同学说出大学生常见的情绪,并将其写到黑板上;
2. 一位同学从黑板上列出的各种情绪中选出一种,用表情或体态表现出来,看看大家是否能够猜出;
3. 讨论:为什么每个人的情绪表达不同?我们怎样才能知道别人的情绪?我们如何才能让别人知道我们自己的情绪感受?

三、情绪管理及调适

管理情绪，特别是消极情绪，可从以下四个方面入手。

6.2 情绪管理方法

（1）认知调控法

认知调控方法是指当个人出现不适度、不恰当的情绪反应时，理智地分析和评价所处的情境，分析形势，理清思路，冷静地做出应对。认知调控的关键，是控制与即时情绪反应同时出现的认知和想象。

认知调控方法在实际应用时可分为以下两步：一是分析刺激的性质与程度。人类情绪反应是进化选择的结果，有利于种族的生存与发展，是驱动我们应付环境、即刻反应的本能冲动，虽然伴有认知过程和结果，但即刻的认知往往笼统、模糊，其诱发的反应往往强烈。冷静分析问题所在，可以即时调控过度的情绪反应。二是寻找多种解决问题的方案，比较后择优而行。情绪引发的即刻反应往往是冲动性本能反应，有时可以帮助我们脱离险境，如室内失火时夺门而出以避险；有时则会导致灾难性后果，如高层建筑失火时从窗户往下跳。很多问题都有多种可能的解决方案，寻找最佳方法至关重要，而冷静思考是前提。

（2）行为调控法

詹姆斯于1884年提出的情绪理论认为，情绪是内脏器官和骨骼肌活动在脑内引起的感觉。也就是说，人是因为笑而快乐，因为哭而悲伤，因为发抖而恐惧。乍一看去，似乎很奇怪，可是我们却不乏这样的经验。当人们哈哈大笑时，会不自觉地感觉到轻松。挺胸抬头一点，脚步坚定一点，笑容灿烂一点，自信大方的你不仅显得风度优雅，同时也会改变你的心情、态度和看待问题的方式，内心深处会涌起自信、淡定和幸福。情绪低落时，积极地去做一些有意义有价值的事情，不仅能有效地分散注意力，将自己从消极的情绪中转移出来，而且还能增强自我效能感。那一份充实和踏实，会让你的心情也自然的雨过天晴。

【心理故事】

有一个人从小到大，一生气就在户外跑，无论刮风下雨。别人看了觉得很奇怪，就问他为什么。他说："年轻时我一边跑一边想，我没钱、没能力，哪有力气跟别人斗气。"后来这个人老了，变得又有钱又有势力，一遇到不如意的事还是在户外跑，他解释说："这个时候，我就想，那些跟我斗气的人，又没钱又没势力，我干嘛跟他们一般见识。"

处于情绪困境时，暂时将问题放下，从事所喜爱的活动以转变情绪体验的性质，也可以达到调控情绪的目的。事实证明，听音乐是调控情绪的最佳方式之一。欢快有力的节奏使情绪消沉者振奋，轻松优美的旋律让紧张不安者松弛。大学生可以学习乐器和音乐创作，把内心的体验转化成心灵的曲调，并从中体验成功。体育活动也是转移、调控情绪的良好方法。当情绪状态不佳时，游山玩水、打球下棋都是极好的情绪调控手段。体育活动既可以松弛紧张情绪，又可以消耗体力，使消沉者活跃，激愤者平静，实现平衡情绪的目的。

（3）合理宣泄

遇到不良情绪时，最简单的办法就是"宣泄"，具体可以采用以下方式。

倾诉宣泄。俗话说："快乐有人分享，是更大的快乐；痛苦有人分担，就可以减轻痛苦。"不愉快的事情隐藏在内心深处，会增加心理负担。当出现不良情绪时，你可以找一个你认为最能理解或最值得你信任的人，尽情地将心中的郁闷无所顾忌地倾诉出来。这样，一方面使不良情绪得到宣泄，另一方面你在倾诉烦恼的过程中，还可以获得更多的情感支持和理解，获得认识和解决问题的新思路、新途径，并增强克服困难的信心。

书写宣泄。通过写信、写文章、写日记等方式，将内心的消极情绪宣泄出来。它的好处在于可将那些因各种原因而不能对人表露的消极情绪宣泄出去。

运动宣泄。医学研究表明，运动可以使人的情绪得到振奋。通过打球、跑步、游泳等有氧运动将消极情绪宣泄出来。这种方式既可以直接宣泄消极的情绪，又能达到锻炼身体、促进心理健康的目的，建议每周3～4次，每次持续30分钟。

哭泣宣泄。通过号啕大哭或偷偷流泪的方式将消极情绪宣泄出来。科学研究表明，流泪能将人体内导致情绪压抑的化学物质排除，从而使不愉快的情绪得到缓解，消除心理上的压力。当然，哭泣时应注意时间和场合。

（4）学会寻求帮助

当大学生陷入较严重的情绪障碍时，有必要向社会支持系统寻求帮助。每个大学生都应该建立自己的社会支持系统，有能够在心理方面给予自己支持、帮助的社会网络，如亲人、朋友，或者是专业的社会工作者、心理医生。社会支持系统的存在有多方面的意义：一是倾诉的对象，苦恼的人将苦恼向他人倾诉之后，会有轻松解脱的感觉，大学生应该经常利用这种情绪调控手段；二是提供新的看问题的视角和思路，帮助当事人走出个人习惯的思维模式，重新评价困境，寻找新的出路；三是社会工作者和心理医生可以提供专业意见、建议，运用心理学手段和方法帮助大学生更有效地消除情绪障碍。

第三节　情商及其培养

一、情商概述

美国当代心理学家沙洛维和梅耶于1990年提出情绪智商（EQ）理论，并认为情绪智商是影响个人发展的重要因素。1995年，哈佛大学心理学博士丹尼尔·戈尔曼进一步提出"情绪智力"的概念，通常称为"情商"（EQ），并通过科学认证得到结论——"EQ

是人类最重要的生存能力。"

情绪智力指的是管理情绪的能力，代表一个人能否适当的处理自己的情绪，它的意义包含了"自制力、热忱、毅力、自我驱策力等"。一个高情绪智力的人通常情绪稳定，不因小事而产生剧烈的情绪波动。而且，在产生情绪反应时，能够恰当地处理自己的情绪，对事与对人能有合理的想法，同时表现出合宜的行为。

沙洛维认为 EQ 指以下五种能力。

1. 认识自己的情绪

认识情绪的本质是情感智商的基石，当人们出现了某种情绪时，应该承认并认识这些情绪而不是躲避或推脱。只有对自己的情绪有更大的把握性才能成为生活的主宰，良好地引导自己和自己的情绪，并能准确地决策某些重要的事情；反之，不了解自身真实情绪的人，必然沦为情绪的奴隶。

2. 妥善管理情绪

情绪管理是指能够调控与安抚自己的情绪，使之适时、适地、适度。这种能力具体表现在通过自我安慰和运动放松等途径，有效地摆脱焦虑、沮丧、激怒、烦恼等因失败而产生的消极情绪的侵袭，不使自己陷于情绪低潮中。这方面能力较匮乏的人，常需与低落的情绪交战；而这方面能力高的人能够控制刺激情绪的根源，可以从人生的挫折和失败中迅速跳出，重整旗鼓，迎头赶上。

3. 自我激励

自我激励即能够整理好情绪，让自己朝向一定的目标努力，增加注意力与创造力。任何方面的成功都必须有情绪的自我控制——延迟满足、控制冲动、统揽全局。拥有这种能力的人能够集中注意力，自我把握，发挥创造力，积极热情地投入工作，并能取得杰出的成就；缺乏这种能力的人，则易半途而废。

4. 认知他人的情绪

认知他人的情绪即移情的能力，是在自我认知的基础上发展起来的最基本的人际技巧。具有这种能力的人，既能通过细微的社会信号，敏锐感受到他人的需要与欲望，分享他人的情感，对他人的处境感同身受，又能客观地理解与分析他人的情感。

5. 人际关系的管理

人际关系的管理即能够理解并回应别人的情绪，维持良好的关系。这也是建立领导力的基础。大体而言，人际关系的管理就是调控与他人相处的情绪反应的技巧。这种能力包括展示情感，富于表现力与情绪感染力，以及社交能力。人际关系管理可以强化一个人的受欢迎程度、领导权威、人际互动的效能等。

二、大学生情商的培养

1. 学会认知情绪

高情商的一个重要标志就是能习惯性地认知自我情绪的变化，并根据环境条件积极主动地调适自己的心理，判断情绪的影响，做出合适的行为反应。学会认知情绪，可以帮助自己迅速化解不好的感觉，是我们进行情绪管理的第一步。同时因为自己觉察能力的增强，更能了解和我们互动的人的情绪。

要学会认知情绪，首先要做到以下几个方面。

（1）愿意观察自己的情绪：不要抗拒做这样的行动，以为那是浪费时间的事，要相信，了解自己的情绪，是重要的领导能力之一。

（2）愿意诚实面对自己的情绪：每个人都可以有情绪，接受这样的事实，才能了解内心真正的感觉，更适当地去处理正在发生的状况。

（3）问自己四个问题：我现在是什么情绪状态？假如是不良的情绪，原因是什么？这种情绪有什么消极后果？应该如何控制？

（4）给自己和别人应有的情绪空间：容许自己和旁人都有停下来观察自己情绪的时间和空间，才不至于在冲动下做出不适当的决定。

（5）替自己找一个安静定心的法门：每个人都有不一样的渠道使自己静心，都需要找到一个最合适自己的安心方式。

另外，还应学会一些认识自我情绪的方法：

（1）情绪记录法：做一个自我情绪的有心人。你不妨抽出一至两天或一个星期，有意识地留意记录自己的情绪变化过程。可以以情绪类型、时间、地点、环境、人物、过程、原因、影响等项目为自己列一个情绪记录表，连续记录自己的情绪状况。回过头来看看记录，你会有新的感受。

（2）情绪反思法：你可以利用你的情绪记录表反思自己的情绪，也可以在一段消极的情绪过程之后反思。

我的情绪反应是否得当，为什么会有这样的情绪？

这种情绪的原因是什么，有什么消极负面的影响？

今后应该如何消除类似情绪的发生，如何控制不良情绪的蔓延？

（3）情绪恳谈法：通过与你的家人、老师、同学、朋友等恳谈，征求他们对你情绪管理方法的看法和意见，借助他人的眼光认识自己的情商。

（4）情绪测试法：借助专业情绪测试软件工具，或咨询专业人士，获取有关自我情绪认知与管理的方法建议。

2. 培养共情能力

共情能力主要指能充分理解别人的心理状态，并把这种理解以关切、温暖、尊重的方式表达出来的能力。共情能力对于大学生情商的提升具有重要的意义。具备较强的共情能力，才可能切身体会他人的需要与苦恼，并能采用恰当的方式与他人沟通和交往。共情能力的培养策略如下。

6.3 共情能力的培养

（1）摆脱以自我为中心。大学生要具备共情能力，首先要学会关注他人，避免以自我为中心。在人际交往过程中学会真正关注他人，敏感地察觉他们的需要和反应，捕捉他们所发出的有价值的信息。捕捉的信息越准确，感受越深入，共情的层次就越高。

（2）善于倾听。倾听即全神贯注地聆听对方的诉说，以对方为中心，专心致志，不轻易打断或插话，并注意观察对方的动作、表情、语音、语调等的变化，及时使用微笑、点头等身体语言来回应对方。在他人讲述的过程中，尽量不发表任何评价，更不要打断对方。只有善于倾听，才能正确判断对方在想什么，为什么会这么想，沟通才会更顺畅，更容易达到预期的效果。

（3）换位思考。学会换位思考，也就是能设身处地从对方的角度，把作为主体的自我当作客体的自我来审视和评价，这样就能较为公正地理解别人的想法。能换位思考，就能够真正"想他人所想，急他人所急"，及时提供帮助和支持；也能够真正理解"己所不欲，勿施于人"，对他人的错误予以理解，不苛责。

3. 学会人际交往

"人是群体性动物"决定了人必须与人交往。较高的情商有利于建立良好的人际关系，良好的人际关系也有利于情商的培养。在所有的情商技能中，和人相处的能力对一个人事业的成败和生活质量的高低起决定作用。大学生在人际交往中可注意以下一些技巧：注意外表形象；积极主动交往；学会幽默健谈；适当赞美别人；善于控制情绪；学会换位思考；树立开放心态；容忍不同的观点；学会倾听与积极反馈等。关于人际关系的理论和方法，参见本书第七章。

4. 放松训练

在生活中每个人都会有紧张情绪，当处于紧张状态时，我们全身的肌肉都会变得紧张起来，而肌肉的紧张会引起身体上的各种反应：脸红、心跳、额头和手心出汗、手发抖、身体僵硬或颤抖等。这些反应也会进一步导致紧张，形成一种恶性循环。

缓解身体紧张最有效的方法就是进行放松训练，放松身体能消除或者缓解焦虑以及身体不适感，而且，心理也能得以放松。

放松可以依据以下步骤：

（1）预备（1分钟）

选择一首轻松而舒缓的音乐，找一个舒适的姿势坐或平躺着，放松你的手脚；掌心向上；轻轻转动脚踝；头慢慢侧向一边；感觉整个身体深深沉入地下；闭上双眼；全身放松。

（2）深呼吸（2分钟）

开始做第一个深呼吸，首先深深地吸气，使身体内充满空气，然后让气体从胸腔流动到喉部，再流动到鼻腔；保持（大约5秒），然后突然收腹，将胸腔、喉部和鼻腔内的气体全部吐出，感受一下全身放松的感觉。现在开始做第二个深呼吸，慢慢地、深深地呼气。然后做第三个深呼吸，静静感受全身舒适放松的感觉。

（3）收紧脚趾（1分钟）

现在将脚趾弯曲，紧紧抓住地板，保持紧张状态（10秒）；松开脚趾，放松，深呼吸；然后将脚趾尽量张开，向上向外伸展，保持紧张状态（10秒）；恢复原状。放松，体会脚部那种舒适温暖的感觉。

（4）收紧腿部（30秒）

收紧双腿的肌肉，保持紧张状态（10秒）；松开让双腿充分放松，深深地沉入地下，继续缓慢地深呼吸（5秒）。

（5）收紧臀部（30秒）

收紧臀部肌肉，保持（5秒）；然后松开，让整个身体深深沉入地下，缓慢地深呼吸，全身放松。

（6）收紧腹部（30秒）

收紧腹部肌肉，挤出那里的紧张感，保持状态（10秒）；松开肌肉，感受温暖放松的感觉。

（7）收紧双臂和肩膀（30秒）

高高耸肩，紧握双拳，拉紧手臂肌肉，保持状态（10秒）；突然松开这部分肌肉，背部沉入地下，感受放松和舒适的感觉。

（8）收紧全身肌肉（1分钟）

收紧全身每一部分肌肉，拉紧面部肌肉，皱眉，保持状态（10秒）；突然同时放松身体，深深沉入地下，全身充分放松，静静地躺上一会儿。

（9）使注意力集中在眉间（30秒）

现在，让你的头轻轻侧向一边，下巴放松，嘴唇张开，闭上眼睛，将注意力集中在眉间；慢慢地深呼吸，放松，让自己所有的注意力、思想、感觉都集中在眉间，整个沉入那个空间中去。

（10）想象自己置身于一个美丽的地方（2分钟）

你可以想象自己躺在金色的沙滩上，和煦的阳光照在你身上，不远处就是辽阔的海，你的心情舒畅极了。还可以想象自己坐在湖边的大树下，湖水清澈，你可以看见鱼在水中轻轻游动，树上有小鸟在歌唱，一阵清凉的风吹过，你感觉特别宁静而安详。在眼前开始出现你一直渴望见到的最美丽的景色，让景色变得越来越清晰；慢慢来，在那个地方聚焦（10秒）。现在看到你已置身其中，进入了那个仙境一样的地方感受身临其境的美好感觉，体验全身心的放松和舒适，静静地待在那个地方，像先前那样慢慢地进行深呼吸（60秒）。

（11）结束（60秒）

现在让你脑海中的美丽画面慢慢隐去（15秒），睁开双眼，慢慢坐起来，结束放松训练。

放松练习可以遵循以下原则：

第一，坚持每天练习，才能起到较长期的效果。

第二，每天练习2～3次。不要空腹和饱餐后练习，房间里也不要太冷或太热。

第三，练习时需找一个安静的环境，穿宽松的衣服。要以"自然"的态度去练习，投入地体验，而不是时刻顾虑"我是否能达到放松"。

第四，练习时，请注意通过鼻子呼吸。深呼吸时注意要缓慢、均匀，而不是快速地呼吸。

5. 借助心理咨询

当大学生自己无法有效调节情绪时，还可以寻求心理咨询。心理咨询是一门科学、一门艺术、一种经验，通过受过专门培训的咨询人员运用心理学的原理和方法，营造良好的咨询气氛，帮助来访者学会以更有效的方式对待自己、他人和生活中的困惑以适应社会生活。

【心理活动】

乱词接龙

活动目的： 培养快速反应的能力，感受集体游戏带来的快乐情绪。

活动材料： 秒表。

操作方法：

1. 以10人左右小组为单位进行比赛。

2. 由教师作为出题者，说一个词或句子，小组成员就要以这个词或句子的最后一个字当作自己要说的词语或句子的第一个字，按此要求，继续进行接龙。

3. 这个字可以是同音字，多音字，近音字，词语或句子的字数是2～5个，同一个小组内不能出现相同的词语或句子。

【心理测试】

测量你的情商（EQ）

下面有20道题，请你根据是否符合自己的实际情况对每道题做出"是""否"判断。

1. 与你的好友、恋人或者爱人发生争吵后，你能在他人面前掩饰住你的沮丧。
2. 当工作进行得不顺利时，你认为这是对未来的一个警告。
3. 你最好的朋友开口说话以前，你就能分辨出他（她）处于何种情绪状态。
4. 当你担忧某件事时，你在夜里几个小时难以入睡。
5. 你认为大多数人必须更加努力而不要轻易放弃。
6. 与你最好的朋友告诉你一些好消息相比，你更易受一部浪漫影片的感染。
7. 当你的情况不妙时，你认为到了你该改变的时候了。
8. 你经常想知道别人是怎样看待你的。
9. 你对自己几乎能使每个人高兴起来而感到自豪。
10. 你厌烦讨价还价，尽管你知道讨价还价能使你少花20元钱。
11. 你十分喜欢直率的说话，而且认为这样能使一切事情变得更为容易。
12. 尽管你知道自己是正确的，你也会转换这一话题，而不愿进行一场争论。
13. 你在工作或生活中做出一个决定后，会担心它是否正确。
14. 你不会担心环境的改变。
15. 你似乎是这样一个人：对于周末去干什么，你总是能够提出很有趣的设想。
16. 假如你有一根魔棒的话，你将挥动它来改变你的外貌和个性。
17. 不管工作多么尽心尽力，你的上司或老板似乎总是催促着你。
18. 你认为你的家人或恋人对你寄予厚望。
19. 你认为一点小小压力不会伤害任何人。
20. 你会把任何事情都告诉你最好的朋友，即使是个人隐私。

计分说明：每道题选"是"得1分，选"否"不得分。总分及对应的解释和建议如下。

16分或16分以上：你对你的能力很是自信和放心，因此，当处于强烈情感边缘时，你不会被击垮。即使你在愤怒时，你也能进行有效地自我控制，保持着彬彬有礼的君子风度。在控制情感方面，你是出类拔萃的，与他人相处得也很融洽。但是，你太依赖社交技巧而忽视成功所需的其他重要因素，例如艰苦奋斗的作风和好的主意。

7分到15分：你意识到自己和他人的情感，但有时会忽视它们，不知道这对你的幸福是多么重要。你对下一步的提升和更好的生活状态诸如此类事情的关心支配着你的生活。然而，无论实现多少物质目标，你仍然感到不满足。试着去分析和理解自己和他人的情感，并且按照它去行动，你会更幸福。记住，人们可能压制你，使你暂时消沉，但是，你总是能够从挫折中吸取教训，重新创造你的优势。

6分或者6分以下：你必须多一点对别人的关心，少注重自己。你喜欢打破社会常规，并且不会担心通过疏远别人来取得自己想得到的东西。你可能在短期内就会取得一定成果，但人们不久就将开始抱怨你。调控自己易冲动的个性，不是以粗鲁的方式，而是试着通过配合他人来得到你所想要的一切。如果你得分不高，不要沮丧。你要学会去控制你的消极情绪，充分利用你的积极情绪。

【推荐阅读与欣赏】

1. 书籍：《情绪自控力》［美］约翰·辛德莱尔．杨玉功，译．北京：金城出版社，2013.

简介：这本书中提出了"情绪决定生活质量"的观点，指出疾病、成就、关系、人脉等其实是因为情绪问题造成的。作者认为，好的心情让身体变好，坏的情绪让身体变坏。生活中，应有意识地调整自己的心态。通过坚持信念、用积极情绪替代负面情绪、用自己独特的方式来振奋情绪等方法，帮助自己时刻保持平和积极的心态，然后尽情享受生活。

2. 电影：《头脑特工队》

简介：这是迪士尼和皮克斯动画公司联合制作的一部关于情绪的动画片。电影中主角莱莉因为父亲工作举家搬迁至旧金山，要准备适应新环境。但就在此时，莱莉脑中控制欢乐与忧伤的两位脑内大臣乐乐与忧忧迷失在茫茫脑海中，大脑总部只剩下掌管愤怒、害怕与厌恶的三位大臣负责，导致本来乐观的莱莉变成愤世嫉俗的少女。乐乐与忧忧必须要尽快从复杂的脑中世界回到大脑总部，让莱莉重拾原本快乐正常的情绪。此电影让人们感受到，生命中的那些"负面情绪"也不断给我们力量：悲伤让我们深刻，更加珍惜他人；恐惧使我们未雨绸缪；愤怒为我们划出底线；厌恶阻挡我们跟风，帮助我们坚持自我。

和而不同——
大学生人际交往与心理健康

【教学目标】

知识目标：了解人际关系的含义、影响因素及其重要性；熟悉大学生人际交往的特点和问题；掌握人际交往的基本规律、原则。

能力目标：掌握人际交往的技巧；学会自己调整和解决人际冲突；运用理论知识提高自身实际交往能力。

【心灵漫话】

你要打开人家的心，你先得打开你自己的；你要在你的心里容纳人家的心，你先得把你的心推放到人家的心里去。
——钱钟书

人生最美好的东西，就是他同别人的友谊。——［美］亚伯拉罕·林肯

第一节　人际交往概述

【心理案例】

> 晓敏进入大学读书后，发现以前的生活方式完全不适合大学生活。第一次住宿舍的她发现自己不知道怎么处理宿舍同学之间的关系，在刚入学的时候，由于生活习惯不同与宿舍同学发生了一些矛盾。后来，晓敏总觉得自己被孤立了，4个人的宿舍好像是"3+1"的组合，其他三个人总是其乐融融地在一起吃饭、聊天，她也想融入进去，可是往往说出来的话又会引发新的矛盾。晓敏想跟大家处好关系，却不知道如何去表达自己的想法，这让她越来越不自信。没有朋友可以倾诉，晓敏把心中的消极情

绪一直压抑下来。对宿舍关系的焦虑让晓敏经常失眠和头痛，精神疲惫，体质下降。她本想通过参加社团活动来转移注意力，锻炼人际交往能力，却事与愿违，晓敏总是会在社团活动中出错。晓敏越来越不自信，常常独来独往，越来越封闭自己。

晓敏总是思考："我错在哪儿了？为什么总是跟别人处不好关系呢？"

【心理知识】

一、人际交往及其基本原则

（一）人际交往的含义及其意义

在人类的社会活动中，人与人之间相互交流信息、沟通情感的过程就是人际交往。在人际交往中，人们用语言或者非语言信号交流想法、表达情感和满足某种需要。而通过交往形成的人与人之间比较稳定的心理关系，主要表现在人与人之间的交往过程中关系的深度、亲密性、融洽性和协调性等心理方面联系的程度。大学生的人际交往对象很多，如家长、亲朋好友、舍友、老师、同学等，还有一些短暂联系的个体或群体，如路过的行人或外出旅游遇到的团体等。

良好的人际交往可以有效地排解心理压抑和宣泄不良情绪，对处于自我意识形成关键期的大学生而言，良好的人际交往对维护大学生的心理健康具有重要意义。

1. 有利于信息交流

"独学而无友，则孤陋而寡闻。"《学记》里强调了良好人际交往在学习中有着重要作用。大学生通过人际交往能获取和交换信息，积累社会生活经验，学到相关的知识、技能、社会规范等。

2. 有利于提高大学生之间的群体凝聚力和学习效率

在一个良好的人际交往环境中，友爱、和谐的人际关系会使人感到温暖、安全、愉快，从而激发积极性和创造性，提高学习效率和工作效率。反之，冷漠、排斥、敌意的人际关系使人产生压抑、焦虑、烦恼的情绪体会，从而阻碍人的潜能的发挥。

3. 有利于大学生的个性发展

研究表明，融洽的人际交往对大学生具有以下益处：产生稳定感和归属感，提高宽容和理解的能力，得到学习社交技巧的机会，获得社交的经验，得到培养社会洞察力的机会，发展对集体的忠诚心。大量事实表明，良好的人际交往，能让大学生的心里对人对事变得宽容、理解和信任，有利于大学生的个性发展。

4. 有利于提高大学生的幸福感

心理学家通过调查和研究发现，良好的人际交往，尤其是亲子、亲密朋友之间等关键的人际关系的融洽，才是人生幸福的最重要的决定因素。幸福从某种意义上说是一种生活态度和生活方式，只要大学生在人际交往过程中，对人真诚、有爱，对人关怀、体贴，对人理解、宽容，就能获得良好的人际关系，最终收获幸福。

【小贴士】"人际剥夺"实验

美国心理学家沙赫特曾做过一个"人际剥夺"实验：他以每小时15美元的高薪招募应试者到他设计的一个小房间去居住，居住的时间越长，得到的报酬越多。这个小房间完全与外界隔绝，没有报纸，没有电话，不准写信，听不到外界的声音，当然更找不到人聊天。每天只供应饮食等必需的用品。先后有5人应聘参加了这个实验。实验的结果是：1个人在小房间里待了两个小时，两个人待了两天，只有1个人待了8天。这个待了8天的人出来以后说："如果再让我在里面待1分钟，我就要疯了。"可见，人是离不开人际交往的。

（二）人际交往的过程

1. 相互觉察阶段

这一阶段是确立交往对象的心理过程。当人们产生某种交往的心理需求时，就会将其注意力优先集中到具有能满足自己心理需要的某些特征的人身上，并通过初步接触判断其是否可以作为交往和建立人际关系的对象。

2. 表面接触阶段

这一阶段是在进一步的接触中双方寻找共同的心理领域，形成情感联系的过程。交往双方在相互觉察的基础上，通过正式交流的形式彼此留下了初步印象，开始尝试建立情感联系，在沟通的过程中逐渐扩展着彼此的共同心理领域，加深彼此的情感联系。

3. 关系建立阶段

这一阶段是交往双方在建立信任感的基础上具有较深情感卷入的交往过程。由于彼此已经建立了信任感和安全感，因而在交往中自我暴露的深度和广度增加。

4. 亲密互惠阶段

这一阶段是情感交流进一步稳定和深化的过程。在这一阶段，交往双方心理上的依赖性进一步增加，彼此之间建立了稳固的信任关系，允许对方进入自己高度隐秘性的个人领域，分享自己的幸福，并愿意分担对方的痛苦。在现实生活中，人与人之间的交往是一个渐进的发展过程，可以停滞在整个过程的任何一个阶段，有的还可能因为某种原因使交往关系由深到浅，甚至反目成仇。在实际交往过程中，很少有人能够真正达到亲密互惠阶段。

【团体活动】

人际交往过程体验：找朋友

时间：20分钟

要求：

1. 全体学生分成人数相同的内圈和外圈，面对面站好。

2. 在老师的带领下，同时喊口令"找朋友"，在喊到"友"字时，伸出若干手指，伸出的手指数量由自己决定，但要在"1，2，3"之中选择。

3. 假设双方伸出的手指数一样，表示找朋友成功。这时如果双方都是出1根手指，请点个头；如果双方都是出2根手指，请微笑并说声"你好"；如果双方都是出3根手指，请握个手并说声"你好"。假设双方伸出的手指数不一样，表示找朋友不成功，请说声"真可惜"。

4. 双方互相介绍自己喜欢的事物，如有相同之处，请表示认可。

5. 全体学生在老师的口令声中，内圈依次向左移动1个位置，与下一位队员继续玩找朋友游戏。

活动提问：在伸手指前，你是怎么想的？找朋友时，经历了哪些过程？从这个游戏中你收获到了什么？

（三）人际交往的原则

7.1 大学生人际交往原则

【心理案例】

> 大学生小A与小B是一对要好的朋友，学习、生活经常是形影不离。后来小A觉察到小B常常周末不在教室自习，问她去做什么，小B不肯说，但又担心小A多心，影响两人的关系，内心很矛盾。小A则很不高兴，认为两个好朋友之间不该有个人隐私，若保留个人隐私，就不是真正的友谊。她们的矛盾症结在哪里呢？

> 分析：个人隐私是个人感的重要体现，隐私之所以重要，就在于它接纳了每个人私生活的合法性和独立性。小A和小B没有掌握好友谊和个人隐私的分寸，因而两人都十分痛苦。个人隐私中两种最忠实的守护是责任和信誉。在人际交往中，无论是同性间还是异性间，都应尊重他人，保护他人的隐私，不能强迫别人暴露。真诚、宽容、信任是与尊重同等重要的健康交往的原则。

1. 尊重原则

古人说："敬人者，人恒敬之。"尊重包括自尊和尊重他人两个方面。自尊就是在各种场合自重、自爱，维护自己的人格；尊重他人就是重视他人的人格、习惯与价值。在人际交往中，有的大学生往往要求别人尊重自己，自己却不懂得尊重别人。如老师在讲台上讲课，他却头戴耳机听音乐或英语；同学在课堂上讲演，他却在下面高声说笑等。这样做既伤害了他人的自尊，也是不尊重自己的表现。

2. 真诚原则

真诚待人是人际交往中最有价值、最重要的原则。以诚待人是人际交往得以延续和深化的保证。美国一位心理学家曾列出555个描写人品的形容词，让大学生说出最喜欢哪些、最不喜欢哪些，结果学生评价最高的品质是：真诚。在8个评价最高的形容词中，有6个和真诚有关，即真诚、诚实、忠诚、真实、信赖和可靠。而评价最低的品质中，虚伪居首位。古人说："以诚感人者，人亦诚而应。"那么，怎样才能做到真诚待人呢？简单地说，一要正直无私；二要说老实话，办老实事，做老实人；三要表里如一，言行一致。

3. 平等原则

"君子上交不谄，下交不渎。"我们每个人都有自己独立的人格、做人的尊严和法律上的权利与义务，人与人之间的关系是平等的。在交往过程中，如果一方居高临下、盛气凌人、发号施令、颐指气使，那么他很快便会遭到孤立。大学生往往个性很强、互不服输，这种精神是值得提倡的，但绝不能高人一头，更不能因同学的出身、家庭、经历、长相等方面的客观差异而对人"另眼相看"。

4. 宽容原则

宽容表现为对非原则性问题不斤斤计较，能够以德报怨。在人际交往中，难免会遇到一些不愉快的人和事，要学会宽容，学会克制和忍耐。在人际交往中心胸要宽，姿态要高，气量要大，遇事要权衡利弊，切不可事事斤斤计较、苛求他人、固执己见，要尽量团结那些与自己有分歧意见的人，营造宽松的交际环境。

5. 互助互惠原则

互助，就是当一方需要帮助时，另一方要力所能及地给对方提供帮助。这种帮助可以

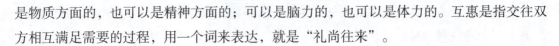

是物质方面的，也可以是精神方面的；可以是脑力的，也可以是体力的。互惠是指交往双方相互满足需要的过程，用一个词来表达，就是"礼尚往来"。

6. 理解原则

古人说："己欲立而立人，己欲达而达人，己所不欲勿施于人。"当你在交往中善解人意，处处理解和关心他人时，相信别人也不会亏待你。理解不等于知道和了解。就人际交往而言，你不仅要细心了解他人的处境、心情、特性、好恶、需求等，还要根据彼此的情况，主动调整或约束自己的行为，尽量给他人以关心、帮助和方便，多为他人着想，处处体谅别人，自己不爱听的话别送给人，自己反感的行为别强加于人。

7. 诚信原则

人际交往讲究一个"信"字。信用有两层含义。一是言必信，即说真话，不说假话。如果一个人满嘴胡言，净说假话骗人，到头来连真话都不能使人相信了。二是行必果，即说到做到，遵守诺言，实践诺言。如果一个人到处许诺而不去做，必然会引起别人的反感和唾弃。无信不立，"言而无信非君子"。

二、大学生人际交往的类型和基本特点

（一）大学生人际交往的主要类型

人际交往是大学生生活的基本内容之一。同学之间、师生之间、老乡之间、室友之间、个人与班级以及和学校之间等错综复杂的社会交往，构成了大学生人际交往的网络系统。

1. 班级中的人际交往

同学关系是大学生人际交往的基本关系，同学也是大学生人际交往的主要对象。班级中同学之间的交往最普遍，也最微妙和复杂。刚刚走入校门的大一新生，人际关系几乎都在班级内展开。一方面，他们年龄相仿、经历相似、兴趣爱好相近，又共同生活在一个集体，学习相同的专业，所以沟通交往也较容易；另一方面，他们来自不同的地域、不同的家庭背景，加之生活习惯、个性方面的差异，对人际交往的期望较高，一旦得不到满足，很容易采取消极退避的态度。

2. 宿舍里的人际交往

学生宿舍是大学校园的细胞，宿舍里的人际关系对于大学生的日常生活，甚至身心发展都有着举足轻重的影响。在刚刚入学不久的大一新生中，往往是同一个宿舍的同学最先成为好朋友。可是，时间一长，各种矛盾就出现了。生活习惯不同、作息时间不同、兴趣爱好不同等一系列的问题产生了：有的同学喜欢早起早睡，而有的同学一到晚上就精神焕发，折腾到很晚才上床；有的同学比较讲卫生，喜欢整洁，床铺、书桌都收拾得整整齐齐，

而有的同学不太讲究，脏衣服、脏袜子到处乱丢，报纸书刊摆一桌；有些同学家境较好，穿着都是名牌，生活上比较奢侈浪费，可有些同学家境贫寒，生活非常节约。特别是有些女生宿舍，因为大多数女孩子比较注意生活细节，很容易计较宿舍里产生的小摩擦，所以宿舍里的人际关系比较紧张。

【心理案例】

> 小赵在大学时，因家里的经济条件比较好，父母总是预先替她准备好零用钱，所以她从不缺钱花。班上偶有同学向她借钱，她都肯借，就算有人借了不还，她也不会放在心上。偶尔有一天，轮到她向同学借钱了，而且只借了4元钱，但在不经意中，她忘了还这份"小钱"。直到毕业后大家各奔东西，到了不同的工作单位。有一天，她接到了一封来自外地的信，拆开一看，她受到了深深的震动，那位借钱给她的同学向她讨还那4元钱。她明白了，对钱的态度上，每个人都会有不同。在家庭经济较宽裕的人眼中看来不起眼的小钱，对家庭经济拮据的人来说分量很重，借钱不还会妨碍人际交往。从此以后，小赵牢牢记住了这个原则，首先是要求自己做事有条理，避免向周围的人借钱；其次是不得已借了钱，不论多少，一律及时还清。

3. 师生间的交往

教师是大学生人际交往的重要对象。教师是知识的传授者，是大学生人格模仿的对象。与教师的交往也是大学生获取知识的重要途径，教师与学生的平等交往也是师生共同成长的前提。然而，由于大学授课的流动性与课堂的扩展，师生之间缺乏直接的沟通与必要的情感交流，师生信息的交流与沟通明显不足，师生间有心理距离和心灵隔阂成为高校中一个普遍的问题。

（二）大学生人际交往的特点

1. 交往愿望强烈，但容易受挫

与中学相比，在具有人文精神和科学精神熏陶的大学校园里，大学生的人际交往具有更大的广泛性、互动性和多样性。大学生对人际交往的愿望比中小学生更为迫切，他们十分关心自己所扮演的社会角色以及在集体中的位置，关心自己的情感，渴望真挚的友谊与别人的理解。在远离了家乡、父母及中学同学进入大学后，大学生们希望通过结交更多的新朋友，接受更多的新思想，去开阔视野，丰富知识，学会处世以及表现自己各方面的才能，同时也希望与同龄人分享和交流自己在学业成长和情感方面的体验，以获得情绪的稳定，保持足够的自尊心和自信心。但是，对大学生而言，无论是对同辈朋友，还是对师长，往往都是以理想色彩来看待交往，常常以理想化的标准要求对方，感觉不尽如人意就容易心灵受挫。

【拓展阅读】

著名的人本主义哲学家、精神分析心理学家弗洛姆（E.Fromm）在《爱的艺术》一书中指出："如果人不能从他的监狱中解放出来，如果他不能以这种或那种方式，同他人或周围世界结合在一起，他就会疯狂。"那么人为什么会有这种与人亲近的需求呢？许多学者都对此问题进行了探索，如以古希腊哲学家柏拉图（Plato）为代表的生存论认为亲近以求生存；以古希腊哲学家亚里士多德和近代英国心理学家麦独孤（W.McDougall）为主要代表的本能论认为人类生而相互亲近；霍曼斯（G.C.Homans）提出了社会交换理论，认为通过亲近以图社会酬赏；社会心理学家菲斯汀格（L.Festinger）提出的社会比较理论认为通过亲近以求自评；心理学家沙赫特的实验则证明恐惧引发了亲近需求。

2. 交往时注重自立

大学生的性格日趋成熟与稳定，对于家庭往往已不再依赖，而是以成人的眼光参与和处理家庭事务，其价值观、世界观基本成型。这个时期，他们在很多问题上都表现出以独立的人格和态度处事，表现为一定程度的坚持性，不仅理性地思考、判断、处理自身的问题，也关心社会，批判地接受知识和看待其他事物，有着强烈的体现个性的见解和疑问，这使得大学生更容易接受新事物和新思想，也更容易受社会思潮的影响。

3. 交往范围扩大

随着社会的发展，大学生人际间的交往由以前的亲戚、邻居、成长伙伴转向大学同学和在社交场合认识的其他人，其中又以同学交往为主。大学生过着朝夕相处的集体生活，众多的交流机会，相似的人生经历，共同的学习任务，使得大学生的交往对象主要选择在同寝室、同班级、同乡和同学之间，围绕学习、娱乐、思想交流、感情交流而展开。交往能力强的同学的交往范围不局限于同班同学，而是发展到同级、同系甚至是同校、外校的同学及社会上的朋友。大学生之间的交往不仅包括同性，也包括异性。另外，电子网络的发展为大学生的交往提供了更加广阔的交往空间，使大学生的人际交往变得更方便，更快捷，交往距离更远，交往范围更广。

4. 交往方式多元化

从交往方式看，大学生虽然主动追求开放式的人际交往，但由于时间、精力、生活环境、经济条件等方面的限制，交往的主要场所仍然在校园内，以学生寝室为中心，社会工作和网络社交占主导。现代社会中，互联网已经成为大学生生活中必不可少的一部分，传统的聚会联谊、信件交流、短信沟通方式已经逐渐被淘汰，而微信、QQ等手机软件已成为大学生沟通的主要途径。

从交往的目的看，情感交往与功利交往并重。随着社会的发展变化，大学生的社交目的趋于"理性化",选择什么样的人交朋友并不纯粹是出于情感和志同道合,交往的动机已变得很复杂。可以说,大学生的人际交往在注重情感交流的同时,越来越注重与自身社会利益相关的务实性,从而呈现出情感交往与功利交往并重的趋势。

第二节　大学生常见人际交往问题及交往艺术

一、大学生常见人际交往问题及应对策略

一般来说,大学生在人际交往过程中,出现一些困难或不适应是难免的,但如果个体的人际关系严重失调,人际交往时常受阻,就说明存在着交往问题。大学生常见的交往问题常常受到各种心理特点的影响,主要表现在以下六个方面。

(一)偏执自负心理影响人际交往

1. 偏执自负心理的表现

不能正确地认识自己和他人,过高地评价自己,认为自己能力、知识面都超过他人,坚持自己的信念而贬低他人意见。在人际交往中表现为目中无人、固执己见。与人交往时,只在乎自己的需要而不考虑别人的感受,高兴时会海阔天空、手舞足蹈地讲个不停,不高兴时会不分场合地乱发脾气,全然不顾他人的情绪和态度。喜欢夸大他人和事物的消极面,揭他人短处、挑剔他人,喜欢与他人辩论;合作时,一旦出错,往往推诿责任;心胸狭窄,报复心、妒忌心强。在对待自己和别人关系上,往往过高地估计了彼此的亲密度,讲一些不该讲的话。偏执自负者往往会遭到他人的疏远和孤立,难有知心朋友。

2. 偏执自负心理的调适

要克服偏执自负,应从别人的评价和反应中认识自己,接受批评,转变态度,抛开偏见去认识别人。提高对自我的认知,全面地了解自己的优势和劣势,将对自己的评价放到大的环境中,学会取长补短。自负者要放下自视甚高的架子,与人平等地相处,清除观念上和行动上希望其他人为自己服务、付出的想法。

(二)自卑心理影响人际交往

1. 自卑心理的表现

自卑是一种过低的自我评价。自卑的浅层感受是别人看不起自己,而深层的体验是自己看不起自己。有自卑心理的大学生在交往中常常是缺乏自信,畏首畏尾,遇到一点挫折,便怨天尤人,如果受到别人的耻笑与侮辱,更是忍气吞声。实际上,自卑并不一定能力低

下，而是凡事期望值过高，不切实际，在交往中总想让自己的形象理想完美，惧怕丢丑、受挫或遭到他人的拒绝与耻笑。这种心境使自卑者在交往中常感到不安，因而常将社交圈子限制在狭小的范围内。

2. 自卑心理的调适

主动交往，适度地开放自我。自卑者往往封闭自己，孤立自己，因为长期与他人缺乏交流，自卑者会发现自己无法融入对方的生活，不能理解他人的沟通方式，于是进一步退缩。其实，自卑者大多心思细腻、谦虚谨慎、做事仔细，比夸夸其谈者更容易成为人际交往中的参与者。因此，主动积极地与人交往，开阔心胸，自卑是可以克服的。在交往中做到不卑不亢，符合真实的自我，不特意取悦他人，借以换来好评以满足虚荣心，也不需要故意在他人面前夸耀自己以提高"身价"，保持这样的心态才能渐渐消除自己的自卑心理，获得他人发自内心的尊重。

（三）妒忌心理影响人际交往

1. 妒忌心理的表现

妒忌在人际交往过程中表现为对强过自己的人或者将超过自己的人的一种不服、不悦、失落、担心、愤怒，甚至带有某种破坏性的情感体验。当看到他人取得了比自己优越的地位或成绩时，便产生一种嫉恨心理；当对方陷入困难时，就幸灾乐祸，甚至采取不道德的手段贬低他人，安慰自己；当自己无法取得心理平衡时，就会怨天尤人，自怨自艾。

一是对他人学习成绩的嫉妒。不仅学习成绩不好的同学嫉妒学习好的同学，而且在学习好的同学当中也会产生嫉妒心理。

二是对他人荣誉的嫉妒。看到其他同学取得学校的荣誉，就会产生不平衡心理。

三是对他人容貌衣着的嫉妒。看到有的同学穿得比自己漂亮，喜欢与人攀比而产生妒忌。

2. 妒忌心理的调适

嫉妒心理的产生通常源于错误的归因方式，如：认为他人的成功是对自己的威胁，是侵害了自身利益等。正确面对失利，积极调节认知模式，认识到每个人身上都存在优点和缺点，通过不断地比较产生拼搏进取的动机，以成绩证明自己的实力。我们应该学会把注意力集中到自己身上，集中到自己现在的生活及将来规划的实现上，不断充实自己，提高竞争能力。

（四）猜疑心理影响人际交往

1. 猜疑心理的表现

猜疑是指个体在人际交往中凭主观推测而怀疑他人的不信任的复杂情绪体验。有的大学生猜疑心很重，对别人的言语和行为常疑神疑鬼，"以小人之心，度君子之腹"，认为别人经常说自己坏话，跟他过不去，专门与他作对，而产生不必要的人际冲突。如果相识的同学擦肩而过却没有打招呼，好猜疑者就会产生不安："为什么他对我视而不见？肯定是瞧不起我！"往往经常说他人坏话的人才会经常担心别人说自己的坏话。

2. 猜疑心理的克服

一是积极沟通，消除误会。当我们意识到可能造成误会的时候，应冷静自身情绪，找好时间、地点，尽快与误会的对象开诚布公地交流，了解彼此的真实想法，心平气和地解决问题。

二是学会自我安慰。当一个人遭遇到生活中的议论与流言时，通常都会有情绪的困扰。只要没有触犯立身处世的大原则，我们都可以从容笑对，减少不必要的烦恼。

（五）害羞心理影响人际交往

1. 害羞心理的表现

害羞在大学生人际交往中常常表现出腼腆，动作扭怩、不自然，脸色绯红，说话音量低，严重者怯于交往，交往中往往采取回避的态度。过多约束自己的言行，无法充分表达自己的愿望和情感，也无法与人沟通，造成交往双方的不理解或误解，妨碍了良好人际关系的形成。

2. 害羞心理的调适

一是正确认知自己，建立自信。害羞者要善于发现自己的长处，肯定自己，接纳自己，经常体会自己交往过程中的快乐感受，记录下来，分析自己的进步和成长，逐渐积累自信。

二是积极的自我暗示。害羞者不要在行动前就想到失败，越担心越会导致害怕，应意识到羞怯并不等于失败，失败也不等于无能，走出自我否定和消极自我暗示的阴影，多积极地自我暗示。可以经常告诫自己："我能行""我是最好的""失败也不能否定一切"等。

【小贴士】

在老师的指导下学习放松技术，并反复练习；

深呼吸保持镇定，自由制定一个主题，以较慢的速度开始自我介绍和自由发言，然后对镜练习。想象自己处在某一个典型的社交场合，自由指定一个主题，以较慢的速度开始自我介绍和主题发言。

寻找一次在公共场合与人交往的机会并实践，记录当时的具体表现和事后的内心体验。

（六）孤僻心理影响人际交往

1. 孤僻心理的表现

孤僻是指不愿意与他人接触、交往，喜欢独来独往，却有时感到寂寞、空虚的心理现象。具体表现为希望拥有自己的独立空间，不受他人干扰，自己的东西不喜欢别人碰，对他人沟通交流的善意表现得不耐烦，不愿意向他人吐露心声，不爱与人主动联系。这样的人往往孤芳自赏，自命清高，结果是水至清则无鱼，人至爱则无朋，与人不合群，待人不随和。

2. 孤僻心理的调适

一是在实际生活中确立有效的目标。这个目标可以是生活上的，也可以是学习上的，只要是有利于自身发展的目标都可以将心理力量集中在一个地方，转移对自我的过分关注，减缓孤僻对自己内心的影响。

二是正视日常环境中的各种压力。面对问题时，主动寻求帮助，而不是自己独自承受，一味的压抑和逃避，用乐观、开朗的态度认真对待，学会自我宣泄。陷入孤僻情况的大学生，可以积极参加户外活动，如打球、跑步、游泳等，将负面的情绪及时宣泄出去。

【拓展阅读】

批评的智慧

人皆有过，被批评或批评别人在所难免。但若方法不当，既达不到目的，又伤害彼此的关系。批评的智慧体现在：

1. 从称赞和诚恳入手。先诚恳地称赞别人的长处，再指出不足，这比一针见血地批评更有效。

2. 间接提醒别人的错误。用间接方式提醒，会使人因保留面子而乐于接受意见，比直截了当好。

3. 先谈到自己的错误。当与别人发生误会而双方都有责任时，最好先说自己的错误，然后再指出别人的错误。

4. 提问而不是下命令。态度要诚恳，比如，可以这样说："你觉得这样做行吗？"

5. 勇于接受批评。当别人善意批评我们时，要勇于接受，这样才能使自己进步。

二、人际交往的艺术

（一）克服社会知觉中的偏差

1. 首因效应与近因效应

我们通常所说的印象实际上指第一印象或最初印象。在社会心理学

7.2 人际交往的知觉偏差

中，由于第一印象的形成是最初获得的信息比后来获得的信息影响更大的现象，因而也被称为首因效应。与首因效应相比，在总的印象形成上，新近获得的信息比原来获得的信息影响更大的现象，被称为近因效应或称为最近效应。如刚入大学时一位大学生出色的自我介绍在同学的头脑中留下了强有力的第一印象，即使以后他的表现不如以前，同学们可能会认为不是能力问题，而是不够尽力；相反，有的同学在寻求职业时留下很不称职的第一印象，那么要转变别人的这种印象则需要很长时间。

近因效应不如首因效应突出，它的产生往往是由于在形成印象过程中不断有足够引人注意的新信息提供，或者是原来的印象已经随时间推移而淡忘。近因效应还与个性有关，一个心理上开放、灵活的人倾向于产生近因效应，而一个高度一致、稳定倾向的人，他的自我一致和自我肯定会产生首因效应。

建立良好第一印象的方法是善于表现自己，给别人留下良好、深刻的印象。卡耐基在其名著《怎样赢得朋友，怎样影响别人》一书中，总结了给人留下良好第一印象的六条途径：真诚地对别人感兴趣，微笑，多提别人的名字，做一个耐心的听者，鼓励别人谈自己，谈符合别人兴趣的话题，以真诚的方式让别人感到自己很重要。

【知识拓展】

首因效应：描写杰姆的短文

美国心理学家陆钦斯于1957年首次进行了关于首因效应的实验。陆钦斯设计了四篇不同的短文，分别描写一位名叫杰姆的人。第一篇文章整篇都把杰姆描述成一个开朗而友好的人；第二篇文章前半段把杰姆描述得开朗友好，后半段则描述得孤僻而不友好；第三篇和第二篇相反，前半段说杰姆孤僻而不友好，后半段则说他开朗友好；第四篇文章全篇将杰姆描述得孤僻不友好。陆钦斯请四个组的被试人员分别读这四篇文章，然后在一个量表上评估杰姆的为人到底友好还是不友好，结果为：读第一篇文章的人，95%认为杰姆友好；读第二篇文章的人，78%认为杰姆友好；读第三篇文章的人，18%认为杰姆友好；读第四篇文章的人，3%认为杰姆友好。显然，同样的内容只因排列的顺序不同，就导致了评价结果的明显差异。78%和18%的差异说明，首因效应的确是存在的。

2. 晕轮效应

晕轮效应是指人对他人的多数判断最初是根据好坏得出来的。一个人最初被认为是好的，他就被一种积极的光环所笼罩，也就被赋予了其他好的特质，从而掩盖了其他的品质特征。晕轮效应是以偏概全，是一种普遍的认知偏见，也就是说"情人眼里出西施""学习好即三好学生"等是晕轮效应的结果。外表的吸引力有着明显的"晕轮效应"，当一个人的外表充满魅力时，其与外表无关的特征，也会得到更好的评价。晕轮效应虽然是快速认识他人的一种策略，但有时可能会产生偏见。

3. 刻板印象

所谓刻板印象是指社会上对于某一类人或事物形成的一种比较固定、概括而笼统的看法，也叫社会刻板印象。如江南一带的人往往被认为是聪明伶俐、随机应变的；北方人则被认为是性情豪爽、胆大正直的。我们在认识和判断他人时，并不是将个体作为孤立的对象来认识，而总是把他看成是某一类人中的一员，简化了认知过程，但是也带来一些负面效应。如种族偏见、性别偏见等。

4. 投射现象

投射现象是指在人际认知中，认知者把自己的特征、爱好、情感和愿望投射到认知对象上，假设别人与自己是相同的，从而得出不合乎实际的评价。"以小人之心，度君子之腹"就是投射现象的典型案例。生活中，爱议论他人的人也认为别人会在背后议论自己，习惯撒谎的人也常常不信任别人的话。

5. 定势效应

定势效应是指人在认知特定对象时的心理上的准备状态，总是顺着一定的倾向性去解释所得到的信息，因而使客观知觉带上了主观色彩。如：等待约会的人会急匆匆地跑到一个陌生人面前，误认为是自己等待的人；在急诊室等待就诊的病人会误听到呼唤自己的名字。

6. 预言自动实现效应

预言自动实现效应也被称为"皮格马利翁效应"或"罗森塔尔效应"。在人际交往中，如果尽量把别人往好处想，有意识和无意识地寄以期望，对方会产生相应的这种期望的特征。对人潜移默化的积极影响，他人会朝着你期待的方向发展。

（二）优化人际交往的技巧

生活当中有很多人缘好的人，受人欢迎的人其实就是能在交往中令人感到愉快的人。我们如何才能让自己成为受欢迎的人呢？在人际交往中需要什么样的交往技巧？

7.3 微笑、倾听、幽默——优化交往的小技巧

1. 学会保持微笑——增加自己的亲和力

呆板的表情就像一块挂在路中的木牌，告诉人们"此路不通"，而微笑就等于说："我喜欢你，是你让我快乐，我很高兴见到你。"微笑表达了你的善意和友好，你的微笑会照亮别人的生活。对于一个看过许多皱着眉头，愁容满面，或者把脸转向一边的人来说，你的微笑就像透过乌云的阳光。那么如何学会保持微笑呢？可利用照镜子的方法进行训练。请你试着每天照三次镜子，每次照镜子时都要面带微笑并保持，然后自我暗示：我的心情好，很好，非常好，我要微笑着面对今天遇到的每一个人，我要和他们友好相处，和他们成为好朋友。

2. 会听才会说——加强自己的倾听技巧

倾听可以使别人感到自己受到尊重，感到被对方理解。没有一个人喜欢自己一说话就被别人打断，而是喜欢自己的话能被人认真地倾听。西方有一句俗语："上帝给人两只耳朵一张嘴，很明显，就是有意要我们多听少说。"中国也有句老话："说三分，听七分。"耐心而专注地听对方说话，会让对方感到自己受到重视，从而获得自尊的极大满足，而对于给予他这种满足的倾听者也会报以特别的好感。

倾听不仅仅是用耳朵听别人说话，而是用心去听。莎士比亚说："最完美的说话艺术不仅是一味地说，还要善于倾听他人的内在声音。"倾听是接收口头和非语言信息，确定其含义和对此做出反应的过程。听对方描述的事情，还要注意对方表露出来的情感和态度，设身处地才能真正用心去听。在别人诉说情绪低落的时候，用心地听才能感受别人心中的苦闷，把自己的想法暂时搁置到一边，全神贯注去听对方完整地表达，不要带着自己的情绪去听。在倾听中，要"恰当"地回应，用眼神、点头、鼓励性言语表达自己的兴趣和理解。

3. 学会幽默——化解人际矛盾的调和剂

人际交往离不开诙谐与幽默，生活中不都是一本正经与严肃认真。心理学家凯瑟琳（Kathlee）说过："如果您能使一个人对你有好感，那么也就可能使你周围的每一个人甚至是全世界的人都对你有好感。只要你不是到处与人握手，而是以你的友善、机智、幽默去传播你的信息，那么时空距离就会消失。"幽默是以愉悦的方式让别人获得精神上快感的一种语言方式，是最富有喜剧性和审美价值的一种艺术性的交际语言。幽默法的特点是"智"和"乐"。大学生可多看些书，多读些报纸和杂志，记住一些幽默故事和富有哲理的小笑话，适逢恰当的时间、地点和环境时，可制造愉悦的气氛，或达到缓解紧张气氛、消除工作压力、打破人际僵局、改善彼此关系的效果。

4. 学会换位思考——理解他人的良方

在人际交往中有一个重要法则：每个人都是按照自己的意志行事，而不是依照别人的意志行事。英国《联合日报》（United Daily Newspaper）总经理说："编辑所要牢记在心的第一点是人类对自己最感兴趣，第二点也是如此，第三点仍然如此。"因此，要在人际交往中取得成功，就必须学会换位思考，站在对方的角度去思考。它要求我们以爱己之心来对待周围的人，无论做什么事，都用自己的感受去体会别人的感受，以自己的处境去想别人的处境，将心比心，把自己当作别人看待，合情合理地为对方着想。

例如，你不愿意有声音干扰你读书和学习，那么在别人读书和学习时你就不能发出较大的声响；你不喜欢别人挑三拣四，那么你就应该随遇而安；你不喜欢别人说大话，你就要做到言行一致。如果你能够从别人的角度着想，那么你就不难实施有效的沟通，别人也会乐意与你常来常往，因为人家知道你是一个通情达理的人。

5. 学会分享和接受——沟通的桥梁

分享是一个很重要的品质，尤其对人际交往有着特殊的意义。儿童时期的分享强调的是物质的分享，如分享玩具和食物，而对于成人来说，分享是在接受和给予的过程中的精神分享。接受与给予是矛盾统一于人际交往中的一对交互影响的心理品质与行为。由于每个人都生活在某个群体中，必然会与群体中的人发生各种形式的联系，在这一过程中，我们无法离开他人的给予，也正是在这种接受与给予的过程中，体验帮助与被帮助的快乐，感受人际交往中的情感快乐。

7.4 分享、接纳、赞美——促进沟通的小技巧

他人给予的帮助应该建立在自愿的基础上，经常麻烦别人为自己做事于人际关系无益。但是如果请对方帮个小忙，而帮这个忙的对方又是最合适的人选，且对他来讲是举手之劳，并且在小忙被帮到后以合适的方式表示感谢的话，这个忙就会将人际关系推向深入。请人帮这样的忙，对别人而言并没有什么压力，还能给对方一种成就感，让对方感到自己的长处得到了承认，是件令人愉快的事情，这种帮助和被帮助更有利于人际关系的和谐发展。

6. 学会赞同和赞美——人际关系的加速器

对别人引起你共鸣的观点坦率而真诚地表示赞同，会给人知己之感。处处抬杠和反驳则会给自己树敌。但即使表示赞同，也要注意语气。一句简单的"是呀，我也这样想""我和你有很多相似之处"就足够让对方倍感亲切，认为自己的意见受到了尊重，从而更主动地与你交往；若是回答"废话，那还用说吗"或"本来就是，你才知道呀"，那就等于告诉对方，他是弱智，他的观点你早想到了。这么一来，明明你是同意对方观点的，但却是以伤害对方自尊的方式告诉他的，这会激起对方的反击，产生不必要的矛盾。

真诚的赞美会引起别人行为发生自己所期待的改变。指责和批评则让他人表现更坏。看待其他人身上的优点或者美丽的外在变化时，大胆地给予赞美或认可，会给对方带来欢乐。这种欢乐和谐的氛围会影响人际关系，使人与人之间的关系变得轻松融洽。因为我们每个

> **【心理问题】**
>
> 在被别人赞美的时候，我有怎样的感受？我能经常发现别人的长处和优点并及时由衷地表达赞赏吗？

人都希望得到他人的赞美和赏识，增强自信心。赞美绝不等同于恭维，既不是拍马屁，也不是阿谀奉承。赞美时切忌夸大其词、不着边际和虚伪做作，更不能人前一套，人后一套，当面说好话，背后说人坏话，或传递其他人之间相互指责、诋毁的话，引发他人的矛盾。

【团体活动】

感受赞美的力量

1. 每5～6人一组（尽可能不太熟悉），手拉手站成一圈。

2. 小组内介绍自己的姓名、籍贯、爱好和兴趣。

3. 从某一同学开始，小组内其他同学对其赞美。

赞美者面向被赞美者，真诚、实事求是地赞美对方，发现对方尽可能多的优点。

被赞美者面向赞美者，认真倾听，注意体会内心的感受，被赞美结束时表示感谢。

4. 反思：被他人赞美时内心有怎样的感受？你是否发现了新的自己？你是否发现赞美你的人变得更可爱了？以后的人际交往中如何去做？

赞美的原则：真诚；言之有物；契合环境需要直到满足对象需求。

5. 语言有心——培养良好的语言习惯

在人际交往中，培养良好的语言习惯是至关重要的。要做到这一点，就要多读书，读好书，多反思，多动脑，少一些冲动和随意，做到不信口开河、不随便乱讲。与人交往中，宽容和谦让是好的，但是并不意味着不考虑个人的利益。当对方表现出不礼貌的行为，或者提出过分的要求时，要学会坦然地用婉转的方式拒绝。拒绝是一门学问，有时候我们本想拒绝，但是碍于情面，答应了自己不愿意做的事情。不善于拒绝别人的人，往往带着"假面具"生活，活得很累，丢失了自我，还常常感到后悔。恰当地表达自己是相互增进了解的一种方式。正确表达自己的方法有：

婉拒法：哦，我还没有想好，考虑一下再说吧。或者我和朋友商量一下再决定好吗？

幽默法：啊！对不起，今天我还有事，只好当逃兵了。

谢绝法：对不起，这样做可能不合适。

回避法：今天我们先不谈这个。（接着转移话题）

自护法：你为我想想，我这么做合适吗？

补偿法：真对不起，这件事我实在爱莫能助了，不过，我可以帮你做另一件事情！

严词拒绝法：这可不行，我已经想好了，我这件事帮不了你了。

【拓展阅读】

把握人际交往的技巧

1. 学会感恩

一位教师要求全班同学以最快的速度写出他们最不喜欢的人的姓名，有些同学仅能写出一个人的名字，甚至是一个都想不出来；而有的同学竟一口气写出了 15 个之多。经调查发现，那些写出不喜欢的人数最多的人，他自己也正是最不受别人喜欢的人。

学会感恩生活，尝试着去喜欢别人，你就会感觉生活比以前更美好。

2. 换位思考

换位思考的实质是设身处地为他人着想，即想人所想，理解至上。人与人之间要相互谅解，如果对事情总是耿耿于怀，心中就会有解不开的烦恼，如果人们能深入体察对方的内心世界，或许是另一番感想。谅解是一种爱护，一种体贴，一种宽容，一种理解。

3. 学会赞美

社会心理学研究表明，在人们的心灵深处，最渴望他人的赞美。赞美是一种鼓励，胜过雨后绚丽的彩虹，在人们心灵深处植入的是信心和力量，播下的是奋进向上的种子。赞美是一种兴奋剂，让人更加充满活力和精神。同时，赞美还是一种认可，一种肯定，让人们坚定发展的方向。多一种鼓励，就少一个背离者，多一句赞美，就把摇摆不定的同学变成你忠实的朋友。

4. 掌握非语言沟通

美国传播学家艾伯特·梅拉比安曾提出一个公式：信息的全部表达 =7% 用词 +38% 声音 +55% 肢体语言。在人际交往中，要想取得良好的沟通效果，就要学会充分利用非语言沟通，如目光真诚，常保持微笑，学会积极倾听，讲究服饰艺术，合理利用体态语言。

【心理活动】

角色扮演：空椅子技术

空椅子技术：放两张椅子，当学生坐到一张椅子上面时，就扮演自己；坐在另一张椅子上时，就扮演别人，两者展开对话。针对自己在人际交往中遇到的问题，利用空椅子技术展开对话（参见图 7-1）。

活动目的：可以站在别人的角度考虑问题，然后去理解别人，了解自己。

请思考：

1. 请分析并对比扮演两种角色时内心的变化。
2. 通过这些变化，思考如何才能够更好地去理解他人？

图 7-1 空椅子技术角色扮演

【推荐阅读】

书籍：《每天懂一点人际关系心理学》［日］原田铃仁.郭勇，译.长沙：湖南文艺出版社.2012.

简介：《每天懂一点人际关系心理学》以图解的形式描述了如何与初次见面的人建立良好关系、讨人喜欢的话与招人厌恶的话、加深关系的心理学要素、人际关系的修复方法、职场上百试百灵的心理技巧等。

第八章 情窦初开——大学生恋爱与性心理健康

【教学目标】

知识目标：了解爱情的真谛和定义；认识大学生爱情的心理实质、大学生恋爱的心理特征和行为特点；把握大学生常见的恋爱困扰和相关的调适方法；掌握健康恋爱观和择偶观的培养方法。

能力目标：在生活中培养健康的恋爱观，学会爱；通过学习和实践不断提高爱的能力。

【心灵漫话】

即使心里很爱他/她，也要给追求者时间和维度，这样两个人走到一起才会珍惜感情、地久天长。

——俞敏洪

不成熟的爱是：因为我需要你，所以我爱你。成熟的爱是：因为我爱你，所以我需要你。

——［美］埃里希·弗洛姆

第一节 大学生恋爱与心理健康

【心理案例】

苦恼！谁才是我的 Mr Right？

小莉是艺术系的一名大一女生。和她同班级又是老乡的王某，2016年升入同一所大专院校，互相爱慕、互相鼓励。王某虽家庭贫困，但是勤奋好学，声乐和书法尤为突出，还被选为校学生会主力。

> 随着时间的流逝,生活节俭、学习刻苦的王某与出身文艺家庭、喜欢浪漫的小莉渐渐地在生活细节上产生了分歧。在小莉万分苦恼,对这段感情失去信心之时,大三的学长方某闯入了她的生活。因为同在一个部门的关系,小莉与学长有了越来越多的相处时间,学长的温柔细语、倍加体贴,开始让小莉控制不住自己,眼光总是离不开他。每当他看着她的时候,那轻柔的话语都会让她的心怦怦直跳。她极力地压抑着自己的感情,但心思是骗不了自己的。每当夜晚来临,小莉辗转反侧,脑海中便一边会出现学长含笑的眼睛、关怀的深情、默默的帮助,一边又会闪现出王某一直以来的踏实陪伴……

【心理知识】

爱是一生的功课,现实社会中,每个人都渴求着爱,然而,渴望未必就能获得,获得了也不一定可以好好地维系。有爱人之心并不能完全成就一份完满的爱情,在这其中,更重要的,应该是受用一生的有关爱的智慧和能力。爱情是在校大学生最为感兴趣的话题之一,它就像潘多拉的魔盒,充满魔力、令人神往。但是爱情中偶有出现的问题与困惑,如若处理不好,不仅会影响到他们正常的学习生活,更重要的是,会间接影响到人格的健全和完善。因此,关注大学生的恋爱心理,培养大学生正确健康的恋爱观显得尤为重要。

进入大学以后,远离了学业的重压,脱离了父母的约束,大学生便如同飞出牢笼的小鸟。大学生恋爱也早已不再东躲西藏,食堂里、教室中、宿舍周围,大家都在兴致勃勃地谈论着与爱有关的话题,于是一道道独具魅力的风景开始展现在我们面前,令人心驰神往。爱情问题处理的妥善与否,不仅影响着年轻学子的学习生活和心理健康,树立正确的恋爱观、正确处理恋爱中层出不穷的问题也是大学生涯中的一项重要使命。

一、大学生恋爱的特点

(一)爱情的定义

8.1 关于爱情心理

从心理学的角度来看,爱情是个体之间基于一定的客观物质基础和共同的生活理想,以倾慕为重要前提产生的一种依恋、亲近的情感,也是人际吸引最强烈的形式。身心成熟到一定程度后,个体便会对异性产生浪漫的高级情感。

爱情是人类特有的社会现象,蕴含着丰富的社会属性,成功、积极的爱情能造就充实丰盈的人生,而失败、狭隘的爱情则会导致痛苦无奈的人生。

恋爱是指异性之间在生理、心理和环境因素交互作用下互相倾慕和培植爱情的过程。恋爱是大学生最为关注的话题之一。

大学校园里,最令学生烦恼的问题之一,就是爱情问题,它影响着年轻学子的学习、生活和心理健康。树立正确的恋爱观,正确处理恋爱中出现的问题是大学生涯中的一项重要任务。

【拓展阅读】

关于爱情的理解

有一天,柏拉图问老师苏格拉底什么是爱情,老师就让他先到麦田里去,摘一棵全麦田里最大、最金黄的麦穗来,其间只能摘一次,并且只可向前走,不能回头。

柏拉图于是按照老师说的去做了。结果他两手空空地走出了田地。老师问他为什么摘不到?

他说:"因为只能摘一次,又不能走回头路,其间即使见到最大、最金黄的,因为不知前面是否有更好的,所以没有摘;走到前面时,又发觉总不及之前见到的好,原来最大、最金黄的麦穗早已错过了;于是我什么也没摘。"

老师说:"这就是爱情。"

之后又有一天,柏拉图问他的老师什么是婚姻,他的老师就叫他先到树林里,砍下一棵全树林最大、最茂盛、最适合放在家里的树。同样只能砍一次,向前走,不能回头。

柏拉图于是照着老师说的话做。他带了一棵普普通通,不是很茂盛,亦不算太差的树回来。老师问他:"怎么带这棵普普通通的树回来?"他说:"当我走到大半路程还两手空空时,看到这棵树也不太差,便砍下来,免得错过了,最后又什么也带不出来。"

老师说:"这就是婚姻。"

人生正如穿越麦田和树林,只走一次,不能回头。要找到属于自己最好的麦穗和大树,你必须要有莫大的勇气和付出相当的努力。

(二)爱情的本质

美国耶鲁大学的斯腾柏格教授提出了爱情成分理论,认为人类的爱情基本上由三种成分所组成:

(1)动机成分:动机有内发的性驱力,也包括异性之间身体容貌等特征彼此吸引。以动机为主的两性关系是亲密的。

(2)情绪成分:由刺激引起的身心激动状态,如喜、怒、哀、惧等。以情绪为主的两性关系是热情的。

(3)认知成分:对情绪和动机是一种控制因素,是爱情中的理智层面。以认知为主的两性关系是承诺的。

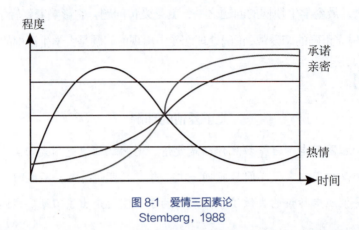

图 8-1 爱情三因素论
Stemberg, 1988

爱情三因素论（图 8-1）认为，两性间的爱情形式，因人而异，很可能所有情侣间的亲密关系和热烈程度各不相同，但基本上都是这三元素彼此不等量的配合而演化出来。斯腾柏格进一步将动机、情绪、认知三者各自单独在两性间发生的爱情关系，分别称之为亲密、热情与承诺。意思是以动机为主的两性关系是亲密的，以情绪为主的两性关系是热情的，以认知为主的两性关系是承诺的、守约的。

【拓展阅读】

心理学家们眼中的"爱情"

卡尔·荣格，瑞士心理学家：两个灵魂的相遇就像两种化学物质的接触——一丁点的反应就会彻底改变它们。

艾瑞克·弗洛姆，美籍德裔人，人本主义哲学家和精神分析心理学家：如果我爱他人，我应该感到和他一致，而且接受他本来的面目，而不是要求他成为我希望的样子，以便使我能把他当作使用的对象。

欧文·亚隆，美国团体心理治疗专家，存在主义治疗代表人物之一：我所梦想的一种爱情，是两个人共享一种一同追求某种更高层次真理的热情。或许我不应该称呼它为爱情，或许，它真正的名字是友谊。

西格蒙德·弗洛伊德，奥地利精神病医师、心理学家、精神分析学派创始人：我们既渴望爱，有时候却又近乎自毁地浪掷手中的爱。人的心中像一直有一片荒芜的夜地，留给那个幽暗又寂寞的自我。

（三）大学生恋爱的影响因素

通过对不同大学生选择恋爱对象的观察分析，我们发现以下因素对大学生群体的恋爱选择有较大影响：

1. 生理因素

满足性冲动的心理因素是促使大学生投入恋爱活动的重要诱因。性意识的发展有一个萌生、疏远异性、向往异性到恋爱的过程。随着性意识的发展，性心理需求会日益强烈，性意识发展过程中弥散化的性冲动会逐渐投射到选定的特殊对象上。出于性冲动的驱使，大学生开始脱离群体化的两性活动而单独约会，这是恋爱产生的重要标志之一。

2. 心理因素

（1）亲密关系的需要。青年期的大学生不再像儿童那样满足于血缘关系带来的亲近，而是有意识地结交一些个人密友。大学生正处于成长迅速的关口，他们不愿向长辈倾诉自己的烦恼，而是希望有一个可以相互吐露心声的亲密知己。随着亲密关系的需要进一步发展，倾诉的对象已不仅仅局限于密友。恋人间的亲密在很多方面是父母与子女间的关系所不能比的，因此，对亲密关系的追求把内心孤独的青年引向恋爱是极其自然的事。

（2）归属的需要。心理学家马斯洛把归属与爱的需求放在一起，认为是高层次的心理需要。群体活动增加了男女青年的交往机会，对群体的共同归属又增加了两人之间的人际吸引力。在恋爱中，恋人能感觉到自己属于另一个人，两人共同分享财产、感情、私密，恋爱可以直接满足归属与爱的需要。

3. 社会文化因素

（1）文学作品的影响。大量文学作品中经常渲染爱情的纯洁和神圣，加强了青年把爱情理想化的倾向。许多人投入恋爱就是为了尝试电影、小说描绘的甜蜜爱情。

（2）经济和社会环境的影响。在商品经济的冲击下，市场经济的利益原则、竞争机制直接或者间接地影响了大学生的婚恋价值取向。有的大学生在择偶标准上急功近利、唯利是图、金钱至上，以金钱作为择偶的一项重要指标。与此同时，大学生的就业压力增大，金钱、物质因素在婚恋中占有相当大的比重。

【小贴士】 如何把握恋爱节奏？——大学生应该牢记的恋爱秘诀

1. 不因为条件和寂寞去谈恋爱，要谈就谈相互吸引的、真诚的恋爱。
2. 认真、专一，不把爱情当手段。
3. 保持自我，不断充电。
4. 相互理解，相互包容。
5. 携手努力，齐头并进。
6. 举止文明，把握分寸。
7. 理性看待失恋。
8. 单身，其实也很快乐。

（四）大学生恋爱的特点

1. 恋爱动机简单

8.2 大学生恋爱的特点

许多大学生在恋爱过程中，从未考虑过关于家庭与责任的问题，也没有考虑到将来的婚姻问题，这是由大学生青春期身心发展的客观条件决定的。他们恋爱，只是因为需要爱和被爱，想尝试爱的感觉和滋味。

2. "快餐式"受推崇

有首歌里曾唱到"不在乎天长地久，只在乎曾经拥有"，时至今日，俨然成了很多大学生恋爱信仰的代名词。对一些学生而言，谈恋爱可以弥补在校时光的空虚寂寞，恋爱成了一种打发无聊日子的消遣。

3. 自主性强

大学生在恋爱问题上，个性突出、重感情、易冲动、不受传统习俗局限。在恋爱选择上，他们开始有了更多的主见，一般不会征求父母意见。

4. 耐挫力较弱

有些大学生一旦陷入热恋之中，往往不善于控制自己的情感，恣意放纵，缺乏理智控制，过分依赖另一方，恋爱过程稍有波折，便痛苦万分、无法排解，更有甚者，情绪失控、无法自拔，对学习、家庭和生活都会造成严重影响。

5. 情感不稳定

近些年来，大学生的恋爱呈现低年级化，并且人数呈上升趋势。在对自身未来的人生目标都不确定的基础上，面对恋爱过程中的一系列问题，感情和思想易变，恋爱技巧和应对能力匮乏，导致大学生恋爱的成功率较低。

【团体活动】

爱的表达与拒绝

目的：通过角色扮演，学习爱的表达方式，并学会拒绝自己不爱的人。

操作：这是一系列的角色扮演，包括如何表白爱情、如何拒绝一个自己不爱的人等。先由指导者作提示，再进行角色扮演，然后评价、讨论、交流。

如何表白？

指导者提示：表达爱的方式多种多样，可以有以下方式：

（1）用你的眼睛传达爱的信号。这是一种比较含蓄的方法，当对方注意到你的注视时，不要逃避，镇定地、坦然地凝望着他，把你的爱意表现在眼睛里。

（2）以你的关爱行动来表示。用实际行动来表示对倾慕对象的关心、帮助和亲昵，如下雨天送雨伞，在他生病时前去看望，或者投其所好。

（3）用书信和写字条来传情。如果你无法用言语大胆地说出来的话，写下你爱的誓言也是很好的方法。

（4）送去代表相思之情的爱情信物，如红豆，有着心形相框的自己的照片，亲手做的首饰、荷包、手工艺品，等等，让对方睹物思人，知道你的心思。最经典的表达方式就是送上一支写着"我爱你"的红玫瑰。

请选择其中一种方式，或独创一种方式进行角色扮演，之后评论、交流。

如何拒绝不爱的人？

指导者提示：婉转而又坚定地拒绝一份不想要的感情确实是一件不容易的事。

说"不"需要很大的勇气。在人际交往，尤其是密切交往的关系中，如果一方提出了某项请求是你不能接受也无法允诺的，尽管你十分想拒绝，但最后要说出"不"来，不是件容易的事，因为他是你在意的人，你并不想伤害他。但如果你一时心软，说了声"是"，则很可能在不久的将来既伤了自己，又伤了他，而且伤得更重。人的感情勉强不得，更何况这是一份揉不进一粒沙子的爱情。

不过，在拒绝之前，你一定要好好地问一下自己："我有没有真正弄清自己对他的感情？我是不是回答得太快了？我是不是还需要好好地想一想？"

如果你确定不爱他，那么就坚持离开他，勇敢而温柔地说上一句："Sorry！"爱是一份美好的感情，不论你是否想要，简单、粗暴乃至伤害性的拒绝是必须避免的："你可以拒绝一个爱你的人，但请你不要伤害一颗爱你的心！"

请考虑一种方式进行拒绝爱的角色扮演，之后评论、交流。

二、大学生常见恋爱困扰及其调适

爱情就像玫瑰，虽然美丽芬芳，但也难免有刺，让人困扰。就像不是所有的人生都会一帆风顺，同样，不是所有发生在校园里的爱情故事都会有预期的收获，也有相当一部分的恋爱会带来一定的烦恼，甚至影响学业。那么，大学生常见的恋爱困扰有哪些？如何应对和调适，帮助他们提高爱的能力呢？

（一）恋爱选择困难症

"什么时候算早恋？""大学可以谈恋爱吗？""我爱他，他爱我吗？""这是心动的感觉吗？""要不要分手？"……，这些我们统称为恋爱之中的选择困难症。

1. 形成原因

青春期的青少年易沉湎于幻想，自我控制和调节能力缺乏，但是处在此阶段又充斥着对性意识和性愿望的憧憬，有爱慕之心，但是缺乏勇气，饱受煎熬。

2. 调适方法

适当控制自己的感情，多注意观察，如果时机成熟了，在对方做好接受准备的前提下，大胆地跟对方表白自己的感情。如若后期再三思考，还是觉得相处不适应、不自然，那就秉持伤害最小化的原则，顺其自然，不要强求。

（二）父母关系的代际渗透

孩子总是倾向于模仿他们的父母，恋爱关系中的一部分困扰的产生也源于此。恋爱属于亲密关系的范畴，亲密关系中的冲突所产生的困扰往往与父母息息相关。社会学习理论认为，父母是孩子的学习榜样，子女在原生家庭中会观察父母在感情问题中会采用愤怒的行为还是积极的应对方式。少数群体会对消极应对方式进行学习模仿，并应用到自己的亲密关系中，产生一些恋爱问题。

调适方法：

（1）采用建设性的方式积极应对困扰，不要过多地卷入到父母紧张、愤怒的情绪中。

（2）学会从局外人角度去观察父母的关系，将自己从家庭关系中解脱出来，保持"亲密感"和"独立感"的平衡，积极面对亲密关系中的冲突和不一致，以更加成熟和理智的方式去解决冲突。

（三）恋爱过程中断——失恋

失恋是爱情之路的中断，有成功就会有失败。由社会现实、他人介入、性格不合等导致的感情破裂不在少数。失恋带来的影响会波及学生的生活、学习和心理，随之而来的悲伤、痛苦、绝望等情绪体验，若处理不当，既会带来精神上的折磨，也会引发严重后果，例如自杀、伤害他人等。

调适方法：

（1）"酸葡萄心理"——也就是说吃不到的葡萄就是酸的，降低对无法得到的东西的好感以减缓痛苦。不断回想对方的缺点，达到心理的平衡，削弱失落感；客观分析优缺点，不过分贬低对方。

（2）积极的自我暗示——比如"性格不合，所以分手，与个人魅力无关""以后还是有很大的机会遇到更适合我的"，积极的自我暗示，能帮助我们迅速地冷静下来。

（3）注意力转移——为了尽快摆脱失恋的阴影，应该设法将自己的生活重心转移到自己比较感兴趣的事情上去，比如：做瑜伽、跑步、打排球、参加社团活动和社会实践等。

（4）避免极端处理——"四不"原则（不打击、不报复、不伤害、不破坏），避免让创伤扩大化。爱情是人生的重要部分，但不是人生的全部，失之东隅，收之桑榆，调整好自己，下个路口才会有不一样的风景等待着你。

（四）网恋困惑

随着社会的发展和进步，互联网已经渗透到了我们生活中的方方面面，网络为交际面狭窄的大学生开拓出了一片广阔的人际交往地带；为相隔异地的男女提供了在线交流的平台；为另一个环境中爱的催生提供了条件。

网络恋爱有两种形式：一是柏拉图式的精神恋爱，永远活在彼此的想象和期待中，线下完全不接触，线上确立虚拟恋爱关系；二是网络聊天有些时日了，于是走下"神坛"，线下接触，感情增温。

调查显示，大学生网恋极易上瘾，沉沦于网络之中，加班加点谈恋爱，于是与同学间的交流日益减少，集体活动也不愿意主动参加，性格逐渐孤僻，严重的还会伴有精神崩溃。不得不说，部分欺骗性质的网络恋情对有些同学来说，真是不小的打击。

调适方法：

（1）积极发展正常的人际交往。网络的联系缺乏信任感，削弱了情感交流中最重要的感官信息，但是人与人之间的很多正常交往是需要时间和身体语言来建立信任的。脱离网络虚拟的爱情，跟真实的人沟通，会更懂得爱。

（2）积极升华多样的兴趣爱好。洞察幸福的真谛，发展多种多样的兴趣，培养自己积极乐观的心态，多感受愉悦快乐的体验，弱化网络的影响力。

【小贴士】大学生恋爱动机大调查

大学生恋爱观与恋爱动机具有多样性，不同性格、不同价值观的大学生可能表现出不同的恋爱观。调查显示，大学生恋爱动机有以下几种类型：从众心理、排遣孤独、虚荣心理、婚姻心理、功利心理、好奇心理与被动接受等。

大学生恋爱观与恋爱动机多数是合理的，只有树立正确的恋爱观，确立正确的恋爱动机，才能把恋爱引入正确轨道。

三、健康恋爱观和择偶观的培养

1. 树立正确的恋爱观

爱情不是游戏，不是男女两性的简单结合，而是严肃的、崇高的高级情感。当前，人们的价值观、道德观发生了一些扭曲，也反映在大学

8.3 健康的恋爱观和择偶观

生的恋爱观上。

"拜金主义"在大学校园是个高频词，有人这样精辟地说"物质是爱情的基础"。恋爱之中少不了逛商场、看电影、庆祝情人节和生日，都是一笔不小的开支。部分大学生希望自己的恋爱对象是"高富帅"或者是"白富美"，物质条件好的优质恋爱对象不仅能满足自己的攀比心理，更能以此换取优越的生活质量。还有各取所需的"临时伙伴关系"（谈一场无关责任，只有风花雪月的恋爱），背离了责任感的钳制，活在当下。

将以上两种方向作为衡量自己幸福的重要标准，折射出部分大学生在健康恋爱观上是混淆的，是模糊的，认为对方身上有利可图才能有感情。

门第、钱财、外貌都是暂时的存在，它们终会消失。具备健康的爱情观的大学生，应该本着对自己、对他人负责的良好心态，真正地把恋爱建立在心灵相通的基础上，去努力寻找和珍惜自己的另一半。

2. 增强恋爱中文明交往的意识

真正的爱情是同高尚的道德融为一体的，没有高尚的道德就没有纯洁的爱情。

首先，必须在恋爱的过程中加强自己的责任感和义务感，并从中体会到爱情的珍贵。其次，把握好恋爱行为的分寸。恋人间的亲昵行为，一定要把握好分寸，要体现大学生的良好精神风貌。再次，正确对待恋爱中的性问题。性行为应该遵循双方自愿原则，以不违反社会公德为前提。

因此，大学生必须对婚前性行为有正确的认识。从个人发展、道德观和心身健康来考虑，婚前性行为不提倡，更应该严肃对待。

3. 择偶需处理好几对关系

大学生的恋爱是浪漫而充满激情的，但不是盲目的，处理好恋爱中的一些问题，对大学生身心健康成长是十分重要的。

（1）恋爱与学业

学生当以学业为主、事业为重。对大学生来说，真正的爱情应该成为激发学习热情，推动事业发展的动力。如果处理好了爱情与学业的关系，就能在爱情与学业的互动中，既品尝到爱情的甘甜，又享受到学业成功的喜悦，自然十分有利于身心的健康成长。反之，把爱情与学业对立起来，或者因为"谈恋爱"而荒废了学业，或者借口学习而人为地拒爱情于千里之外，使自己陷入矛盾困惑之中，难免有害于身心健康。

（2）恋爱中的人与集体和他人的关系

有的学生因为恋爱禁锢自己在二人世界，放弃学习，疏远同学，不参加集体活动。这样下去会限制人际交往的范围，影响自身的发展进步，不利于优化个性以及社会适应能力的提高。热爱集体，关心他人，才会真正给予自己所爱的人以深沉、坚实的爱。

【心理活动】

1. 爱情大探查

活动方式：每组 5～6 名同学，思维扩散，用比喻的方式尽可能多地去描绘爱情，然后在班级范围内评选最有创意小组（兼顾数量与质量）。

2. 标准探查

活动方式：爱令人困惑，也让人向往。无论现在的你是否拥有爱情，都要学会去客观认识、选择爱人，明白真正考察的方面是什么。接下来，你可以用形容词、词组或者短句的形式告诉我们你选择恋人时考虑的五条标准吗？

（1）_____。
（2）_____。
（3）_____。
（4）_____。
（5）_____。

第二节 大学生性心理

性本能是匹野马，理智比作缰绳，没有缰绳的未经驯服的野马是毫无用处的，只有缰绳控制的马，才是一匹有用的马。

——［奥地利］西格蒙德·弗洛伊德

【心理案例】

夏某，男，21岁，某大学数学系三年级学生。一年前，夏某偶然从女生宿舍楼下经过，无意看到一只从阳台上掉下来的胸罩，颇为好奇，见左右无人，便捡起揣在衣兜里，晚上就寝时，他拉起床帘，反复观赏，同时产生性兴奋和性满足。此后，他常有意从女生楼走过，"拣拾"女生的内衣带回宿舍，利用午睡和晚上睡前抚弄。随着次数的增多，他发现自己心理负担越来越重，压力很大，并对自己这种行为自惭、后悔。但是说不清自己为什么这样做，无法克制那些物品带来的兴奋和快感。以前，他每次偷拿后都很后悔、自责，自罪感强，曾打过自己的耳光，对苍天发过誓再也不做了。但又无法控制自己，为此严重地影响了休息和学习。咨询中，咨询员还了解到夏某性格内向，不善言表，家里只有两个弟弟，他从小与女性交往很少，对女性好奇。

案例中夏某的行为反映了其渴望了解和接触异性，是性心理发展的表现。大学生正处于青春中后期，性生理发育已基本完成，心理和社会成熟度也达到一定水平，产生了对异性了解的渴望，渴望接触异性。这在这个时期是普遍的而且正常的现象。大学中自由宽松的气氛，也让他们对异性交往、爱情有了更多的渴望，但是在追求情感的同时，性冲动、性需求也逐渐活跃起来。如何能合理地处理这些问题，对保持健康的心理状态，促进大学生的顺利成长十分重要，是大学生需要面对的一个重要课题。

【心理知识】

一、当代大学生性心理的发展特征

（一）性的概念

性是什么？每谈及此，很多学生不免会觉得羞涩敏感，这是传统观念影响导致的狭隘认知决定的。sex（性）从拉丁语"sexus"一词演变而来，是指有关生物的生殖或性欲，乃是人类最基本的生物特征之一。它既是一种生理现象、社会现象，也是一种心理现象。正常性生理有一个不断发育成熟的过程，而性生理的发育是随年龄的增长而不断发展成熟的。在校大学生的年龄多在20岁左右，处于性生理发育的成熟期。了解并掌握科学的性知识，维护自身的性心理健康，不仅是当代大学生人生发展的重要课题，同时，性心理健康也是大学生心理健康的重要组成部分，对大学生的成长成才同样有着重要的意义。

（二）性心理发展阶段

性心理不是生来就有的，在一岁到四岁的时候，人就能从外部特征分辨周围人的性别，但却认为性别是可逆的。学龄前儿童已懂得男女性别是不可逆的。但在第二性征出现前，孩子都处于性无知期，虽然知道男女有别，但是仍旧两小无猜。青春期是儿童向成人转化的中间阶段，此阶段发育的最大特征是性发育的开始和完成，相伴随的还有心理方面的剧烈变化。性心理的发展伴随着第二性征的出现、性意识的觉醒，大致分为四个阶段：

1. 疏远期

疏远期也称性反感期，青少年在第二性征出现后的1~2年内，感到两性的差异，朦胧地意识到两性的差别，开始有了不安和羞涩的心理，很怕异性注意自己的变化，于是男女彼此疏远甚至以反感的形式表现出与异性"划清界限"，即使与童年时期亲密无间的异性朋友也较少交往，保持一定的距离。我们可以把这种现象看作是性意识萌发的一种表现。

2. 爱慕期

由于性生理迅速发育和发展，青少年青春发育期的高峰到来，对异性产生好感和爱慕，想接触异性。一般发生在女孩十二三岁，男孩十三四岁以后。此时的少男少女开始表现自己，男孩乐于在女孩面前展示自己的能力和才华，以赢得女孩的好感和赞许；女孩开始注意修饰打扮，以引起男孩的注意和喜欢。男女相互接近的渴望使他们乐于参加与异性在一起的集体活动，喜欢结伴外出郊游、唱歌、跳舞或参加体育活动等，对异性表示关心、体贴，乐于帮助异性以博得异性好感。

3. 向往期

十五六岁之后，青少年向成人过渡加快，性机能日趋成熟。在对异性产生好感的基础上，各自形成一个或几个异性的"理想模型"，并在众多的男女交往中，逐渐由群体异性的好感转向对个别异性的依恋，有的还形成一对一的"专情"行动，萌生恋情。

4. 择偶期

高中毕业生进入大学，对异性的爱慕和向往有了比较严肃的排他性，自然进入恋爱择偶尝试期。男女双方在内心深处都感到异性存在的美好，并渴望用各种方式接近异性，引起特定异性的注意与好感。

（三）大学生性心理的发展特征

1. 性心理的不成熟到成熟之间的过渡

大学阶段，大学生的生理发展速度较快，接近成熟状态。但是性心理的发育相较于性生理却较为缓慢，所以两者之间的矛盾情况会在不同程度上影响学生去客观、正确地评价各种性现象与性行为，严重地影响了身心和谐一致地发展。据相关调查研究显示，有9成左右的男生能意识到遗精是正常的生理反应，除此之外，部分男生还是会有不同程度的惊恐、不安的消极反应。

2. 生理需求与社会道德之间的平衡

随着性生理的急剧发展，在青春期出现的性欲望和性冲动会表现得比平常更加猛烈，这是特定年龄段出现的正常心理现象。迫于生理性的渴求，在性冲动出现之时，个体会希望得到直接满足。但社会心理学中说到，人是社会的人，所以必须遵循社会道德的约束和要求，故而，性的渴求被压抑，会产生生理需求与社会道德之间的平衡问题，由此衍生出的矛盾也是大学生性困扰的来源之一。

3. 性心理的性别差异

因为性别差异导致男女青年在追求感情时体现出了不同特点。男性通常较为直接、热烈、粗犷，而女性则较为间接、被动。常规的恋爱模式里，往往是男性主动示好，女性低调接受。男性对女性的喜欢通常跟直接的视觉刺激有关（比如姣好的面庞、凹凸有致的身材），女性对刺激的感受则在视觉和触觉的诱导下较大（如拉手、拥抱、亲吻）。

二、大学生常见的性心理困扰

性心理的成熟往往伴随着各种各样的焦虑与困惑。进入青春期,迎来突如其来的身体变化,大多数的学生都会有手足无措之感。大学生常见的性困扰,主要从两大方面来进行探讨:

8.4 大学生的性困惑

(一)性意识困扰

性意识的困扰不仅发生在未谈恋爱,甚至拒绝接触异性的学生身上,也可能发生在正在谈恋爱的学生身上。由于恋爱中的学生更可能要经常面对性的问题,有时候,反倒加重了性意识方面的困扰。性意识的困扰往往伴有自卑、抑郁、焦虑、紧张、烦恼、担忧等消极情绪。而在这些消极情绪的控制下,大学生通常不能与人和谐相处,这可能诱发更为严重的情感障碍,反过来又加重了性意识方面的困扰。当事人处在这样的一个消极的怪圈当中,难以自拔。对于处在性意识困扰当中的大学生而言,不可简单粗暴地试图去阻断性意识的自然发展,而是要因势利导,促进性心理的健康发展。性意识困扰产生的原因大致有五个方面:

1. 性无知

在性发育基本成熟后,由于性激素的作用,大学生不仅在生理上而且在心理上都将产生巨大的变化。虽然大部分学生对性的基本知识有所了解,但也存在明显缺陷甚至谬误,从而导致心理困扰。一些学生将出现性梦、性幻想,产生接触异性的念头等正常心理反应视为异常,以至于心情急躁、丧失信心,产生自我否定的评价。还有个别学生甚至对遗精或来月经这类常识性的生理现象都心存恐惧。另外,不少学生对性病知识的了解也是相当匮乏,并可能因此而带来心理困扰。

2. 体像烦恼

男女体征在进入青春期后会迎来较大变化。对于青春期的体像变化,男女都有自己的看法:男生期待自己身材高大,身形魁梧,音调浑厚;女生则希望自己身材婀娜,音调轻柔,容貌美丽,胸部丰满。但是当个体自身感受到体像特征没有达到自己的期待时,烦恼和焦虑就会不断涌现出来。所以,在常规咨询中,我们经常能看到女生因为自己肤色黝黑、体态丰腴而痛苦不已,男生因为自己身材过于矮小而缺乏自信。

曾经有一名女生,因为胸部发育滞后,经常在班级里被同学们戏谑地称为"飞机场",极大地伤害了她作为一名女性的自信心。后来,她不愿意和其他女生一起洗澡,不愿意上体育课,也不想谈恋爱,学习和心理受到了很大的波动和影响。

3. 性淫秽、性罪恶

这种观念和我国几千年来封建社会长期的性愚昧和谈性色变的保守观念相关。多数大学生在中小学时期没有接受到系统的性科学教育，学校、家庭和社会都没有给他们提供消除陈旧性观念的条件，有些大学生甚至把出现性的念头都认为是"下流"的。

4. 性压抑

对于两性间的强烈吸引，本应通过适当的异性交往，满足心理上的渴求。但产生性意识困扰的大学生，大都是人为地压抑了自己合理的需求。他们由于内心对性欲观念的自责和恐惧不安，主动回避，处于紧张、焦虑、矛盾、困惑的过度压抑之中。这种性压抑往往容易导致强迫性观念和神经衰弱，因为越要让自己不去想"性"，结果越适得其反，引起了心理失调。

5. 同性恋

同性恋被认为是性取向的不同，指在精神上和身体上只受到同性的吸引，并且对异性不感兴趣。美国精神医学会于 1970 年将同性恋从《精神疾病诊断与统计手册》中排除。我国于 2001 年 4 月在新版《中国精神障碍分类与诊断标准》中也将同性恋从疾病分类中剔除。对同性恋的看法，从最早的犯罪到非罪，从非罪到非病，从非病又到可以注册结婚，这一过程经历了较长时间。目前，社会主流群体对同性恋者持宽容和理解态度。

（二）性行为的困扰

1. 自慰

自慰亦称手淫，是指用手或其他物品刺激性器官而获得快感的行为，是一个人独处时，自己关爱照顾自己的方式之一。通过自慰人们可以按照自己的自然节律和喜好自愉，从而获得性快感。自慰是人类最基本的性活动之一，也被称为标准性行为。自慰在大学生中也较为普遍。然而，自慰曾长期被传统的宗教界和医学界认为是邪恶、有罪的，一些家长也告诉自己的孩子自慰是被禁止的，会产生种种恶果。过去的舆论和不恰当的宣传总是会给"手淫"冠以莫须有的罪名，给大学生带来了极大的压力，因此产生心理困扰。

现代医学表明，自慰不会对身体造成伤害。当性交不被允许时，自慰有助于人们释放性冲动，是一种健康的替代活动。

说自慰无害，并不是主张无节制的自慰。大学时代是培养意志力的关键时期。值得一提的是，如果一个人总是沉浸在自我的世界里，将自慰看做是解决烦恼、释放快感的唯一渠道而过分依赖时，这就足以说明他的心理发育和社会适应遇到了极大的问题，需要接受专门的心理治疗。

2. 边缘性行为

边缘性行为是指两性之间由性吸引而产生的一系列亲昵性行为，如两性交往中具有性吸引倾向的拥抱、接吻和抚摸性器官等。这一类行为在大学生中引起心理困扰的原因主要有：其一，在缺乏心理准备的情况下发生此类行为，容易产生自责与罪恶感；其二，在缺乏双方感情深入发展的情况下发生此类行为，感到勉强，不真实，容易产生耻辱感和不洁感；其三，觉得发生在恋爱阶段的这类行为不够高尚，进而对恋爱成功和相互关系产生怀疑。

3. 性幻想焦虑

性幻想又称白日梦。当个体对异性有强烈的交往渴求，但不能直接获得时，就可能尝试与性交往有关的心理体验，如幻想与渴望交往的异性约会、接吻、拥抱，甚至性交等。性幻想能引起生理上的性兴奋，偶尔也会出现性高潮，在一定程度上可以缓解个体的性需要。一些大学生由于缺乏对性幻想、性梦知识的了解，认为自己有了这样的经历是肮脏、不道德、罪恶的，从而感到紧张、焦虑、内疚，更有甚者会为此感到自卑，认为别人会因此瞧不起自己，使自己的自尊心受损。

性幻想是性成熟过程中的一种正常的生理和心理现象。一般来说，性幻想的发生率女性高于男性，尤其是守身如玉的少女更易产生。它一般发生在入睡前及睡醒后卧床的这段时间，以及在闲暇时出现较多。性幻想是性冲动的一种发泄方式，适当的性幻想有利于释放压抑的性行为，它能够一定程度上满足个体的性心理需求，能够让心理冲突得以平息、心灵得以抚慰。从某种程度上来看，性幻想是一个安全阀。而对大学生来说，又是自控能力的一种考验，如果性幻想过于频繁且沉溺其中，过分依赖这种特殊精神刺激，就会影响正常的学习和休息，甚至把幻想当成现实，那就会成为病态，则属于不健康状态，应加以调节和克服。

4. 性梦的焦虑

与性的白日梦的想象成分相比，性梦则是真正的梦，指在睡眠状态中所做的以性内容为主的与异性交合的梦境，又称爱欲性睡梦。这是一种无意识或潜意识的性心理活动。大多数心理学家认为，性梦是自慰行为的一种形式。一个人有了性的欲望和冲动，如果客观现实不允许其实现这种欲望，就必须加以克制。这种欲望和冲动虽在意识层面被压抑了下去，却可能在潜意识中显露出来。于是，便可在梦境中得到实现。因此，性梦是正常的生理、心理现象，是一种不由行为人自控的潜意识的性行为，故又称为非意志性的性行为。性梦是伴随着性心理活动的增多而产生的。

性梦给大学生带来一定程度的心理压力。他们中有的人认为这是一种淫欲，是不道德的。其实，适当的性梦有利于缓解性压力，人们通过梦的发生，部分达到白天被社会规范限制的性冲动的满足，从而缓解性紧张。只有严重者才会对自身的生理、心理健康带来负面影响，也对他们与异性的正常交往带来了障碍。

5. 婚前性行为

大学生的婚前性行为虽然是少数，但也不是个别现象，发生原因较复杂。从大学生发生婚前性行为的特点来看，一是突发性，往往是在无心理准备的情况下突然发生的；二是自愿但又有非理智性，大学生已经成人，较少为人胁迫，大多数是在双方自愿而又不理智的情况下发生性行为；三是反复性，由于年龄和观念的影响，一旦冲破这一防线，便不再顾虑过多，还会多次反复发生。

大学生发生性行为后，普遍会产生一定程度的心理困扰。据对有性行为的大学生的调查，在其事发之后，大多在心理上出现自我否定、恐惧、焦虑等消极情绪，表现为严重不安。

三、大学生性心理困扰的调适

正常的性需要和性欲望是心理健康的物质基础，科学的性认识是性心理健康的自我调节机制，正常的性行为是符合校纪、道德、法律规则的行为。作为大学生，应该对"性"有一个科学的认识，接纳和欣赏自己的性别角色，发展出适应时代要求的优秀个性特点。每一个成熟的大学生都应当了解个人性行为对他人、自我和社会带来的后果，要尊重他人，尊重自我，对自我的行为负责。

（一）掌握科学的性知识

性是一门科学，众多案例表明，科学的性知识的缺乏是大学生出现各类不同程度心理障碍的主要原因。作为当代大学生，应该对性有一个科学的认识，大学生可以通过各种正规的渠道，学习性生理、性心理的有关知识，了解青春期性意识的发展规律，树立科学与健康的性观念，通过科学的途径去了解爱、性和婚姻，培养爱的能力，这将有利于消除性意识的罪恶感、自卑感和种种自我否定的评价，避免抑郁、焦虑、恐惧等不良情绪的长期困扰，增强自信心，确立自尊、自爱的独立意识，为今后的幸福生活打下坚实的基础。

值得注意的是，大学生要自觉抵制淫秽物品的诱惑。青春期的大学生如果饥不择食地从书报杂志或影视中寻找答案，不健康的甚至淫秽的书籍和影视作品就会趁机而入，腐蚀我们的灵魂。一些低级、庸俗的书籍和影视作品，极力渲染色情暴力或宣传一些不科学的性知识，会给大学生的生理与心理的发展带来负面影响。因此，要选择科学性强的知识读物，帮助我们从医学和健康卫生的角度去了解性心理知识，学会自我保健的方法。

（二）积极的自我调节

性欲的出现是健康的，也是正常的，并且也是可以控制的。所以大学生可以通过一些积极的、符合社会规范的建设性方式将自身的性冲动予以转移，将部分精力投入到学校的学生工作、班级活动和文体艺术交流中去，陶冶个人情操，自觉抵制黄色书刊的不良影响，抵御过强的性刺激。对于遗精和月经，男生要正确对待遗精现象，勤洗床单及个人贴身衣物，保持个人卫生；女生要多了解月经规律与注意事项，积极调整并控制自己的情绪。日常在校生活中，大学生要努力做到正确对待手淫、性梦与白日梦，努力追求更高层次的精神需要，参加丰富多彩的校内与校外活动，缓冲自己的性心理不适，做好平衡。

（三）与异性文明交往

学会了解异性，自然大方地与异性相处，注意场合、规范行为。社会本来由男女两性组成，所以大学生要了解自己作为男性或女性在社会上应表现的角色，同时还要学习与异性的交流和合作，这不仅是恋爱的必要准备，也是社会交往中不可缺少的本领和技能。只有在日常的学习与生活中观察、了解异性，自然地与异性相处，广交朋友，建立友谊，才能破除对异性的无知和神秘感，有益于性心理的健康发展。

（四）勇敢面对性骚扰

首先，大学生应该维护好自身自尊、自重与自爱的形象，衣着得体，作风正派，打扮符合大学生日常规范，不轻浮。其次，学会适当的自我保护，夜晚不单独外出，不单独在异性家中做过多的停留，不穿着过于暴露的衣服，对异性突然的非分要求勇敢拒绝、勇敢说不，必要时可大声呼救或作报警处理。遇到了性骚扰，不害怕、不自责。为了尽早排除性骚扰对我们的身心影响，可以向老师、同学、父母及密友等宣泄倾诉，也可以寻求专业心理咨询的及时帮助。

（五）主动寻求心理帮助

性心理咨询是心理咨询人员运用性心理学知识和技巧，给需要进行性心理咨询的当事人以启发、指导和帮助，使当事人免受性意识和性行为障碍的困扰，改变不当的性行为方式，提高当事人性适应能力，增进当事人身心健康的过程。大学生如果遇到性心理方面的问题，可以寻求正规的心理咨询或治疗机构进行咨询或治疗，以求得理解、支持和帮助，使自己能很好地摆脱来自性心理障碍的困扰，以便能够更好地培养和维护健康的性心理。

（六）培养健康人格

性是人格的完成，一个人对性的态度，同时也反映出了一个人人格的成熟度，所以，性也是人格的一面"镜子"。

端正认识，形成正确的性别观念，学会接纳并欣赏自己的性别角色。世界上没有完全相同的两个人，每个人都有与众不同的内在美和外在美，不必总是沿着别人的标准参照自身，当你拥有了自信、乐观的心理时，你也就具备了令人喜爱的终极魅力。

适当控制感情的"温度"，拥有负责任的性行为。作为大学生，异性朋友之间，特别是恋人之间，有了一定的感情基础，发生拥抱、接吻、爱抚等行为甚至是性行为，都是真情实感所致，是顺乎自然的，不必为此而苦恼或感到羞愧。但是当性行为涉及另外一个人，它就牵涉到了责任或者是第三个生命。为了安心学习，为了事业前途，为了社会责任，每一个成熟的大学生都应该了解到自己的性行为可能带来的后果，增强自己的法律意识，以法律及道德感严格规范自己的性行为。

性本身是美好的而不是可耻的，只要及时调整心态，把两性关系的重点放在爱情的培育和事业的发展上，共同努力，就能在不断的进步中找到生活的支点。

【心理活动】

小组活动：小小辩论赛

活动注意事项：

1. 提前一次课程布置任务、组队和抽签，正反双方充分准备；
2. 辩论现场注意引导大家摆事实、讲道理，避免诡辩。

辩题一：支持或反对大学生婚前同居（辩证地看待婚前性行为）

正方：＿＿＿＿＿＿＿＿＿＿＿＿＿＿＿＿＿＿＿＿＿＿＿＿＿＿＿＿＿＿＿＿

反方：＿＿＿＿＿＿＿＿＿＿＿＿＿＿＿＿＿＿＿＿＿＿＿＿＿＿＿＿＿＿＿＿

辩题二：支持或反对大学生整容（引起大家对性体像的关注）

正方：＿＿＿＿＿＿＿＿＿＿＿＿＿＿＿＿＿＿＿＿＿＿＿＿＿＿＿＿＿＿＿＿

反方：＿＿＿＿＿＿＿＿＿＿＿＿＿＿＿＿＿＿＿＿＿＿＿＿＿＿＿＿＿＿＿＿

【推荐欣赏】

1. 电影：《庸人哈尔》

简介：这是一部上映于2001年的有教育心理学色彩的美国浪漫喜剧电影。该片讲述了一个只爱美女的男人哈尔在一次被心理学家施以催眠术后，阴差阳错地爱上了体重达400磅的丑女玛丽，并因此改变了自己的观念，不再以貌取人的故事。纵观当下，一些电视节目正在大力渲染物质和颜值可以取代爱情，甚至精神。看起来外表时尚的年轻男女们，越来越多地加入"外貌协会"，忽视了爱的真正感觉，甚至是人的本质。通过哈尔的观念转变，我们会发现，爱与美，从来都不是靠颜值和身材定义的，也从来都不以别人强加过来的观念作为标准，最该遭到嘲笑的并不是岁月留下的皱纹和脂肪，而是那些被世俗审美误导而不自知的人心。

2. 电影:《美国派》

简介:本片号称"美国青少年最喜爱的影片"系列之一,共计9部。美国派原是指一种类似馅饼的食品,电影之所以起名为美国派,就是想要说明爱和性就像派一样,你要去尝试才能感受到其中不一样的滋味。电影中的男女主角们很好地诠释了青少年对于性和爱的好奇与冲动。我们不应该为谈论性、探讨荷尔蒙感到羞愧和耻辱,正确的做法是把它同样当作一种宝贵的知识进行正确的学习,而不是刻意的忽略。电影本身无厘头恶作剧般的荒唐,重口味的地方数不胜数,但是恰恰是这些荒唐,让我们明白了,我们需要去追寻探索荒唐世界中的不荒唐。成长是人生必经的主题,而我们恰恰需要在成长中去经历、去改变、去爱,这才是青春的正解。

第九章 百炼成钢——大学生压力与挫折应对

【教学目标】

知识目标：了解压力和挫折的基本概念；熟悉大学生常见的压力来源和挫折成因；掌握缓解压力和应对挫折的方法策略。

能力目标：能够对自身压力源进行分析，并能积极运用相关策略缓解压力；能够理性认知挫折，并采取积极的挫折应对方式。

【心灵漫话】

吾志所向，一往无前，愈挫愈奋，再接再厉。　　　　　　　　——孙中山

每一种挫折或不利的突变，是带着同样或较大的有利的种子。

——［美］拉尔夫·沃尔多·爱默生

第一节　压力及其应对

【心理测试】

生活中，我们每个人都在经历着不同内容、不同程度的压力。以下列出的一些项目都是人们在面临压力时常见的一些反应，请你对照自己近一周来的情况，用"是"或"否"进行回答。如果你有一半以上的题目都回答"是"，那你就要留意你所面临的压力是否已超过自己的承受范围了。

1. 虽然经过充分的休息，但还是觉得疲劳。
2. 有头痛感或头脑不清醒的昏沉感。
3. 近期出现胃溃疡、口腔溃疡或疱疹等疾病。

4. 睡眠不好。
5. 有体重突然减轻或暴食的情况出现。
6. 总感觉到有许多问题还没有解决，不能集中精力专心做事。
7. 面对自己喜欢吃的东西，却毫无食欲。
8. 面对选择时难以做出决定。
9. 很容易就发脾气，心情总是烦躁不安。
10. 抽烟、喝酒、上网等成瘾行为多了起来。

"压力山大"是近年来大学生时常用来对自身压力状态的一种调侃。日常消费、学习、人际交往、恋爱、就业、升学等方面都可能给大学生带来各种各样的压力。研究表明，大学生的心理压力是导致心理障碍的重要原因。因此，正确地认识和应对压力是青年大学生的必修课。

【心理知识】

一、压力及其表现

（一）压力概述

9.1 认识压力

从心理学角度来说，压力是由事件和责任超出个人应对能力范围时所产生的焦虑状态。压力无时无刻不存在于我们周围。每一阶段人都有压力：青少年时，以学业压力为主；到了成年时，有家庭和工作的压力；到老年时，有退休、孤单、面临死亡的压力。角色不同，压力也不一样：当老师和当学生的压力不同，作父母和作儿女的压力不同，而一个人往往是身担数种角色，集数种压力于一身。

任何压力都由压力源、个体对压力的认知评估、压力反应三个部分构成。压力源是一种客观存在，而压力反应则是由个体对压力的认知评估来决定的，只有当个体确实感受到压力源的威胁时，才构成压力，否则不存在压力。如：当学生认为考试对他造成了威胁时，他就会产生压力，但如果他觉得考试很简单或视考试为自我实力的评估并乐此不疲时，则不会感觉到太大的压力。

（二）压力的反应与健康

个体一旦感受到压力就会在生理、心理和行为方面做出相应反应。适度的压力能够起到生理和心理唤醒作用，对于个体应对困境，完成任务有一定的积极意义，但如果反应过激或不当时就会影响健康。研究发现，压力从身体状况、情绪情感、认知判断等多方面影响大学生的健康。

1. 生理上的反应

在压力状态下，机体常伴有不同程度的生理反应，比如，心率加快、血压升高、呼吸急促、肾上腺素分泌增加、消化道蠕动异常和出汗等。过度的压力会使人口干、腹泻、呕吐、头痛、口吃等。生理上的反应分为应激动性的和长期性的。所谓应激性的反应是在突如其来的情境下，个体生理上的一种本能性的反应。生理上的应激反应是由植物神经系统支配的，比如，在应激反应时肝脏迅速释放葡萄糖，以增加全身肌肉活动所需要的能量。在原始社会，这种应激反应有利于人类躲避猛兽袭击，应对危险情境，增加生存机会。长期性的反应是指个体由于压力情境的持续，在生理上的一种反应。一般来说，长期性的反应分为三个阶段：一是警觉反应阶段，在此阶段生理上可分为两个时期——震撼期和反击期，个体在情绪上受到震撼，生理功能先减弱后又增强；二是抗拒阶段，在这个阶段个体的生理功能大致恢复正常；三是衰竭阶段，由于压力持续，导致个体适应能力丧失，精疲力竭，陷入崩溃状态。由此可见，压力在某种程度上可以激发机体做好应对压力情境的准备，但若持续时间过长可能会对机体产生破坏性影响，甚至可能导致躯体疾病，如消化性溃疡、免疫系统疾病等。

【心理案例】

压力下拯救百人生命——川航迫降

2018年5月14日早上，四川航空由重庆飞往拉萨的3U8633航班，在进入四川雅安地区时，驾驶舱右侧玻璃忽然爆裂。驾驶舱瞬间失压，气温降低到零下四十摄氏度，舱内很多东西被吸出窗外，就连仪表盘也被巨大吸力给生生拔起，机组副驾驶徐瑞辰半个身子被"吸"了出去，大量机载自动化设备失灵。机组向地面控制台发出了"7700"信号，紧急求助。危急关头，机长刘传健，在自动化设备失灵的情况下，顶着巨大的压力，沉着冷静，依靠二十年飞行经验，手动操纵，成功让飞机备降在成都，挽救了119位乘客和9名机组人员的生命。

2. 心理上的反应

压力可以起到心理唤醒的作用，能促使个体警觉性提高、反应加快、注意力集中、思维敏捷。例如，对考试适度的焦虑和紧张，能够让个体集中注意力进行复习，提高复习效率。又如，在压力情境下，有的同学会"急中生智""灵感爆发"。从这个角度来看，适度的压力有利于个体提高效率、完成任务和发挥创造力。

然而压力往往伴随着负面的情绪反应。短期的、较轻的压力所引起的负面情绪，会随着压力的消失而消失，不一定会对人产生不良影响。但如果压力过大，或者持续的时间过长，个体可能会感到强烈的负面情绪，如焦虑、愤怒、沮丧、悲观失望、抑郁等，会使人思维狭窄、自我评价降低、自信心减弱、注意力分散、记忆力下降，对身心健康造成不利影响。

【心理故事】

马蝇效应——压力促人进取

1860年,林肯竞选美国总统时,萨蒙·蔡斯曾经是他最大的竞争对手。一直到竞选结束,林肯成功坐上总统宝座之后,蔡斯还是不死心,一如既往地追求着总统职位。令大家不解的是,林肯总统不仅没有对他处处设防,反而任命他为财政部长。为了消除大家的疑惑,林肯总统讲了这么一个故事:"我在农村长大,有一次,我和我兄弟在肯塔基老家的一个农场上犁玉米地,他驾犁,我牵马。那匹懒惰的老马一步一歇,把我们折磨得精疲力竭。正当我们不知如何是好时,那马竟然飞快地跑了起来。原来,有一只很大的马蝇正在叮它的腿。我不忍心看着老马被咬,于是就伸手把它打落了。没想到我兄弟却大声惋惜道:'哎呀,你怎么把它打死了,正是这家伙才让我们的马跑得这么快啊。'"然后,林肯解释道:"现在,对于我来说,蔡斯先生也是一只马蝇,他离我越近,就越能督促我快跑。如此说来,我还有什么必要去打落它呢?"

没有马蝇的叮咬,马慢腾腾地走着;有了马蝇的叮咬,马就会撒开四蹄飞快地奔跑。因此,压力不一定是不好的。压力可能是人生的大山,阻挡人们前进的脚步。但压力也可能是成功的基石、进取的动力之源,让人们的生活充满张力与挑战。

3. 行为上的反应

压力状态下的行为反应可分为直接反应与间接反应。直接反应是指面临压力时为了消除刺激源而做出的反应,如参加勤工俭学缓解经济压力。间接反应是指为了减少或暂时消除与压力有关的苦恼而做出的反应,如通过阅读、聊天、上网、购物等方式让自己暂时缓解紧张状态。

适度的压力对于个体来说有利于完成任务、解决问题、增强压力抵抗力和压力调适能力。然而临床心理学的研究表明,心理压力若长期得不到缓解和消除,就会产生多方面的不良后果,如身心健康受损、工作和学习效率下降、人际关系退步、适应力降低等。因此,人们在面临压力时,首先要正确地看待压力,看到压力的积极面,充分利用压力的动力性应对压力事件,减轻负面情绪;其次要学会自我保护,做好压力管理,避免压力过大或持续时间过长对身心造成伤害。

二、大学生常见压力来源

【心理练习】

寻找压力源——压力圈图

在下面的大小圈内写下你最近生活中的各种压力事件。在大圈内写下大的压力事件,在小圈内写下小的压力事件,并将每个压力事件给你带来的感觉写在对应的圆圈旁边。你可以定期记录自己的压力源,了解自己压力产生的真正原因,从而有针对性地应对和管理压力。

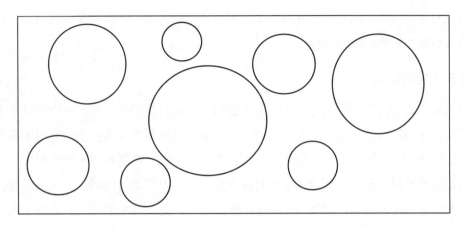

大学生的压力主要来源于生活、人际交往、学习考试、恋爱情感、择业就业等方面。其中,不同年级的高职大学生其主要压力来源也存在一定的差异:一年级主要面临着适应环境、人际交往的压力;二年级主要面临着恋爱情感、人际交往、学习的压力;三年级主要面临着择业就业、提升学历的压力。

(一)日常生活压力和经济压力

日常生活压力是指大学生在应对日常琐事、适应大学新生活等方面体验到的压力。由于很多大学生在家基本就是衣来伸手、饭来张口,生活自理能力较差。进入大学,长时间离开父母,需要自行安排作息生活、独立洗衣、购物等,这让很多新生入学后感到手足无措。一些大学生在适应气候、饮食等方面也会体验到压力。另外,大学的集体生活使得一些个人空间感和隐私感较强的学生感到不适应。

一些家庭经济条件较为拮据的大学生在入学后可能会因为学费、生活费而感受到较大的压力。随着高校改革,收费制度由公费转向全面自费,不断调高的学费给一部分大学生带来了压力。再者,当代的大学生中相当一部分都希望通过自己的努力来完成学业,不愿意再依赖父母,这些都是现实的无形压力。另外,城市较高的消费水平,同学之间在消费上的攀比,交往聚会的花销等都会给经济条件较差的大学生带来较大的心理压力。还有一部分学生缺少"理财"的经验和能力,导致生活费使用不合理。更有甚者为了满足自己膨胀的消费欲望,过度提前消费甚至使用"校园贷",导致自己背负巨大的经济压力。

(二)人际交往压力

人际关系的好坏是一个人心理健康水平、社会适应能力的综合体现。当前部分大学生

"以自我为中心"的思想意识较强。踏入大学后，他们的生活交际范围不断扩大。同学们来自五湖四海，有着不同的生活习惯和不同的兴趣爱好，在生活中难免会有摩擦和冲突；同时，完成繁重的学习任务需要一个安静愉悦的环境，需要学会宽容别人，接纳别人，而这就与他们长期以来形成的以自我为中心的观念相抵触，由此产生的负面情绪如果积压太久，就会导致严重的心理问题。

（三）学习压力

进入大学之后，部分学生卸下了高考的压力，学习状态消极被动，导致成绩下滑严重甚至挂科，从而对自己失望，对未来焦虑。部分学生对所考学校或所学专业不太满意，总是处于后悔懊恼中，不知该何去何从。且我国高等职业教育学制短，实践课时要占很大比例，与传统教育模式相比，理论课时相对较少。部分学习基础弱的同学会抱怨老师授课进度快，教学内容跨度较大，对掌握理论知识感到吃力。绝大部分同学对实践教学类、技能提高类课程感兴趣，但往往实践、实习条件又有局限，学习愿望得不到满足，由此感觉理论与实践有脱节，久而久之对基本理论和发展能力类课程失去兴趣，部分同学感到学习压力重。另外，一些同学盲目追求职业技能证书、计算机等级证书、外语等级证书等，认为越多越好，而良好的愿望和实际能力之间存在一定差距，往往感觉压力大。也有学生想要提升学历，在专升本和自考之间犹豫不决，且要面对大量的学习内容和考试项目，很多学生觉得焦头烂额，紧张焦虑。

（四）恋爱情感压力

随着生理的成熟，大学生渴望爱情和与异性的亲密接触。有的同学想恋爱，但又担心对方不接受自己，担心父母不同意，担心影响学业等。在爱情中会有一系列复杂、独特而微妙的情感体验，而这些对于单纯的大学生来说是最容易产生心理困扰的地方。校园里谈恋爱的多，失恋的也多，失恋给大学生的心理造成极大的压力。很多失恋的同学都有强烈的情绪反应，如焦虑、抑郁、冷漠，对任何事情都不感兴趣，无心学习，痛苦不堪。有的因此而得了神经症，如焦虑症、抑郁症、神经衰弱等，有的甚至患上了精神分裂症，后果非常严重。

（五）就业压力

调查显示，大学生最主要的压力源就是学业和就业，且多数大学生对自己所读专业的就业前景及社会整体就业形势不乐观。目前的就业政策给大学生带来了机遇和挑战，也带来了压力。近几年，出现了大学生就业难、就业形势不容乐观的现象。根据教育部统计的数字：2010—2018年的毕业生人数从631万增长到了820万，每年以2%～5%的同比增长率逐年增长。当前，产业转型升级创造高端岗位的速度远低于毕业生数量的增加速度，适合毕业生的就业岗位供给不足。部分高校专业设置、培养模式与企业需求脱节。另外，还有就业观念问题。多种因素叠加，造成了目前部分大学生就业难的问题。

三、大学生的压力应对

压力应对方式，是指个体与环境的交互影响给其带来负担甚至负担超出自己可控范围时，为忍耐、减轻或最小化这种负担而采取的认知、情绪和行为上的表现。压力应对方式在压力源和心理健康之间起着十分重要的中介作用。有研究发现，个体在高应激状态下，若缺乏社会支持和良好的压力应对方式，则心理损害的危险度高达43%，为普通人群的两倍。

9.2 压力应对

（一）消极的应对方式

1. 逃避和放弃

大学生在追求目标的过程中难免遇到新的挑战，感受到压力带来的不适。一些大学生容易因此产生畏难情绪，躲在自己的舒适圈内，放弃原先设定的目标，将压力屏蔽在外。例如有的大学生想考取英语四级证书，为自己就业竞争加分，但是又畏惧四级考试带来的学习压力，于是放弃考取证书。这种应对方式虽然暂时逃避了压力，但同时也失去了迎接挑战和自我提升的机会，当以后面临更大的挑战时，压力也会更大。

2. 酗酒抽烟

一些大学生感到压力很大时，就喜欢抽烟或酗酒。烟草是一种兴奋剂，但有一定的镇静作用；酒精是神经系统的刺激物，同时也是一种镇静剂。抽烟、饮酒虽然能够起到抑制中枢神经系统的功能，缓解紧张状态，但经常如此，容易导致酒精中毒，香烟带来的副作用更是危害无穷。

3. 暴饮暴食

有研究发现，当人感觉到较大的压力时，人体的皮质醇水平会升高，从而食欲大增。并且在这种情况下，人们更容易选择饼干、蛋糕及巧克力等高热量高脂肪的食物。摄入大量的碳水化合物，会促进多巴胺的分泌，激活大脑的"快乐中枢"，能使人暂时缓解压力带来的负面情绪。但显然这是一个治标不治本的方法，压力源并不会因此而消失，暴饮暴食导致的肥胖和其他健康问题却可能会成为新的压力源。

（二）压力缓解策略

当压力降临时，最积极的应对方式便是去直面给你带来压力的问题或任务，调动你的智慧、资源（包括他人的帮助）和能量去解决问题或完成任务。将压力变成动力，促进问题的解决、任务的完成，并从中收获成长的果实，提高抗压能力。但是如果压力过强或持续的时间过长，可能会过度消耗个人的身心能量，影响其问题解决和任务完成的效果，甚至会损害个体的身心健康。以下提出一些压力缓解策略，供大学生们在"压力山大"之时选用。

1. 积极认知压力

压力是一种让人害怕的威胁，还是一种激动人心的挑战，在于人们对待它的态度。如果把压力看做威胁，可能会打击我们的自信心，引起恐惧，损害我们的短期记忆力、注意力和判断力，还可能会激发冲动行为，耗损个人能量，致使个体极易疲劳，可能导致表现失常。相反，如果个体把压力视为挑战、机遇甚至乐趣，能更好地集中注意力和能量在当前的任务上，更有可能发挥出自己的应有水平，甚至超常发挥，增加成功的机会。在一项实验中，两组八年级的学生分别被分配了相同的答题任务，但是对一组说的是"挑战自己，看看你是否能够做出下面这些题"，而对另一组说的是"这是你们明天的作业"。结果发现，被要求挑战难题的学生在完成任务时付出了更多的努力，答出的题目也更多，平均分也比另一组的高。因此在遭遇高压情境时，我们要关注压力的积极面，学会说服自己这是一次挑战或机遇，欣然接受，并发挥自己的才能去接受挑战。

2. 降低任务的重要性

试想你要参加一个演讲，如果告诉你这是一次当着全班40名同学的演讲，你的压力值大概有多大（以0～10来打分）？如果告诉你，你需要当着全校同学和老师演讲，且有电视台来录像播出呢？你的压力值是不是大幅提高了？社会心理学研究表明，一个人的压力会随着听众地位的提升和规模的增大而增大。所以，虽然是同样主题的演讲，你对其重要性的评价不同，所体察到的压力也就不同。但是现实是，很多人会过度夸大某些任务的重要性，从而在过大的压力下导致失败。因此，我们需要学会在认知上降低任务的重要性，从更现实的角度看待压力情境。

3. 专注任务而非结果

试想你要参加一个比赛，如果你满脑子想的是"如果失败了，多难堪"或者"如果这次不获奖，我就没法争取奖学金"等，这些想法是否会让你顿感压力和紧张，而难以集中注意力？如果能只专注在当前的活动上则能暂时忽略压力感，有效防止分心和注意力不集中，更有利于目标的实现。

4. 确定一个对自我有激励性的合适目标

目标缺乏、目标冲突和实现目标过程中遇到的各种困难，往往会引起心理不健康的问题。人们往往会因缺乏目标而痛苦,更多的情况是因目标冲突而痛苦。合适的目标既符合实际,又能引起自己的兴趣、提高自己的抱负水平。最常见的错误是确定了不切实际的目标,目标过高,难以达到,压力过大;或是目标太低,没有激励作用。

5. 合理安排生活任务

有心理学家认为,生活任务是指个体将目标转化为特定时期和特定背景下要完成的特定任务。这些目标对个体来说具有时间性和情境性,个体在不同的情境下将自己的精力和时间投向不同的目标。如果有事情让你感到担忧或焦躁,可运用下列3个程式:第一,问你自己,"可能发生的最坏情况是什么"。第二,镇定地将你的精力与时间作最有效的运用,以改善你在心理上已经接受的那种最坏的情况。第三,建立社会支持系统,列出你最要好的10个亲友的名字,当遇到困难时,这些亲友就是你最大的精神与物质的支柱,你可以毫不犹豫地立即请求他们的援助。

6. 制造欢乐气氛,保持乐观心态

当你感到压力巨大时,不妨吹吹轻快飞扬的口哨或听听你最喜爱的音乐,也可以穿着轻便的服装逛街购物,或观赏阅读幽默逗趣的电影、小说、漫画,还可以自创舒适的环境。多关注生活中积极的、愉快的地方,回想自己成功的、自以为傲的场景,罗列自己拥有的经验、技能或者其他积极的品质,明确自我价值,提高自信心。即使面对一个高压情境,自己准备不足或者是没有时间做充分的准备,也可以尝试假装积极乐观。研究表明,一个人的情绪会影响其行为。假装沮丧真的会让人心情低落,假装快乐也真的会让人心情变好。

7. 掌握一些预防和缓解生理压力的方法

例如,肌肉松弛法、自我放松法、深呼吸法,从事休闲活动,注意适当的饮食、运动、睡眠与休息等。

塞利(H. Selye)说过:"完全脱离压力等于死亡。"压力与我们形影不离,它是无法被消除的,也不应该被消除。适度的压力能够帮助人保持积极的状态,促使人朝着目标前进,磨炼心智,激发潜能,获得满足感,避免堕入空虚和无聊之渊。我们应该正确看待和应对压力,学会管理和控制压力,避免压力对身心造成不利影响。当我们战胜压力时,我们将获得成长的喜悦,体验更加充实与美好的精神生活。

【心理故事】

一杯水的压力

正上课时,讲师突然拿起一杯水:"各位认为这杯水有多重?"有人说200克,也有

人说300克。"是的,它只有200克。那么,你们可以将这杯水端在手中多久?"讲师又问。很多人都笑了:200克而已,拿多久又会怎么样!讲师没有笑,他接着说:"拿1分钟,各位一定觉得没问题;拿1小时,可能觉得手酸;拿1天呢?1个星期呢?那可能得叫救护车了。"大家又笑了,不过这回是赞同的笑。讲师继续说道:"在准确无误的同样重量下,随着我所拿时间的延长,它的重量也在发生变化。其实这杯水很轻,但你拿得越久,就觉得越沉重。这就像把压力放在身上,不管压力是不是很重,时间长了都会觉得越来越无法承担。我们要做的是放下这杯水,休息一会儿后再拿起,只有这样我们才能拿得更久。所以,我们所承担的压力,也应该在适当的时候放下,好好地休息一下,然后再重新拿起来,如此才能承担更久。"说完,教室里一片掌声。

【知识拓展】

心理减压十法

1. 伸展运动。伸展运动对消除紧张十分有益,它可使全身的肌肉得到放松。

2. 腹部呼吸。平躺,面朝上,身体自然放松,双目紧闭呼气,把肺部的气全部呼出,腹部鼓出,而后紧缩腹部,吸气,最后放松,如此反复。

3. 放松肌肉。舒适地坐在一个安静的地方,微闭双目,放松肌肉,默默地进行一呼一吸运动。

4. 闭目养神。见缝插针,在学习工作间隙打盹,哪怕只有10分钟,也可使你消除疲劳、振作精神。

5. 美好想象。通过想象一些自己所熟悉和喜欢的事物,把思绪集中在所想象的"看、闻、听"上,渐渐入境,由此而达到精神放松。

6. 调整呼吸。为了更好地放松,慢吸气,屏气,然后呼气,每一个阶段持续8拍。

7. 自我按摩。双目紧闭,用自己的指尖用力按摩前额和后脖颈处,有规则、有意识地向一定方向旋转,但不要漫无边际地揉搓。

8. 放声高歌。只要场合许可,尽可放开歌喉,拉长音调高歌,以得到不同程度的深呼吸,从而使精神放松、心情愉快。

9. 摆脱常规。经常使用不同的新方法,做一些自己不常做的事,比如倒着走,收腹吸气、高抬两腿等。

10. 培养和发展兴趣。努力培养自己对各种有益活动的兴趣,并乐于抽空去参与和享受。

第二节 挫折及其应对

【心理案例】

> 吴某家庭很贫困，但他从小就非常懂事和勤奋，考取了县城的重点高中。他高考因为生病没有发挥好，成绩只能报考民办的三本院校。但高昂的学费让吴某不得不放弃读本科，选择了听说就业前景很不错的一所高专院校。可是入学后吴某发现学校跟他想象的大学差距很大，管理很松，课程也不多，老师基本上完课就走了，不像高中老师那样抓学习，对所学的专业课也提不起兴趣来。他还听说毕业后就业虽然没问题，但大多工资待遇不高。自己想考公务员，但听说职位比较少，竞争比较激烈。吴某很后悔当初没有上本科，心情一直很低落，学习状态也很差，以致第一学期末竟然有两门专业课挂科了。吴某觉得自己竟然堕落至此，对自己非常失望，觉得未来也没有什么希望了，甚至觉得活着也没什么意思。
>
> 案例中的吴某初入大学校门，面对现实和理想之间的差距，内心落差较大，又不能及时调整好自己的心态和排解压力，导致挂科，感受到极大的挫折感。这种挫折感既由挂科这一现实负面事件引发，更因为吴某存在诸如"未来没有希望了""活着也没有意思"这样极端消极的非理性信念。吴某应该学会接受已经就读当前院校的事实，转换自己的非理性信念，理性面对挂科，调整好学习状态，树立学习和发展目标，充分利用学校的各类学习资源，勇于迎接各种挑战，不断提升自己。"挫折是块磨刀石，把强者磨得更加坚强，把弱者磨得更加脆弱。"作为即将面临社会各类新型挑战的大学生，要越挫越勇，做挫折面前的强者。

【心理知识】

一、挫折及其成因

（一）挫折的含义和构成

9.3 认识挫折

挫折是一种情绪状态，指个体在从事有目的的活动中，遇到无法克服或自以为无法克服的阻碍或干扰，使其动机不能实现、需要不能满足时所产生的消极情绪状态。个体有压力不一定有挫折，但有挫折一定会体验到压力。挫折由挫折情境、挫折认知和挫折反应构成，其中挫折认知是核心因素，挫折反应的性质及程度主要取决于挫折认知。挫折情境是指使得动机不能实现、需要不能满足的内外障碍或干扰，例如心理案例中的吴某考试挂科。挫折认知是指对挫折情境的知觉、认识和评价，例如，吴某认为考试挂科是自己非常大的失败，对自己非常失望，甚至觉得未来无望。挫折认知既可以是对实际遭遇到的挫折情境的认知，也可以是对想象中可能出现的挫折情境的认知。例如，有的大学生总觉得其他同学不喜欢他，怀疑别人在背后议论自己，虽然事实并非如此，但该同学还是会体验到挫折感。挫折反应即主体需要不能获得满足时，伴随着挫折认知而产生的情绪和行为反应，常见的有抑郁、焦虑、愤怒、攻击或躲避等。

挫折认知既可以对实际遭遇到的挫折情境去感受、认知和评价，因而产生心理挫折；也可以面对挫折情境以积极的心态去认识和评价它，认为它是考验和锻炼自己的一次机会，通过战胜障碍和困难来增强自己的意志与才干，这样不仅不会形成心理挫折，反而使之成为一种动力，催人奋进。因而，挫折作为一种心理现象既有客观性又有主观性。

（二）挫折产生的原因

1. 客观原因

一般来说，构成心理挫折的外在的客观因素主要包括自然因素、生理因素、社会因素、家庭因素和校园环境因素。

（1）自然因素

自然因素是指各种非人为力量所能克服的自然灾害、自然环境的限制以及自然物理因素，如地震、海啸等。此外，还有由自然因素引起的疾病、事故以及亲人生老病死等。

（2）生理因素

生理因素是指个体由生理素质、体力、外貌、某些先天缺陷所带来的局限和限制，造成活动失败，无法实现既定目标而导致挫折感的产生。例如，因为身高不足而没有入选校礼仪队，或者因为近视而不能参加警察招考。据调查，对自己容貌、身材不够满意的大学生占有一定的比例，这种身体形象评价偏低往往使自己信心不足，有时导致挫折感的产生。

（3）社会因素

社会因素是指个人在社会生活中受到的各种人为因素的限制与阻碍，包括政治、经济、法律、道德、风俗习惯等。对于大学生来说，学习压力大、经济困难、人际关系不良、就业形势严峻、两性感情纠葛等社会因素都可能带来挫折。

（4）家庭因素

家长的文化素质及道德修养较低、家庭经济情况较差、父母之间关系恶劣甚至破裂、父母教育方式粗暴、亲子关系疏远等状况，都可能成为大学生产生挫折感的原因。另外，如果家长在子女成长过程中过分溺爱和保护，缺少应有的挫折教育，也可能使得大学生抗挫力低，在遇到不如意和外在的压力时更容易体验到挫折。

（5）校园环境因素

很多大学生在入校前对大学的憧憬过于理想化，而现实学校的生活环境、规章制度、教育方式、软硬件设施、文化氛围等可能与个人期望不一致，这时挫折感就会产生。人际关系也常常是引起大学生产生挫折的重要因素，不少大学生缺乏与同学正常交往的经验与能力，而产生挫折，感到孤独、无聊、空虚。

2. 主观原因

主观原因主要指由于个体心理以及知识、能力等因素的阻碍和限制，使人的需要得不到满足，从而产生挫折感。

（1）个体能力

个体能力是指因个体智力条件或性格、能力等心理特征因素引起的心理挫折。例如，少数大学生由于智力条件或学习方法不当等因素，连续多次不能通过英语四级水平考试而产生极大的挫折感。另外，一些大学生的挫折承受能力过差，也会导致其在遭遇挫折情境时不知所措，难以在较短时间内摆脱挫折的不良影响，甚至导致心理和行为失常。

（2）期望水平

期望水平是指个体对自己所要达到的目标而规定的标准。有的学生对待事物不从实际出发，只考虑主观愿望；有的学生认为大学生活应该是理想且顺利的，对自己的期望过于绝对化，任何事情只准成功，不许失败。这两类学生都容易出现因期望水平过高而受挫的现象。

（3）认知因素

对挫折情境有正确的认知，对挫折损失做出客观评价的，往往比那些对挫折判断有误、认识偏颇的人更能适应挫折。同时，对挫折有心理准备和思想准备、认为挫折不可避免的人，比对挫折毫无防备、感到突然的人更能接受挫折。再者，对挫折是否持有辩证思维也影响挫折感的性质和强度。

（4）意志力

在遇到挫折时，意志力强的人能够自觉控制和调节自己的心理和行为，面对现实，找出失败的原因，施展所有的本领来应对困难，善始善终地将计划执行到底，直至目标实现。意志力强的人对挫折的适应能力、承受能力都较强，并能将挫折进一步转化为促进目标实现的积极因素，进一步增强自信心。意志薄弱的人往往缺少信心和主见，对自我的控制和约束力较差，在遇到挫折时，容易改变行为的方向，容易回避现实，采取消极的应对方式，其结果不仅严重影响既定目标的实现，同时还进一步降低自信心和对挫折的承受能力，甚至出现意志消沉和精神障碍。

大学生要学会分析和了解挫折产生的原因，对自己的大学生活以及以后步入社会都要有充分的思想准备。每个大学生都应该认识到，挫折不可避免，个体的需要和目标的实现都有一定的局限性。

【心理测试】

国际标准 AQ 测试题

AQ（逆境商数）是我们在面对逆境时的处理能力。它可以明确地描绘出一个人的挫折忍受力。根据 AQ 专家保罗·史托兹博士的研究，一个人 AQ 愈高，愈能以弹性面对逆境，积极乐观，接受困难的挑战，发挥创意找出解决方案，因此能不屈不挠，愈挫愈勇，最终表现卓越。

本测试共 20 题，测试时间 15 分钟。

一、将下列选项填到答案中

A. 很符合我的情况　　　　B. 比较符合我的情况　　　　C. 不能肯定
D. 不太符合我的情况　　　E. 根本不符合我的情况

二、问题

1. 若把考试卷拿到一个安静、无人的房间去做，我的成绩可能好一些。（　　）
2. 我在正式考试或测验时所取得的成绩比平时的要好得多。（　　）
3. 尽管我已经把演讲稿记得很牢，可是在讲演的时候却总要出些差错。（　　）
4. 如果有必要，我可以通宵达旦地工作和学习。（　　）
5. 夏天我比别人更怕热，冬天比别人更怕冷。（　　）
6. 即使在混乱嘈杂的环境里，我仍能集中精力高效率地学习和工作。（　　）
7. 体检时，医生都说我心跳过速，其实我的脉搏很正常。（　　）
8. 会议上发言时，我比别人更镇定、更自然。（　　）
9. 当家人的朋友来时，我常常想方设法躲避他们。（　　）
10. 外出时，我很快能适应当地的生活习俗。（　　）
11. 遇重大比赛时，场面越热烈，我的成绩越差。（　　）
12. 讨论问题时，我能流利地表达自己的看法。（　　）
13. 很多事情我更愿一个人做而不愿多人合作。（　　）
14. 考虑到大家要相安共处，我常不能坚定自己的立场或意见。（　　）
15. 在公众面前或面对生人时，我常有心跳加快的感觉。（　　）
16. 我能注意到应该注意到的细节，不管当时的情况多么紧迫。（　　）
17. 和别人辩论时，我常觉得自己没话说，但事后却发觉自己有很多理由能反驳对方。（　　）
18. 我正式的考试成绩比平时的要好。（　　）
19. 每到一个新的地方，我往往会有一些诸如失眠、心烦、吃不好、拉肚子等小毛病。（　　）

20. 夜间走路，我能比别人看得更清楚。（   ）

三、评分

凡属单号题（如 1、3、5……），从 A 到 E 的选项答案分别记 A（1 分）、B（2 分）、C（3 分）、D（4 分）、E（5 分）。凡属双号题（如 2、4、6……），从 A 到 E 的选项答案分别记 A（5 分）、B（4 分）、C（3 分）、D（2 分）、E（1 分）。

四、答案与分析

全部 20 题得分与心理适应能力的相互关系：

81～100：心理适应能力很强；

61～80：心理适应能力较强；

41～60：心理适应能力一般；

21～40：心理适应能力较差；

0～20：心理适应能力很差。

二、大学生的挫折应对

（一）挫折的消极应对

1. 攻击

心理学研究发现，在个体受挫后更容易表现出攻击行为。攻击行为可表现为向外和向内两种形式。外攻击主要表现为一些大学生在受挫后，可能会有意识或无意识地通过攻击他人或破坏物品来宣泄消极情绪。例如有些大学生在受挫之后，会对他人的言行尤为敏感，稍不如意就可能会觉得非常愤怒，难以忍受，在言语或行动上表现出攻击性。这种外攻击的行为可能会给自己、他人、学校，甚至社会带来消极的影响。还有一些大学生受到挫折后，会把自己封闭起来，反复自责，甚至出现自伤、自残等内攻击的行为，给自己的身心带来伤害，也让家人、朋友和老师担心不已。

2. 冷漠

冷漠指个体受到挫折以后表现出对于挫折情境漠不关心、无动于衷的态度。这是比攻击更为复杂的心理反应，对身心健康的损害非常大。冷漠并非没有愤怒的情绪成分，只是个体把愤怒暂时压抑，以间接的方式表现出来。这种现象表面显得冷淡、退让，内心深处则隐藏着极大的痛苦，是一种受压抑的情绪反应。如有些人人际交往困难、社会活动能力较差，多次失败后，他们渐渐地对生活、同学关系、集体活动持冷漠的态度，表现为死气沉沉、缺乏集体感。

3. 固执

固执是指个体遭受挫折后，听不进批评或劝导，看不清挫折的实质，慢慢失去信心，失去随机应变的能力，一意孤行地坚持自己的做法，形成刻板的反应方式，固执地重复某种无效的行为，其结果往往使个体失去改变困境的机会，在挫折中越陷越深。如有的大学生考试成绩不理想，就开始挑灯夜战，每天熬到深夜，其效果并不好，还严重影响了白天听课的质量，大大降低了学习效率，导致成绩继续下滑，于是再熬夜学习，如此恶性循环。自己明知这种做法有问题，仍然固执己见，坚持这样做。固执行为往往容易发生在一些性格内向、倔强、看问题片面的人身上。固执是一种非理智的消极行为，往往使人企图通过重复无效的动作来对抗挫折压力，对人的成长是极为不利的。

4. 倒退

倒退是指一个人受到挫折时不自主地表现出一些与自己的年龄、身份极不相符的幼稚行为。例如，有的大学生上课玩手机，被老师批评后觉得很没有面子，情绪激动，在课堂上大哭大喊起来。倒退的另一种表现是受暗示性，表现为一个人受到挫折后盲目地相信别人，盲目地执行某人的指示。表现出这种行为方式的大学生往往对自己缺乏信心，看不到自己的力量，像孩子一样依赖他人。

5. 逃避

逃避是指大学生在受挫后，不敢面对自己所预感的挫折情境，而逃到比较安全的环境中去的行为。逃避有三个表现：一是逃到另一种现实中，如学习不好就玩游戏或者沉迷于"刷剧"中；二是逃向幻想世界；三是逃向疾病。

6. 形成习得无助感

习得无助感是指个体在经历了多次的挫折后，形成的一种认为自己的能力很差，自我评价低，低自我效能和低成就动机，自信心完全丧失、自暴自弃，形成消极定势的心理状态。有了这种心理状态后，个体在以后的生活和学习中，即使是面对自己能够解决的问题，主观上也会错误地认为自己没有能力解决，不会积极、主动地寻求解决问题的办法，而是听之任之。例如，有些大学生在日常的学习中，可能经历了几次考试的失败，或参加几个社团的应聘而被淘汰，就产生自己什么都不行的想法，于是干脆放弃学习或放弃参加各种活动，把自己的大部分时间投入到网络游戏中，通过各种虚幻的网络世界来证明自己的能力，通过网络游戏来获得成就感和自尊，结果导致网络成瘾，荒废了自己的学业。

（二）挫折的积极应对

1. 树立正确的挫折观

提高挫折承受力，首先要对挫折有一个正确的认识。人生不可能总是一帆风顺，挫折是普遍客观存在的，是人们生活的组成部分。因此，大学生应做好面对挫折的充分的心理准备，一旦遇到挫折，就不会惊慌失措，痛苦绝望，而能够正视现实，敢于面对挫折的挑战。同时，也应该看到，挫折具有两面性，既具有给人打击、使人痛苦的消极的一面，也具有使人奋进、成熟，从中得到锻炼的积极的一面。平静、安逸、舒适的生活，往往使人安于现状，停步不前；挫折却使人得到磨炼和考验，变得更加成熟和坚强。另外，大学生也应该保持积极乐观的心态，认识到挫折并不总是发生的，生活中还有很多快乐、幸运和幸福的事情。所以，大学生在遇到挫折时，不应只看到挫折带来的损失和痛苦，还应看到自己的优点和已取得的成绩，看到自己拥有的幸福；不应始终停留在挫折产生的不良情绪之中，而应尽快从情感的痛苦中解脱出来，以理智面对挫折。

2. 积极投身实践活动，不断磨炼自己、积累经验

大学生应积极投身实践活动，在实践中不断磨炼自己，培养坚强的意志品质，提高挫折承受力。在实践过程中，不要惧怕失败，要善于从失败中总结经验教训，变消极因素为积极因素，使挫折向积极方向转化，不断提高自己解决困难、战胜挫折的能力。在总结经验教训时，应着重考虑确定的奋斗目标是否恰当、实施的途径和方法是否正确、造成挫折的原因来自何处、转败为胜的办法在哪里。

3. 增强自信，勇于面对挫折

面对挫折，勇敢和自信的人就像是百折不挠的竹子一般，坚韧坚强，不轻言放弃。"苦难是坚强者磨炼意志的磨刀石，也是懦弱者自甘堕落的滑梯"。挫折对于勇敢自信的人来说是人生的调味剂，更能激发他们奋发向上的斗志和豪情，让他们愈挫愈勇。而对于懦弱自卑的人来说，挫折可能是可怕而不可战胜的，他们很可能在挫折中自甘沉沦，一蹶不振。大学生应该学会客观而积极地评价自己，正确认识自己身上的闪光点和自我价值，通过实践活动提高自身能力和自信心，增强面对挫折的勇气和意志力。

4. 适当运用心理防御机制

心理防御机制是以某种心理的方式或手段，将自己与现实的关系做出某些改变，使自己较容易接受挫折，不至于引起心理上太大的紧张和痛苦，以保持心情安宁的一种方式。例如，竞选学生会干部失败，可以适当安慰自己："学生会各种事务太繁杂了，耽误学习，不参加还可以多花点时间看看专业书。"这里就是运用了"合理化解释"这一心理防御机制，它是指以能够满足个人需要的理由来解释不能实现自我目标的现象。这位同学还可能会想到"我没有竞选上，大多数人都没竞选上，大家都一样，没什么大不了。"这样对于失败的痛苦就减轻了不少。这里运用的就是"投射"这一心理防御机制，即把自己的愿望与动机归于他人，断言他人有此动机和愿望。如果这位同学想"当班干部也一样可以锻炼自己，何必非要削尖脑袋往学生会挤呢？"然后为竞选班干部积极做准备。这里运用的就是"替代"这一心理防御机制，即以一种自己可以达到的目标来代替自己不能满足的愿望。

5. 学习和掌握一些自我心理调适方法，主动寻求社会支持和咨询帮助

学习和掌握一些自我心理调适方法可以有效地化解因挫折而产生的焦虑、紧张等不良情绪，从而提高挫折承受力。常用的自我心理调适方法有自我暗示法、放松调节法、想象脱敏法、想象调节法和呼吸调节法等。另外，当大学生遇到挫折，处于焦虑和痛苦情绪之中时，切忌将自己封闭起来，而应该主动寻求朋友、家人、老师的支持和帮助。来自他人的安慰、关心、支持、鼓励和信任，将有效地缓解消极情绪反应。且在与他人沟通过程中常常能够得到来自他人的建议，从而摆脱当局者的迷思，有利于大学生走出情绪困扰，找到应对挫折的积极方法。

如果遭受挫折后陷入不良情绪中不能自拔，还可以向心理咨询师寻求专业的疏导帮助。通过心理咨询，受挫者在心理咨询师的引导下，校正主观认识，发挥内在潜力，消除心理障碍，明确前进方向，化解不良情绪和行为反应，最终获得心理上的成长，提高挫折承受力。

【心理活动】

抗挫天使

三人一组，轮流扮演凡人、天使和恶魔。凡人说出最近引发自己挫折感的事件，恶魔要用语言让凡人挫折感更加强烈，引诱凡人采取更消极的挫折应对方式。而天使则要用语言帮助凡人缓解或解除挫折感，引导凡人采取积极的挫折应对方式。每次由恶魔先说30秒，然后再由天使说30秒，轮回三次。然后三人轮换角色，直到每个人轮过三个角色为止。最后每个人轮流分享刚刚扮演不同角色的感受。

通过该活动让同学们体验到，面对挫折时，对挫折不同的认知和解读会导致不同的挫折感。积极理性地认识挫折会帮助我们缓解挫折感，引导我们采取积极的挫折应对方式，有利于我们从挫折中获得成长的果实。

面对挫折，消极的心理、行为反应不仅不能解决问题，还可能会使大学生在自我欺骗中与现实环境脱节，适应能力降低，埋下心理病患的种子，影响其身心健康和全面发展；而积极的心理、行为反应有助于大学生适应挫折、化解困境，利于个人成长。大学生应该树立积极的挫折观，增强自己的耐挫力，以适应社会的发展。

【推荐阅读与欣赏】

1. 书籍：《自控力》[美] 凯利·麦格尼格尔．王岑卉，译．北京：文化发展出版社，2012.

简介：很多时候我们的压力可能来源于自我失控：想要高质量地完成某个任务，却拖到最后一分钟才慌里慌张着手准备；想要合理规划时间，却总是忍不住将大把大把的时间浪费在刷手机或打游戏上；想要改变不健康的饮食习惯，却总是抵抗不住高热量食物的诱

惑；想要改变性格的弱点或是提升某些能力，但总是不了了之……美国著名健康心理学家凯利·麦格尼格尔博士吸收了心理学、神经学和经济学等学科的最新洞见，为斯坦福大学继续教育项目开设了一门叫做"自控力科学"的课程，告诉人们如何改变旧习惯、培养健康的新习惯、克服拖延、抓住重点、管理压力。而《自控力》一书就是基于此课程而作。通过阅读这本书，我们可以了解什么是自控力及其重要性，明确影响自控力的生理、心理和各种社会因素，懂得自控力是如何发挥作用的，逐步掌握培养自控力的方法，并运用自控力去创造积极的改变，减缓压力。

2. 电影：《当幸福来敲门》

简介：这部电影由威尔·史密斯主演，取材于真实故事，主角是美国黑人投资专家克里斯·加德纳。影片的主角克里斯在事业上遭遇了极大的打击，生活潦倒，妻子也因为忍受不了长期的贫困生活而出走，失业的克里斯只得独自抚养六岁的儿子。因为没有钱交房租，克里斯和儿子被赶出家门，流落街头，甚至沦落到住公共卫生间的地步。为了和儿子过上幸福的好日子，毫无股票知识的克里斯立志成为一名出色的股票经纪人。经历了无数的艰难和挫折后，凭借着吃苦耐劳的毅力和乐观积极的态度，克里斯终于成为一名出色的股市交易员，并最终成为知名的金融投资家，迎来了属于父子俩的幸福生活。

第十章 高瞻远瞩——大学生职业生涯规划与就业心理

【教学目标】

知识目标：了解职业生涯规划有关理论；了解求职过程中可能出现的就业心理；掌握职业生涯规划对大学生未来发展的重要意义。

能力目标：掌握制订职业生涯规划的一般方法；树立正确的就业观念，掌握必要的就业技巧；能够在教师的指导和帮助下自我调整就业时遇到的一些心理问题。

【心灵漫话】

不谋万世者，不足谋一时；不谋全局者，不足谋一域。　　——［清］陈澹然

计划的制订比计划本身更为重要。　　——［美］戴尔·麦康基

第一节　大学生的职业生涯规划

【心理案例】

小徐，2010年大学毕业生，有计算机网络管理证书、大学英语四级证书。这样的求职条件在就业市场上还是可以获得一些企业青睐的。然而，小徐却只有两个月的保安工作经历。乍一听到这一工作经历，笔者忍不住地问他："为什么会去找保安的工作？"得到的回答是："工作太难找了，找了半年，也没有合适的，心想不管是什么工作，只要能让我快点上班就行了，于是找到了这份保安的工作。但是，做了两个月，发现这份工作还是不适合自己，又辞职了。"

其实，就算小徐不说，大家都能够猜到这份工作做不长。因为这份工作对于小徐

来说不合适。也许一两个月能够做下去，那么，一年两年呢？终究有一天，他会发现不合适，再进行求职。求职时切不可像小徐这样，随便抓根稻草就以为可以救命。要根据自身兴趣、爱好、能力等因素选择符合自己的工作，因而做好职业生涯规划是每一个大学生要考虑的问题。

【心理知识】

大学是一个人人生观、价值观、世界观形成的重要时期，也是大学生成人和做好职业准备的重要时期，尽早做好职业生涯规划，其重要性和必要性不言而喻。

一、大学生活与职业生涯规划

（一）职业生涯规划的含义

10.1 职业生涯规划的定义与意义

职业是人一生所从事的工作、岗位和扮演的一系列角色的综合，既是可以从中获取应有报酬的岗位，又是扮演一定社会角色、履行自身社会职责的天地，还是使个人的人生价值得以体现的场所。生涯是指一个人的生命成长历程，也就是英文"Career"。Career 一词在希腊文中有"疯狂竞争"的意思。在现代社会，人的生涯实质就是竞争的生涯。

职业生涯规划是指个人在生涯发展历程中，对个人的能力倾向、价值观、兴趣爱好、气质等个性特征，结合职业类型、行业发展和社会环境等客观因素，进行综合分析与权衡，确定个人最佳的职业奋斗目标，并为实现这一目标做出行之有效的行动过程。

（二）大学生发展与职业生涯规划

1. 职业生涯规划可以发掘自我潜能，增强个人实力

一份行之有效的职业生涯规划将会：引导你正确认识自身的个性特质、现有与潜在的资源优势，帮助你重新对自己的价值进行定位并使其持续增值；引导你对自己的综合优势与劣势进行对比分析，使你树立明确的职业发展目标与职业理想；引导你评估个人目标与现实之间的差距；引导你前瞻与实际相结合的职业定位，搜索或发现新的或有潜力的职业机会，使你学会如何运用科学的方法，采取可行的步骤与措施，不断增强你的职业竞争力，实现自己的职业目标与理想。

2. 职业生涯规划可以增强发展的目的性与计划性，提升成功的机会

生涯发展要有计划、有目的，不可盲目地"撞大运"，很多时候我们的职业生涯受挫就是由于生涯规划没有做好。好的计划是成功的开始，古语讲，"凡事预则立，不预则废"

就是这个道理。

3. 职业生涯规划可以提升应对竞争的能力

当今社会处在变革的时代，到处充满着激烈的竞争。职业活动的竞争非常突出，要想在这场激烈的竞争中脱颖而出并保持立于不败之地，必须设计好自己的职业生涯规划。这样才能做到心中有数，不打无准备之仗。清华大学前校长顾秉林先生给毕业生说过这样一段话：未来的世界是，方向比努力重要，能力比知识重要，健康比成绩重要，生活比文凭重要，情商比智商重要！大学生进行职业生涯规划能为自己确立职业方向、职业目标，选择职业道路，确定教育计划、发展计划，不断提升自己的职业竞争力，为社会、企业创造更多价值和财富，同时也能更好地实现个体价值。

4. 职业生涯规划有助于大学生自我认同的发展

国内学者研究发现，职业生涯团体辅导是促进大学生建立自我同一性的有效途径之一。自我认同是在校大学生发展的主要任务。考虑"我是谁""我想做什么""我能做什么""我应该做什么"，并积极行动，对于今后工作、婚姻和未来生涯发展将产生重大影响，影响个体成年以后的生活质量。

（三）职业生涯规划与设计的步骤

一个规范的生涯规划，应该包括三个重点：个人特质的澄清与了解、教育与职业资料的提供和个人与环境关系的协调。这三个方面在生涯规划中同等重要。

10.2 职业生涯规划的步骤

个人特质的澄清与了解，涉及个人的需要、兴趣、能力倾向以及价值观念等。了解自己，是职业选择或生涯规划的最基本要求。这些特质，可以通过对生涯的探索活动、自我评定或心理测验等进行了解。

教育与职业资料的提供，是整个生涯目标决定过程中不可或缺的部分。缺乏对职业世界的了解，想做好职业选择，是不切实际的。个体的职业认定常受到原有印象的影响，如性别、学历等，也有的职业或专业的名称也许只有一字之差，但其内容、性质或发展却相差很多，因而，正确资料的提供是生涯目标决定的重要依据。

环境因素的影响，大多是社会文化以及机会因素。这些因素通常是个人无法掌握或控制的，例如家庭或重要他人的意见，社会重大事件的影响，或经济景气的与否，等等，因此，不可能要求改变环境来适应人的需求。于是，职业规划就要求人具备良好的环境适应能力，主动协调与环境的关系，保持和谐一致。

职业生涯规划的过程很漫长，而且是一个动态的过程。但就一个完整的职业生涯规划过程而言，可以经过以下具体步骤来完成。

1. 评估

大学生职业生涯规划的第一个关键环节是进行正确的评估,包括自我评估和生涯机会评估,也就是"知己""知彼"的过程。

(1) 正确的自我评估

这是大学生对自身内部和职业生涯相关联的各种因素的分析和评价,主要有个人的兴趣、个性、能力、特长、学识等。正确的自我评估是大学生探索其职业倾向的基础,它关系到大学生是否能培养健康的自我意识,树立稳定的自信心。自我评估的过程要求在大学生入学的初期阶段就开始着手进行。这一阶段大多数大学生处于重新构建自我意识的困惑期,特别是对自我的评价出现重大波动,自我评价的标准陷入混乱。重新进行正确的自我评价,要求大学生摆脱过去的评估定势,从职业生涯规划的角度出发,挖掘自身与某一职业类型或某些职业领域具有内在联系的资源与优势,沿着生涯规划的思路不断探索自我、塑造自我。

> 【小贴士】360°主观评价法
>
> 360°主观评价法又称为多渠道评估法,是指通过收集与受评者有密切关系的、来自不同层面人员的评估信息,全方位地评估受评者。通过评估反馈,获得来自多层面人员对受评者素质、能力等方面的评估意见,有利于全面、客观地了解受评者的个人特质、优缺点等信息,作为受评者进行职业生涯规划及能力发展的参考。比如通过家人、亲戚、朋友、老师和同学等周围的人对本人进行客观的分析,来达到自我认知的目的。

(2) 客观的生涯机会评估

这是大学生对自身以外的环境以及各种类型职业性质的分析和评价。大学生应当在关注社会政治、经济等大环境变化发展趋势的基础上,充分了解自身所处的校园生活小环境的基本情况,分析自己与环境的关系,自己在环境中的地位以及环境给自己带来的优势和劣势;分析环境条件的特点、发展变化情况,把握环境因素的优势与限制;了解本专业、本行业的地位、形势以及发展趋势。只有这样,才能在职业生涯规划中做到避害趋利,提高生涯规划的实际意义。

2. 确定目标

职业生涯规划的目标包括长期、中期、短期目标。长期目标一般是指今后职业发展的最高点或职业理想,时间为5～10年;中期目标时间为3～5年,主要是指为了实现个人的职业理想,在大学期间应当达到的目标;短期目标的时间可分为一年、一月、一周、一日等。确立具体的目标,主要是合理制订大学期间不同阶段的具体的生涯规划目标。长期目标可以使人看到未来发展的美好前景,中期目标可以规划经过努力所要达到的阶段性目标,而短期目标则可以把长期目标、中期目标分解到较短的时间内,短期目标的实现可以强化实现目标过程中的积极行为,建立实现中、长期目标的信心。因此,在确立长期目标时要立足现实、慎重选择、全面考虑,使之既有现实性又有前瞻性,一旦制定就不要随意更改。中期目标的确立应切合实际,有一定的操作性,切忌大而空。短期目标要细化至具体的工作、时间、完成时限,要便于操作与检查,及时获得反馈信息。

许多职业咨询机构和心理学专家在进行职业咨询和职业规划时常常采用的一种方法就是有关五个"what"的归零思考模式,即:

① What are you?
② What do you want?
③ What can you do?
④ What can support you?
⑤ What can you be in the end?

对于第一个问题"我是谁?"是指对自己进行一次深刻地反思,把优点和缺点都一一列出来。第二个问题"我想干什么?"是指对自己职业发展的一个心理趋向的检查。第三个问题"我能干什么?"是指对自己能力与潜力的全面总结。第四个问题"环境支持或允许我干什么?"是指对主客观因素的深入调查,做出可行性分析。该模式认为,明晰了这四个问题之后,就能找到实现有关职业目标的有利和不利条件,列出不利条件以及自己想做而且又能够达成的职业目标,即第五个问题"自己最终的职业目标是什么?"这一模式对大学生职业生涯规划的目标确定能起到指导作用。

确定目标的过程中,可以根据自己的个性特征、兴趣爱好、习惯等,在充分自我评估与生涯机会评估的基础上来考虑,体现目标的个性化特点。女生还应该特别考虑性别因素,即女性的优势与劣势。

3. 职业定位

职业定位就是要为职业目标与自己的潜能以及主客观条件谋求最佳匹配。良好的职业定位是以自己的最佳才能、最优性格、最大兴趣、最有利的环境等信息为依据的。职业定位过程中要考虑性格与职业的匹配、兴趣与职业的匹配、特长与职业的匹配、专业与职业的匹配等。职业定位应注意:依据客观现实,考虑个人与社会、单位的关系;比较鉴别,比较职业的条件、要求、性质与自身条件的匹配情况,选择更适合自己的特长、更感兴趣、经过努力能很快胜任、有发展前途的职业;扬长避短,看主要方面,不要追求十全十美的职业;审时度势,及时调整。

美国著名的职业心理学家施恩教授提出了职业锚的概念。他认为,在职业生涯规划这个连续不断的过程中,每个人都会根据自己的天资、能力、动机、需要、态度和价值观等慢慢地形成较为明晰的与职业有关的自我概念。随着一个人对自己越来越了解，这个人就会越来越明显地形成一个占主要地位的职业锚。可见，职业锚就是一个人在进行职业选择的时候，不会放弃的职业中那种至关重要的态度价值观，它含有职业稳定、方向、定位的意思。目前大学生在职业选择时考虑的因素常常具有多样性和不稳定性，有时候受外部因素影响较大，如待遇、地域、职业声望、传统观念等。这正反映了大学生在职业锚的探索与定位环节上的薄弱。不论是选择职业还是更换职业，大学生在职业规划上的信念和原则应当是始终如一的。只有这样，个人的职业生涯规划过程才是连贯的、有效的。

4. 制订实现职业生涯目标的行动方案

行动方案的制订是职业生涯规划付诸行动的重要环节，没有行动，职业目标只能是一种梦想。要制订周详的行动方案，更要注意去落实这一行动方案。如为实现职业理想，在学习方面，你计划学习哪些知识？掌握哪些技能？在潜能开发方面，你可能的潜能有哪些？采取什么有效措施可以开发你的潜能？在社会实践方面，参加哪些社团活动可以提高你的实践能力？参加哪些实践活动可以提高专业能力？在素质拓展方面，怎样使自己尽可能全面发展？这些都要有具体的计划与明确的措施，包括时间分配和具体落实等。行动方案的制订贵在实事求是，重在可操作性。

5. 反馈与修正

职业生涯规划是否合理、有效，必须通过实施才能检验。通过实施效果的反馈信息，来诊断整个规划的科学性、实效性及针对性，及时找出生涯规划各个环节存在的问题，采取相应对策，对规划进行调整与完善。在规划修正的过程中，要特别注意突出规划中有效部分的完善和相对稳定性，同时，要有良好的变通能力，根据环境与情景的变化及时修改和调整职业生涯规划，做到相对稳定与变通相结合。

这五个步骤是相对独立，但又相辅相成的，往往要经过多次的反复才能形成一个较为合理的职业生涯规划。当然，职业生涯规划是一个动态的过程，任何规划都是在实施过程中不断完善的。

二、影响大学生职业发展的心理因素

（一）动机水平

个体行为动机的强度取决于效价的大小和期望值的高低，动机强度与效价及期望值成正比。效价，是指个体对一定目标重要性的主观评价。期望值，是指个体对实现目标可能性大小的评估也即目标实现概率。大学生行为动机的强度取决于效价大小和期望值的高低。效价越大，期望值越高。大学生行为动机越强烈，就是说为达到一定目标，他将付出极大努力。如果效价为零乃至负值，表明目标实现对个人毫无意义。在这种情况下，目标实现的可能性再大，个人也不会产生追逐目标的动机。如果目标实现的概率为零，那么无论目标实现意义多么重大，个人同样不会产生追求目标的动机。

动机有内在动机和外在动机之分。内在动机是指人们根据其自发兴趣进行探索，掌握新信息、新技能，尝试新体验的一种动机。与外在动机驱使人从事某种活动相比，那些受内在动机驱使而从事某种活动者会表现出更强烈的兴趣和自信，会发挥出更好的水平，有更出色的表现，也彰显出更鲜明的持久性和独特性的特质，其自尊和幸福感也可得到更加充分的满足。因此提高内部动机可以帮助学生克服困难，努力达到目标。

（二）人格特质

个体的能力倾向、兴趣爱好、气质与性格等方面的个人特质，某些程度上限制了个人对职业选择的自由。在职业定向上，能力因素起筛选作用，个人根据能力的高低和能力优势确定其职业意向。在人才市场中，用人单位都把能力作为一个重要的考虑因素。能力强的人自然备受招聘者的青睐，在求职过程中也表现出更多的自信。能力差的人再加上自卑心理的障碍，求职就会遇到更多的麻烦，不过个性其他方面的优势可以缓解和改善这种状况。不同的能力优势也影响着职业选择趋向，长于记忆、细于观察、善于思维或者想象力丰富的人都可能选择到适合自己并容易发挥自己能力特长的职业。

什么气质类型的人适合从事什么样的工作，比较普遍的提法是把人的气质分为四种类型：多血质型、胆汁质型、黏液质型和抑郁质型，他们分别适合何种职业类型呢，请看表10-1。

表10-1 四种气质类型与职业匹配

类型	适合的工作	对应职业
多血质	适合做社交性、文艺性、多样性、要求反应敏捷且均衡的工作，而不太适宜做需要细心钻研的工作	外交人员、管理人员、驾驶人员、医生、律师、运动员、新闻记者、冒险家、服务员、侦察员、干警、演员等
胆汁质	适合做反应迅速、动作有力、应激性强、危险性较大、难度较高而费力的工作，不适宜从事稳重、细致的工作	导游、勘探工作者、推销员、节目主持人、演讲者、外事接待人员等
黏液质	适合做有条不紊、刻板平静、难度较高的工作，不适宜从事剧烈多变的工作	外科医生、法官、管理人员、出纳员、播音员、会计、调解员等

（续表）

类型	适合的工作	对应职业
抑郁质	适合做兢兢业业、持久细致的工作，不适宜做要求反应灵敏、处理果断的工作	技术员、打字员、排版工、检查员、登录员、化验员、刺绣工、机要秘书、保管员等

需要说明的是，气质并无好坏之分，任何一种气质都有其积极和消极的方面，气质并不决定一个人的社会价值和成就的大小。另外，现实生活中，纯粹属于某一气质类型的人也不多，多数人是几种气质兼而有之的混合型。还要说明，决定人行为的实际能力的是性格特点，而性格是后天形成的，是可以锻炼改造的，只要扬长避短，每一种气质类型的人都可以在大部分职业中有所作为。所以，确定职业意愿要考虑气质因素，但又不能将它的作用扩大化、绝对化。

不同性格适应不同的工作范围。由于人们从事的职业各自具有不同的特点，因而对毕业生的性格特点也会提出不同的要求。一般说来，开朗、活泼、热情、温和的性格，比较适合从事外贸、涉外工作、文体工作、教育工作、服务工作以及其他同人群交往多的职业；好问、倔强的性格，比较适合于从事科研、治学方面的工作；深沉、严谨、认真的性格，比较适合做人事、行政、党务工作；而勇敢、沉着、果断与坚定是新型企业家和管理者不可缺少的性格。

【心理故事】

诸葛亮的职业规划

诸葛亮躬耕隆中，在10多年的耕读时光里，他对自己未来的生涯发展有过深入的思考。从自身条件来讲，诸葛亮有过人的学习能力，他精通儒、法、道等诸子经典，对天象、地理、易经、兵法也有相当的研究，知识渊博、文武兼备，常常自比管仲、乐毅，这表明诸葛亮的志向是做一个规划和管理人才，因为这是他的特长。从外部环境来看，当时各路英雄豪杰中，刘备是比较特殊的一个。一方面，他有雄才大略，仁慈而注重人才；另一方面，他却连自己的根据地都没有，与几个肝胆相照的文武将佐寄人篱下。其颠沛流离的症结是缺乏管理型大师，而这正是诸葛亮的"对口"职业。所以诸葛亮抱定志向辅佐刘备，演绎了他富有传奇色彩的一生。

（三）早期生活经验

临床心理学家罗伊（Anne Roe），依据自己所从事的临床心理学经验及对各类杰出人物有关适应、创造、智力等特质的研究结果，综合了精神分析论、莫瑞的人格理论与马斯洛的需要层次论，总结了遗传因素和儿童时期的经验对于未来职业行为的影响。

罗伊认为早年经验会增强或削弱个人高层次的需求，进而影响人的生涯发展，她特别强调早期经验对个体以后的择业行为的影响。个体不同的儿童时期的经验，塑造出个人需求满足的不同方式。而每一种方式对于生涯选择的行为都有不同的意义。罗伊认为需求满足的发展与个人早期的家庭气氛及成年后的职业选择有着密切的关系。如个体成长过程中，父母对他是接纳的还是拒绝的，家中气氛是温暖的还是冷漠的，父母对他的行为是自由放任的还是保守严厉的，这些都会反映在个人所做的职业选择上。

根据罗伊的理论，你所选择的工作反映了你儿时的家庭心理氛围。如果你的家庭氛围是温暖、慈爱、接纳或过度保护的，你可能会选择服务、商业、组织、文化和艺术娱乐类等跟人打交道的工作。如果你经历的家庭氛围是冷漠、忽视、拒绝或过度要求的，你可能会选技术、户外、科学之类等跟物体、动植物而非跟人打交道的职业。

第二节　大学生就业心理问题及调适

【心理故事】

有两只小青蛙，不小心掉进了一个装油的坛子里，想跳出来，油太腻，想爬出来，坛子太滑，多次努力没有结果。其中一只青蛙想：反正没有希望还游什么呢？这样想着，于是越来越游不动了；而另一只青蛙虽然疲劳，但还是坚持游着，只要有力气，我就要游下去！游着，游着，它突然碰到了一块坚实的固体，是黄油在它的不停搅动下凝固起来，它踩在逐渐凝固的黄油上一用劲跳了出来——原来成功就这么简单。

【心理知识】

面对就业的现实情况，大学生可能会产生焦虑、自卑等心理问题，因此，我们必须调整心态，做好应对各种困难的心理准备。

一、大学生常见的就业心理问题

近两年来，大学生就业受挫产生的心理问题以焦虑、抑郁、自闭等心理障碍和自卑、自傲等自我认知障碍为主，有些心理专家将大学毕业生的这些心理问题统称为"就业综合征"，具体有以下表现。

（一）急功近利

一些毕业生选择就业单位时过分强调金钱，以工资高为择业标准，片面扩大自我利益的追求而缺乏对职业理想、就业环境的考虑，只顾眼前利益，放弃长远目标。主要表现在薪酬、地域、个人发展机会和要求专业对口等个人功利取向方面。其中，在就业地区的选择方面，大学生"重东部，轻西部""重大城市，轻中小城市和农村"的想法仍没有得到明显改观。

（二）焦虑急躁

当毕业生在投递了无数份简历，参加了若干场招聘会，经历了漫长的等待、失望之后，往往都会产生焦虑急躁的心理。这种心理产生的因素主要有以下几个方面：第一，缺乏充分的就业准备，由于事先的计划性不强，对可能遇到的困难、出现的问题考虑不周到，缺乏必要的心理准备和应对措施；第二，缺乏对纷繁复杂的现实社会的理性认识，产生了步入社会前的心理恐惧；第三，缺失择业方向和择业方法，始终不能顺利就业，因择业挫折产生就业恐慌。

（三）自卑抑郁

自卑心理表现为对自身的能力和素质评价过低。一些大学生对自己缺乏信心，觉得自己处处不如他人，在求职中，不能充分展示自我，缺乏大胆尝试、积极参与竞争的勇气，从而错失就业良机。过度的自卑，还会产生精神不振、心理扭曲、沮丧、孤寂、脆弱等心理现象，久而久之还可能会导致自卑型人格的形成。

（四）挫折失望

挫折感是个人从事有目的的活动遇到障碍时所表现出来的情绪反应，如陷入苦闷、焦虑、失望、悔恨、愤怒等消极的心理状态。大学生往往都有"十年寒窗苦，一举成名时"的高自我期望，但一般来讲，大学生在择业过程中都有投出简历没回音、面试被拒绝的挫折经历。当代大学生生活经历简单，未曾经历过多少波折，心理承受能力和自我调节能力较差，情绪波动较大，缺乏应对挫折的心理准备，进而使择业行为发生偏差。

（五）嫉妒自负

人总有一种要求成功的欲望，有一种超过别人的冲动，这本是正常的，但是有些人在成功不了和超过不能的时候，产生了一种由羞愧、愤怒、怨恨等组成的复杂情感，这就是嫉妒。嫉妒心理出现以后，就容易产生嫉妒行为。例如，中伤别人，怨恨别人，诋毁别人，想方设法贬低别人，无端讽刺、挖苦别人等。还有一些毕业生或因就读名校，或因所学专业紧俏，就产生了高人一等的自负心理，在这种心理支配下，很多学生往往由于高估自己的能力而在求职择业过程中失败。

（六）择业从众

择业时的从众心理，是指在求职择业时"跟着感觉走"，盲目从众。形成择业"从众"心理现象主要是由缺乏择业主动性，缺乏对现实就业市场和政策的充分了解，缺乏对就业信息的主动收集与分析判断，对自己的职业目标、需要、价值观以及自身特点等没有明确认识，在就业时不能正视自己的能力、素质和择业的客观环境，随大流而造成的。

（七）盲目攀比

一些大学生在求职时往往不能从自身的实际情况出发，而是急于求成，看到其他同学找到令人羡慕的工作、获得可观的收入时，觉得自己如果找不到理想的工作就会很没有面子。尤其是成绩较好的同学，他们总觉得自己在校期间成绩较好，荣誉多，理所当然工作也应比别人好，却不知用人单位并非以此作为评判人才的唯一标准。在这种攀比心理的驱使下，他们将自己择业的目标定得过高，要求用人单位十全十美。这种心态导致他们不能积极对自己进行正确、客观、公正的分析，过多地把注意力放在他人的就业取向上，结果耽误了最佳的求职时间，使自己错过了许多择业的机会。

（八）依赖心理

一些毕业生在择业中缺乏独立意识和自主承担责任的意识，形成择业依赖心理现象。这主要是由个人独立决策能力不强，缺乏进取精神造成的。其往往表现为不主动出击，消极逃避就业市场，抱着等、靠、要的依赖思想，依赖家人通融社会关系，试图通过关系就业；依赖老师、学校送工作上门，总念着"车到山前必有路""天上也会掉馅饼"，试图坐等就业；即便有就业岗位选择的机会，也要向千里之外的家长寻求决策帮助，对职业左顾右盼，拿不定主意，以致贻误择业时机。

【拓展阅读】

能够到达金字塔顶端的只有两种动物。一种是雄鹰，靠自己的天赋和翅膀飞了上去。很多同学学习不需要太努力就能达到高峰，很轻松地就能在北大毕业以后进入哈佛、耶鲁、牛津、剑桥这样的名牌大学继续深造。有很多同学身上充满了天赋，有天赋的人就像雄鹰。但是，有另外一种动物也能达到金字塔的顶端，那就是蜗牛。蜗牛是爬上去的，从底下爬到上面可能要一个月两个月，甚至一年、两年。在金字塔顶端，人们确实找到了蜗牛的痕迹。我相信蜗牛绝对不会一帆风顺地爬上去，一定会掉下来，再爬，掉下来，再爬。但是，同学们所要知道的是，蜗牛只要爬到金字塔顶端，它眼中所看到的世界，它收获的成就跟雄鹰是一模一样的。所以，也许我们在座的同学有的是雄鹰，有的是蜗牛。我在北大的时候，包括到今天为止，我一直认为我是一只蜗牛。但是我一直在爬，也许还没有爬到金字塔的顶端。但是只要我在爬，就足以给自己留下令生命感动的日子。

——俞敏洪在北京大学2008年开学典礼上的演讲

二、影响就业的心理因素

（一）自我同一性混乱

许多毕业生在求职择业时，尚未达成自我同一性。具体来说，就是对自己的职业目标、需要、价值观以及自身特点等没有明确的认识，在就业时不能正视自己的能力、素质和择业的客观环境，不能对自己有一个客观、清醒、全面的评价。因此，在职业选择时往往表现出茫然、犹豫不决、反复无常、见异思迁、躁动不安，不能主动且独立地获取职业信息、筛选目标、规划职业生涯，也不能解决就业中的问题，做出正确的决策。自我同一性混乱在就业中的两个突出表现就是盲目从众与依赖，缺乏自主择业的能力。

（二）自卑与自大

一些毕业生在求职过程中常会产生自卑心理，对自己评价偏低，尤其一些高职高专毕业生，他们总是以为自己的水平比别人差，单位要求很高自己肯定达不到，自己能力不行，等等。就业中的自卑一般产生于以下一些情况：首先，一些冷门专业的毕业生看到就业市场招聘自己专业的单位少、待遇差或在求职中遭冷遇，就容易悲观失望；其次，一些性格比较内向、不善言辞的毕业生看到其他应聘者口若悬河，自己什么也说不出来也会自惭形秽；再次，一些在校成绩与表现一般的毕业生看到别人的自荐书上奖励、证书、成果一大堆，自己什么也没有，也容易自我贬低；最后，一些毕业生在就业时遭受到用人单位的歧视后也会自怨自艾。总之，自卑的毕业生不敢正视现实，对自己的长处估计不够，怀疑自己的能力，不善于发现适合自己的职业岗位，在对自己的抱怨、贬低中失去了求职的勇气。

自卑的反面是自大，而且两者有时会相互转化。一些专业较好、就业资本较雄厚的毕业生容易从自信变为自负。还有一些毕业生是脱离实际的自大，他们既缺乏对自己的客观认识，也对就业市场、职业生活缺乏了解，一切都凭自己的主观想象。比如，有的毕业生自以为经过大学几年的学习和锻炼已经满腹经纶，任何工作到手中都可以出色完成，在求职中自觉高人一等、自命不凡、四处吹嘘，一旦出现变故则容易陷入自卑、自责，一蹶不振。

由此可见，自卑与自大是大学生身上常见的人格缺陷，在就业中的表现都是对自己缺乏一个客观的评价，同时对职业缺乏深入的认识。在就业中自卑与自大常存在交织的现象：一些毕业生在求职比较顺利时容易自大，一旦出现挫折就自卑；有些毕业生虽然对自身条件比较自卑,但是真正遇到用人单位时却又表现为自大。

(三)偏执与人际交往障碍

毕业生在就业过程中出现的偏执心理有三种不同的表现:一是追求公平的偏执。毕业生要求公平的竞争环境,对一些不良的社会风气感到气愤,但有一些毕业生表现为对公平的过分偏执,将自己求职中的一切问题都归结于就业市场不公平,以致给自己的整个求职过程都笼罩上了心理阴影。二是高择业标准的偏执。大多数毕业生对求职有过高的期望,不过多数人能通过在就业市场的体验,客观地认识和接受当前的就业现状并调整自己的择业标准。但仍有部分毕业生固执己见,偏执地坚持自己原来的择业标准,甚至宁愿不就业也不改变。三是对专业对口的偏执。一些毕业生在就业时过分追求专业对口,不顾社会需要,无视专业的伸缩性、适应性,只要是与专业有一定出入的工作就不问津,只要不能干本专业就不签约,这样就人为地减少了自己的就业机会。此外,有些毕业生缺乏基本的人际交往能力,有的在求职过程中过于怯懦、紧张,不敢在用人单位面前表现自己,甚至连面试也不敢去,常常一开口就面红耳赤、语无伦次;还有的在求职中不会察言观色,不懂得照顾别人的感受,不懂得人际交往的礼貌和礼仪。

【心理故事】

某单位里有个实习生姑娘,动不动就生气,不搭理别人。大家开始以为是她情绪不稳定,后来,发现她总是认为别人都看不起她,什么事情都要争。同等学历,别人比她实习工资高了100块,她就到上级部门去,要求调工资。结果她的工资没涨上去,别人的工资却降了100块。实习期间评先进,她没有被评上,就质问各个领导,为什么不选她,弄得大家都很尴尬。单位有个工作群,所有工作人员都在里面。另外还建了个实习生的群,没有领导,只是年轻同志,唯独没有她。谁都懂得!可是,她知道后,就要求别人加她,结果当然是没加。她咽不下那口气,"我不好受,我也让你不好受!"她就给那个人发短信:"我知道你为什么不加我了!"然后在朋友圈里各种指桑骂槐,故意恶心人。这样偏执的人格导致后来实习结束后用人单位没有再续用她,她也没有处到一个工作上的伙伴。

三、大学生就业心理调适

(一)充满自信,不自负不自卑

自负和自卑是在求职过程中最容易产生的两种极端心理,其原因都在于求职者对自己缺乏理性的认识和准确的定位。知人为聪,知己为明;

10.3 就业心理调适

知人不易，知己更难。自负和自卑都是对自己不负责任的不良心理，是缺少知人知己的理智。遇到这种情况，要想办法使自己冷静下来，把父母的期待、同学的影响、求职的嘈杂等外在因素都抛在一边，正视最本真、最赤裸、最真实的自己，与心灵来一番对话：我是谁？我到底想要什么？我具有竞争优势吗？别把自己太当回事，也别把自己太不当回事。

大学生应该对自己有充分的认识，把主观愿望和客观条件结合起来，强化自信心理。在平时就应注意培养自己良好的人格品质，改变那些不适应发展的不良的人格品质，培养自信乐观、自强不息、宽容豁达、开拓创新等品质，树立自信心。在求职遇到挫折困境时，要相信自己的能力，不被暂时的困难所吓倒，正视现实，放眼未来，要相信未来是美好的，前途是光明的，对自己抱有合理而坚定的信心，定能达到理想的彼岸，找到自己满意的工作。同时要适时调整自己的不良心理，不要眼高手低，对求职的期望适度，保持实事求是、知足常乐的心理。有理想、有抱负的青年大学生，更应该怀着一腔热血，到祖国最需要的地方去建功立业，奉献青春。

（二）正视社会现实，调整期望值

正视社会现实是大学生择业必备的健康心态之一。积极的心态是正视社会，适应社会；消极的心态是脱离社会，逃避社会。求职所考量的，不仅仅是你所在的学校、所学的专业以及你的自然条件，也考量着你的心态。当你经过大学几年的生活，踌躇满志、满怀激情地将要开始新的生活的时候，你会发现，可能你将要面对的是一次次的碰壁。

随着国家劳动人事制度的改革，社会将尽可能为大学生求职择业提供较好的环境，职业选择的机会将大大增加，这必定为大学生施展自己的才能提供广阔的天地，也有利于大学生自身的发展与成才。但同时也必须看到，当前乃至今后一个时期就业市场供过于求的状况。总体上看，应该适当调低大学生的求职预期，而不能以精英化时代的就业观念来对接大众化时代的就业市场。就某个个体讲，既不能过高地估计自己，盲目乐观，宁缺毋滥，导致错失机会，成为"剩男""剩女"；也不能自暴自弃，"饥不择食"，影响自己的职业发展。所以，大学生要从实际出发，更新择业观念，面对人才市场，必须勇于竞争，以便被社会承认和接受。

正视社会现实，还需要大学生认清社会需求，根据社会需要选择适合自己的工作，而不应好高骛远、脱离实际。人的本质是社会关系的总和，人不能离开社会而生存与发展，每个人自我愿望的实现都离不开他所处的社会环境。择业作为人的一种社会性活动，必然也会受到种种社会条件的制约。大学生如果脱离社会需求，则很难被社会接纳，甚至难以生存下去。那种一味追求个人名利，满足自己的愿望的择业观是不可取的。

（三）正确对待挫折，不要急躁忧郁

求职是一场心灵的砥砺，它考量的不仅仅是学历和能力，也在考量着每个求职者的意志和智慧。挫折是试金石，心理健康的人，勇于向挫折挑战，百折不挠；心理不健康的人，知难而退，甚至精神崩溃、行为失常。大学生在求职过程中应保持健康稳定的心理，积极进取的态度，遇到挫折，不要消极退缩，要认真分析失败的原因，是主观努力不够，还是客观要求太高，是主观条件不具备，还是客观条件太苛刻，经过认真分析，才能心中有数，调节好心态。

有的同学一次落聘就灰心丧气，一蹶不振，或者急躁抑郁。落聘虽失去一次选择职业的机会，但并不等于择业无望，事业无成。过于急躁就有可能躁而生怒，躁而生悲，躁而生怨。人在过于急躁的情况下往往会不冷静，不理智，甚至会情绪失控，而带着情绪做出的决定往往会带有很大的偏差和盲目性。因此，遇到挫折，要急而不躁、忧而不郁，敢于向挫折挑战，知难而进，百折不挠。当出现问题时，要增强理智，学会克制，多从积极的角度考虑问题，并采取转移视线、转换角度等方法舒缓情绪，调节心理。

（四）面向未来，不要怨天尤人

尽管多数大学生可以通过双向选择获得满意的职业，但是，由于种种原因，一部分大学生的志愿仍难以实现。有些大学生在遭遇求职失败后，不是积极从自身找原因，认真总结经验教训，振奋精神继续努力，而是整天怨天尤人，大发牢骚，埋怨招聘条件太苛刻，埋怨自己生不逢时，埋怨"天不助我"，埋怨没有识才的伯乐等。有的人只相信运气、机缘、天命之类外在的东西，却忽视了态度、才智、气质等基本的内在因素，本末倒置，缘木求鱼。看到他人表现出色，他会说"那是天分"；看到别人找到可心的工作，他会说"那是幸运"；看到有人受到老板重用，他会说"那是有背景"，但不知道自己的问题真正出在哪里。

"木桶理论"告诉我们，一个人的成功，一件事情的成功，是多种因素共同作用的结果，而其失败往往只需要一个因素就足够了，不需要众多因素的合力作用。求职受挫不可怕，可怕的是不能从自己身上找原因。亡羊不去补牢，而是怨天尤人，千方百计给自己找借口，失败的阴影就会始终笼罩着你。与其诅咒黑暗，不如点亮蜡烛。美国西点军校建校200年来奉行的一条重要行为准则就是"没有任何借口"，凭此，西点学员养成了毫不畏惧的决心、坚强的毅力、完美的执行力以及在限定时间内把握每一分、每一秒去完成任何一项任务的信心和信念。可见借口只是懦弱者的护身符，拒绝借口才是强者的奠基石。大学生应该审视自我，正视现实，放眼未来。看到就业是自己生活的新起点，全身心投入其中，才能使自己成长、发展、充实、满足，从而实现自我价值，服务社会。

【心理故事】

跳蚤与"爬蚤"

科学家做过一个有趣的实验：他们把跳蚤放在桌上，一拍桌子，跳蚤迅即跳起，跳起高度均在其身高的100倍以上，堪称世界上跳得最高的动物。然后，科学家在跳蚤头上罩了一个玻璃罩，再让它跳，这一次跳蚤碰到了玻璃罩。连跳多次后，跳蚤改变了起跳高度以适应环境，每次跳跃总保持在罩顶以下高度。接下来，科学家逐渐改变玻璃罩的高度，跳蚤都在碰壁后被动改变自己的高度。最后，当玻璃罩接近桌面时，跳蚤已无法再跳了。科学家于是把玻璃罩打开，再拍桌子，跳蚤仍然不会跳，变成"爬蚤"了。跳蚤变成"爬蚤"，并非因为它已丧失了跳跃的能力，而是由于次次受挫"学乖"了，习惯了，麻木了。跳蚤的可悲之处就在于，实际上的玻璃罩已经不存在时，它却连"再试一次"的勇气都没有了。很多人也是如此，被"玻璃罩"罩在潜意识里，罩在心灵上，行动的欲望和潜能被自己扼杀。科学家把这种现象叫做"自我设限"。有些人的失败往往不是缘于行为，而是缘于心理。心理出现障碍，行为就会裹足不前，真是"哀莫大于心死"。

【推荐阅读】

1. 书籍：《拆掉思维里的墙》古典. 北京：北京联合出版公司，2018.

   简介：作者古典把心理学的知识和职业规划融为一体，整本书讲得深入浅出、绘声绘色。在今天这个变化多端的世界，我们最大的危险不是外界的压力与竞争，而是我们内心的模式，这些模式决定我们看到些什么，感到些什么，如何思考以及最终成为什么样的人。在这个讲究个性张扬的年代，古典的职业规划建议，则更希望打破每个人头脑里预设的层层障碍，找出自己真正的兴趣和特长，成长为自己本来的样子。

2. 书籍：《读大学到底读什么》覃彪喜. 广州：南方日报出版社，2012.

   简介：该书作者在书中列举了大量的事例，而其中很大一部分取材于作者身边现实的生活。这些生活在作者身边的大学毕业生比任何一个权威的案例都更为生动而真实。虽然你可能梦想着成为比尔·盖茨之类的风云人物，但是，你将来更大的可能只是成为作者在书中提到的这些平凡的大学毕业生中的一员。作者以一名成功的创业者，同时也是一个大学毕业不久的过来人身份，结合自己在求学、求职和创业过程中的经历，跟大学生深入、全面地谈论了大学生活，观点新颖、全面、深刻、实用。

10.4 大学生的职场适应

第十一章 生如夏花——大学生生命教育与心理危机应对

【教学目标】

知识目标：理解生命宝贵的原因，学会尊重生命，珍爱生命；掌握大学生心理危机的类型，学会识别与判断心理危机的信号。

能力目标：能积极探寻生命的意义；学会大学生心理危机的自我预防与干预；掌握大学生自杀的预防与干预措施，珍爱自己和他人的生命。

【心灵漫话】

假如生命是乏味的，我怕有来生！假如生命是有趣的，今生已是满足。　　——冰心

世界上只有一种真正的英雄主义，就是看清生活的真相之后依然热爱生活。

——［法］罗曼·罗兰

第一节　生命的意义

【心理案例】

滚蛋吧，肿瘤君

熊顿，本名项瑶，1982年出生，是一名超人气的绘本达人，因《熟女养成日记》被人熟知。2011年熊顿因为早起晕倒被查出患有非霍奇金淋巴瘤。住院期间闲不住的熊顿开始创作漫画《滚蛋吧！肿瘤君》，记录她住院期间的点点滴滴。从她的漫画中我们感受到的癌症仿佛就像一场可以趁机休息的感冒，她一直对自己的病轻描淡写，用幽默对抗肿瘤，用快乐渲染生命。被送到医院的熊顿，遇到帅帅的梁医生，即

> 使被宣布需要住院治疗，也依然一副花痴的模样说："住院的话，医生应该彻夜监护吧。"她是病号中的段子手，即使受化疗的痛苦煎熬，她也没有哭过。熊顿爱美，即使因为化疗掉光了头发，面色苍白，她也要带上假发，化好妆，穿上高跟鞋美美地出门。熊顿曾说过："病后几乎都在住院，睁眼就是灰白的天花板，入耳就是化疗、吃药、体温、白细胞增减……日子的无聊可想而知。但对于一个画漫画的来说，生活给予我的，不管是幸运还是坎坷，是快乐还是痛苦……所有情绪与经历统统可以成为付诸笔尖的素材！"2012年11月与肿瘤君对抗一年多的熊顿还是离开了这个让她眷恋的世界，永远地活在了漫画世界里。按照她的遗愿，墓碑上刻着这样一句话：我愿用微笑，为你赶走这世界的阴霾！

【心理知识】

罗曼·罗兰说："生命是这世界上最崇高的礼赞。"关于生命，古往今来的中西方哲学家、思想家都做了不同的解读。那么生命到底是什么？

一、关于生命

生命只有一次，对于每一个人都无比宝贵。人究竟为什么活着？如何活得幸福而快乐？自己的生命与他人的生命存在何种关联？每个人都不禁会在内心审视自己并向自己发问，希望找寻到这些问题的答案，发现生命的意义。不同的人对于生命的意义都有着独一无二的理解，即使是同一个人在自己生命的各个不同阶段也可能会对生命的意义有着不一样的解答。但可以肯定的是，那些明白自己要什么、知道自己为什么活着的人，会拥有更加强大的力量去直面生活的打击与痛苦，也会更加用心经营生命，追求不断的自我发展与成长。

（一）生命的概念

生命是大自然不断演变进化的结果，人们对生命的认识经历了漫长的历史过程，古今中外不同学科对它的解释不尽相同。

从生物学的角度看，生命是由高分子的核酸蛋白体和其他物质组成的生物体所具有的特有现象，能利用外界的物质形成自己的身体和繁殖后代，按照遗传的特点生长、发育、运动，在环境变化时常表现出适应环境的能力。也可以定义为生命是生物体所表现出来的自身繁殖、生长发育、新陈代谢、遗传变异以及对刺激产生反应等的一种复合现象。

从生命哲学的角度看，生命是生物的组成部分，是生物具有的生存发展性质和能力，是生物的生长、繁殖、代谢、应激、进化、运动、行为表现出来的生存发展意识，是人类通过认识实践活动从生物中发现、界定、彰显、抽取出来的具体事物和抽象事物。

无论从生命哲学角度还是生物学角度，生命的定义都在认同一点："自我更新与发展"是生命的本质含义，任何生命在其存在的每一瞬间，都在不断地调节自身内部的各种机能状况，调整自身与外在环境的关系，以求得进步与发展。概括地说，广义的生命应包括自然界的一切生命，即人之生命和自然环境中一切动物、植物的生命。狭义的生命就是指人的生命。我们的生命是父母给予的，但我们不是父母的私有财产，也不要绝对认为生命是自己的，我们也无权处理或者放弃自己的生命。思考的意义在于敬畏生命、珍爱生命。

（二）生命的维度

生命特别是人的生命，应当由三个因素构成，即生理（自然属性）、心理（社会属性）和灵性（精神属性）。人的生命在自然环境、自我世界和社会环境的共同作用下交织而成一种特殊的存在，对应这些作用因子可以把生命分为自然生命、社会生命和精神生命这三个维度。

1. 自然生命

生命的自然属性也即自然生命，决定着人的生命长度，即寿命的长短，它是一切生物得以存在的根本前提。生命作为一种生物体生存，是一种生命现象。生命个体通常都要经历出生、成长和死亡的过程。作为自然界的产物，人像自然界中的日月星辰、花鸟鱼兽、山川草木一样，是大自然的一个重要的组成部分。生命现象最本质的是新陈代谢。作为一种肉体生命的自然存在物，人和其他动物一样，也有生存的物质需求。例如，人们对衣、食、住、行等社会物质生活条件的需要，是人的肉体生命存在的一种自然必然性，是人最基本的生存需要。人的这些需要同其他动物的需要没有什么不同。但是，正是人的这种自然生命体的存在，才构成了人的一切活动的基础，同时也是最为基本的前提。没有了这个基础和前提，人的精神生命无从谈起。从这个意义上来说，人应当首先关注和保全的是人的自然生命。只有具备健全、健康的自然生命，其他一切生命因素才有坚实的物质基础和依托。

2. 社会生命

生命的社会属性也即社会生命，决定着人的生命宽度。人的存在不是孤立的，而是在一定社会关系之中的，所以人是一个社会的存在。人的本质不是单个人所固有的抽象物，在其现实性上，它是一切社会关系的总和。社会性是生物作为集体活动的个体，或作为社会的一员而活动时所表现出的有利于集体和社会发展的特性，是人的不能脱离社会而孤立生存的属性。人是社会动物，任何人都不能脱离社会存在。一个人是什么样的，即具有什么样的本质，不取决于他的生理机体的特性，而取决于他的社会关系，是各种社会关系的总和构成了一个人特定的本质。人之生命的社会性具体表现在以下几点。

首先，作为生活在一定社会之中的人，必定会受到社会制度、伦理规范、价值取向、文化传统等因素的影响与制约。人在与他人相互交往以及和社会发生关系的过程中，就应该考虑一定的社会制度规范和价值取向，并依照一定的社会规范行事，只有这样，个体才能得到社会的认同，社会也才会具有相对安定和谐的秩序。

其次，人不能脱离社会共同体而孤立、单独地存在。正如人一出生就具有生物组织和自然属性一样，人一出生也一定处于特定的人群团体和社会中，并与其建立这样或那样的联系。人如果脱离了社会，脱离了社会化的存在，他就无法成为一个真正意义上的人。例如狼孩彼得就是一个很好的例子，说明社会生命的重要性。现代心理学、社会学和人类学都认识到，群体生活或社会生活对个体来说是一种内在需要，如果人的社会生活权利被剥夺，他的心理状态就很容易发生扭曲，他的才能与智慧也很容易消逝。所以，人的生存和发展离不开社会。

最后，作为一个社会生命，人与人之间的相互交往是个体发展和社会发展的必要条件。交往的存在既是社会关系的实现，也是人际关系的实现。人类是群居的社会动物，人类活动的显著特征就是交往性。人与人之间的交往，贯穿社会生活的各个领域，综观人类历史的全部过程，它渗透在人类的一切社会关系之中。人一生的成长过程就是与他人不断交往的过程，人一生的很多种情绪情感都是在跟人打交道的时候产生的。

3. 精神生命

生命的精神属性也即精神生命，决定着人的生命高度。精神生命是相对于物质生命而言的，是对物质生命的超越。人之所以为人，就在于人不仅仅是为了满足自己的物质生命而活着，而且还要追求超越于物质生命的精神生命。"人不满足于生命支配的本能生活，人的生活是经过理解的生活，人要规划自己的人生、创造自己的价值，这说明'人'作为已超越了'生命'的局限，要去追求高于生命、具有永恒意义的东西，已属'超物之物''超生命的生命体'，这才所以称之为'人'。"

人在满足自己的物质生命的基础上，还有超越于物质生命的精神追求。也就是说人除了吃穿住行用之外，还需要与其他人建立情感的联系或关系，希望受到别人的尊重，追求实现自己的能力或潜能，并使之完善化等一系列心理上的需要。人的这些心理上的需要就是精神需要。精神需要同物质需要一样，也是人的基本需要。人之所以要追求精神生命，主要在于精神生命对人的肉体生命的指导和提升。我们知道人的肉体生命所关注的是人的生理、物质欲望的满足，是形而下的肉体享受。而人在实现自己肉体生命的过程中，如果没有人的意识的萌生、精神的关注和价值的指导，那么，就不能称其为人的生命，不如说是动物的生命。正是在人的精神生命的指导下，人的自然生命才摆脱了动物性；正是人的精神生命才使人的自然生命提升至理性、无限和永恒的高度。由此可见，正是由于有了精神生命，才使人的物质生命有了人文意义和价值；正是由于有了精神生命，才使人的自然生命有了理性的意蕴和诗性的光辉；正是由于有了精神生命，才使人的自然生命蕴含着道德的升华和价值的提升；正是由于有了精神生命，才使人的物质生命超越了有限，走向了永恒。可以说人的精神需要使人超越了人的物质生命，精神生命让人超越动物，也是人之所以为"人"的关键所在。

（三）生命的意义

我们为什么而活着？人生的价值是什么？这是人类有了意识以来一直探索的问题，人的本性是追求生命的意义，这是推动我们不断成长的动力。人本主义学家马斯洛把人的需要分成了五个层次，从底层到最高层分别是生理需要、安全需要、爱和归属的需要、尊重需要、自我实现的需要。自我实现的需要是个体最高层的需要，它是指实现个人理想、抱负，发挥个人能力的最大程度，完成与自己能力相称的一切事情的需要。而自我实现带给人的幸福感是其它任何需要的满足所不能比拟的。人的自我实现的需要也是推动我们寻找生命意义的直接动力。

11.1 健康的生命观

1. 生命意义的作用

生命意义对人生发展的作用大致体现在以下三个方面：第一，体会生活的意义。一个人如果能够理解并承担生活中的责任，才会感到满足和充实，真正体会到生活的乐趣和意义。第二，确立生活的目标。对生命意义的探求使人在不同的人生阶段确立自己的生活目标，并在实现目标的过程中感到活得充实，活得丰富，活得精彩。第三，加强自我顽强性，即加强对压力的承受能力和对挫折的耐受力。长久以来我们的教育可能使学生习惯于被动学习，遇到挫折和困难时，往往对生命缺乏足够的反省，反而轻易放弃培养自己应付困难、面对挫折的能力，这种现象的确值得重视。加强自我顽强性的关键在于当个人追求生活目标遇到障碍时，应该坚定沉着，不轻言放弃，要不断尝试去解决问题，只有这样才不会在压力和挫折面前产生无力感。

2. 缺乏生命意义的后果

近年来，西方一些学者提出个人对生命意义和生活目标的认识对心理健康的影响非常大。一个人在生活中如果没有找到自己生命的意义，会产生如下严重的后果：第一，当你在探索生命意义的过程中遭受挫折时，就可能被生存的空虚感所笼罩，便会转而寻求享乐和金钱作为补偿；第二，生存意义的挫折感和价值观的矛盾会导致心理疾病；第三，缺乏对生命意义的认识是大学生自杀的主要原因。研究发现自杀的人缺乏对生存的重要信仰和价值的认识，当遇到较大的压力时，往往会放弃解决问题的努力和尝试，而选择轻生。弗兰克曾提出过"星期天精神病"的概念，他说很多人在忙碌了一周以后突然间变得无所事事，于是感到内心的惆怅和空虚。许多人自杀是因为生存的空虚感造成的，许多人的忧郁情绪、攻击性和沉溺于药物等也是他们心灵深处的空虚感造成的。很显然，人们需要意义和精神，绝不仅仅在严重压力之下，而在他们的日常生活中。

【心理活动】

画出我的生命线

一、活动目标

1. 让学生通过画生命线理解生命的"长度"与"宽度"的含义。
2. 引发学生对于自己生命中三个阶段（过去、现在和未来）的思考。
3. 帮助学生正确分析过去所发生的事情对于现在和未来的影响，并学会规划未来。

二、活动时间：1课时

三、活动方法：游戏法、自我探索法、讨论交流法。

四、活动准备：提前通知学生每人准备一张16开的白纸和两支笔（一支颜色鲜艳的笔，如红色；一支颜色黯淡的笔，如黑色）。

五、活动程序

1. 请大家伴随着音乐，拿出一点点时间，回想一下你的过去、现在，想想你设想中的未来。

2. 接下来开始心灵游戏——生命线。这个游戏就是画出你的人生路线图。

3. 请备好一张白纸，一支颜色鲜艳的笔和一支颜色黯淡的笔，用颜色区分心情。

把纸横放好，然后从中部画一条长长的横线，在末端加个箭头。在原点处标上0，在箭头处标上你为自己预计的寿数。然后在白纸的顶端写上×××的生命线。这条线标示了你一生的时限，是你脚步的蓝图。

现在请根据你规划的生命长度，找到你目前所在的那个点，标出来。比如说你现在13岁，就标出13岁的那个点。在这点的左边，代表着过去的岁月，右边，代表着未来。把过去对你有着重大影响的事件用笔标出来。比如你7岁上学了，就找到和7岁对应的位置，填写上学这件事。注意如果你觉得是快乐的事，你就用鲜艳的笔来写，并要写在生命线的上方。如果你觉得快乐非凡，你就把这件事的位置写得更高些。比如你10岁时失去了某个亲人或生了一场大病，就找到10岁对应的位置，填写上这件事。这件事如果让你觉得悲伤、痛苦，就要用颜色黯淡的笔写在生命线的下方。这件事越让你痛苦，你所写这件事的位置就要越低。依此操作，你就用不同颜色的笔和不同位置的高低，记录了自己在今天之前的生命历程。

然后我们来到未来，把你一生想干的事，都标出来，并尽量把时间注明。视它们带给你的快乐和期待的程度，标在不同的高度。当然，也请把一些可能遇到的困难一一用黑笔把大方略勾勒出来。这样我们的生命线才称得上完整。

4.思考、讨论与交流、分享

（1）找到你目前所在的点，对比过去已经走过的人生之路和未来要走的人生之路，你有何感想？

（2）当把生命线画完后，对于过去已经发生过的事、走过的路，你怎么看？这些事情对于现在的你以及你今后的人生之路有着怎样的影响？

（3）无论是过去还是未来，看看你的生命线，是线上面的事件多，还是线下面的事件多？这说明了什么？如果大部分都是在线以下的，是否可以考虑调整一下自己看世界的眼光？

（4）现在，你如何理解生命的"长度"与"宽度"？

（5）对于你自己的生命线或者是你画生命线的过程中还有哪些特别想要和大家分享或交流的内容？

5.教师根据学生对以上内容的交流和分享简单小结。

二、关于死亡

在中国的传统文化中，对于生命的探讨很多，然而关于死亡却似乎是一个禁忌的话题。人们不去谈它，不去想它，仿佛不去提它，死亡就不会到来。但事实上，死亡是所有人类都不可逃避的，它是自然生命完整过程的必然环节。恩格斯在《自然辩证法》中提到"生就意味着死"，事实上生命的开始即意味着死亡的进行，如果连正视死亡都不敢，便谈不上对生命的真正了解。

（一）死亡的概念

与生命直接相关的是死亡。死亡是生命固有的一种现象，没有死亡，生命的整体性和有限性就无从体现，生命也会丧失意义。那么究竟怎样才算是个体的死亡呢？

从医学生物学的角度，长久以来人们认为心脏跳动与呼吸的停止代表着死亡，但这一传统观念现在正受到严重的挑战。随着医学的进步，临床上逐渐用"脑死亡"作为个体死亡的标志。脑死亡标准的提出既是人类对客观世界认识不断深化的结果，也是人类对生命的含义、生命的价值和生命质量认识不断提高的结果。生命的本质特征是具有自我意识，对应的生命维度是精神生命。一个人的整个脑功能出现不可逆停止时，尽管其还可能有生物学意义上的生命特征——心跳或呼吸，但其精神生命已经丧失，这种没有意识的人类机体，可以是一个生物学意义上的人，但不是社会的人。今天的医学技术可能使以往必死的人继续维持生命，然而，维持的仅仅是处于无意识状态下的"植物性生命"，这些生命对外界、自身毫无知觉、意识，也无自主活动，其生命完全失去了意义。死亡标准的提出，无疑会改变人们对死亡的习惯认识和对生命含义的重新认识，使人们也注重生命的价值和生命的质量。

> **【小练习】遗愿清单**
>
> 　　死亡是很多人忌讳的话题，可是如果现在你的生命只剩下了几个月，你打算如何度过这剩下的时间呢？请为自己列一张可行的遗愿清单。并思考如果可能，在接下来的生命旅程中，你将在何时用何种方式去实现这些遗愿呢？
>
> 　　时间为20分钟，写好后请小组分享，看有哪些遗愿是你特有的，又有哪些遗愿可以和你的小伙伴结伴完成。

（二）大学生常见的错误生死观

大学生处于生命最灿烂的时光，大部分的人都能找到人生的意义，但还有一部分大学生感到生命是平淡的，这种平淡往往掩盖了生命意义的真实显现。因此对于一个一帆风顺的人而言，只有当他面临死亡时，才会从内心深处真正领悟到生命对自己的意义。人只有意识到自己的死亡，才会对生命充满敬畏、热爱。大学生只有具有死亡意识，才能"向死而思生"，从而走向生命的自强。

大学生对死亡的错误认识通常有以下几点：

1. 戕害生命

这里的生命既有自己的生命也有他人的生命。近年来，大学生戕害生命的现象越来越严重，已引起人们的高度关注。有的动辄自杀，其原因不外乎"为情所困""看破红尘"，或在压力下"一了百了"。有的人把别人的生命随意糟践，丝毫谈不上珍视生命，更不用说敬畏生命了。当年震惊全国的马加爵事件，他杀了四个室友的导火索竟然只是打牌时的冲突。

2. 虚度生命，游戏人生

有的学生一踏入大学校门便有松了一口气的感觉，丧失了高考前那股拼劲和锐气，再加上高校管理较为宽松、学生自控力差等原因，有的大学生逐渐养成惰性思想，甚至被它所左右。他们的心思容易被吃喝玩乐占领。有的学生开学几周也静不下心，忙于打游戏、睡懒觉、看电影，真正的学习时间太有限了。有的学生为了应付考试，不惜冒着被处分的风险作弊。这样的生活一日日单调地重复着，直到找工作的那一天才猛然发现自己什么都不会。

3. 难以承受挫折

当代大学生大多是独生子女，在父母"望子成龙，望女成凤"的殷切期盼之下，他们习惯了多年的"饭来张口，衣来伸手"的娇生惯养。进入大学校园后，没有了父母的保护，当生活、学业、情感受到挫折时很容易做出极端的行为。

【心理案例】

> 小于是一名大二的女学生,大一时和隔壁班的小刘谈了恋爱。恋爱中他们经常因为琐事争吵。有一天小刘终于忍不住提出了分手。小于很难接受这个事实。她先是跑到男生宿舍楼下围堵小刘,在没有得到回应时便用自杀来威胁小刘。小刘被逼无奈只好答应复合,可是没过多久他们又开始争吵不断,而小于也总拿自杀来威胁小刘。有一次在小于又威胁小刘的时候,小刘怒火中烧,随手拿起水果刀捅向了小于。一场爱情就以这样的悲剧结束。
>
> 思考:小刘和小于在面对压力和挫折的时候还有什么更好的处理方式吗?

【心理活动】

生命调查表

请用15分钟的时间思考并认真填写"生命调查表",然后进行小组讨论,请把自己真实的想法分享给大家,谈谈你对生命的理解和认识(见表11-1)。

表11-1　生命调查表

项目	你的答案
1.请用三个词语形容你现在的生命状态	
2.请用三个词语形容你期待的生命状态	
3.至今为止,生命中最快乐的一件事情是什么?	
4.说出一个你生命中的积极转折点	
5.说出一个你生命中丧失过的很重要的机会	
6.是否有一件事情触发过你关于"生死命题"的思考?	
7.哪些是你现在很想停止不做的事情?	
8.哪些是你现在很想好好继续努力做的事情?	
9.哪些是你现在做得不够但仍然必须做下去的事情?	
10.说出你离死亡最近的一次经历	

第二节　大学生心理危机应对

【心理案例】

> 女大学生A原来是重点中学的学生，中学时是学习尖子、学生干部，一直是老师的宠儿。然而，因高考失常，没有考到理想中的大学。入学后，A成绩再也没有名列前茅，各方面都不突出，自尊心由此受到严重影响，心情一直不好，羞于见人，不愿与人交流，把自己封闭在一个狭小的圈子里，最后导致神经性厌食，体重由原来的90多斤下降到70多斤。
>
> 案例中的该生的情况是处于心理危机中的大学生的典型表现。心理健康水平低的大学生在遭遇危机事件时出现心理危机的可能性较大。心理危机已成为影响大学生个体发展和学校稳定的重要因素。

【心理知识】

一、心理危机概述

（一）心理危机的概念

危机有两个含义：一是指突发事件，是出乎人们意料发生的，如地震、水灾、空难、疾病暴发、恐怖袭击、战争等；二是指人所处的紧急状态。危机状态对人的影响程度依赖于当事人对所面临的急剧变化的熟悉程度。如果不熟悉，就会产生无望的、害怕的感觉，伴随着软弱感和无助感。所有危机后面共存的就是心理危机。

心理危机是指由于突然遭受严重灾难、重大生活事件或精神压力，使生活状况发生明显的变化，尤其是出现了用现有的生活条件和经验难以克服的困难，以致使当事人陷入痛苦、不安状态，常伴有绝望、麻木不仁、焦虑以及植物神经症状和行为障碍。心理危机通常为自限性，多于1～6周内消失。但如果未得到及时解决，可能导致精神疾病或出现自杀、攻击他人等适应不良行为。

心理危机与危机二者之间并非简单的一对一的关系。危机强调应激事件本身的性质，是指人类个体或群体无法利用现有资源和惯常应对机制加以处理的事件和遭遇，常和突然爆发的灾难事件联系在一起。心理危机的程度与危机事件的强度不一定成正比，而取决于个体对危机事件的认识，以及个体的应对能力、既往经历和个性等。不同的人在同样的压力情境下，有的产生了心理危机，有的却适应良好。

危机反应主要表现在生理、情绪、认知和行为上。生理方面：肠胃不适，腹泻，食欲下降，头痛，疲乏，失眠，做噩梦，易惊吓，感觉呼吸困难或窒息，有哽塞感，肌肉紧张等。情绪方面：害怕，焦虑，恐惧，怀疑，不信任，沮丧，忧郁，悲伤，易怒，绝望，无助，麻木，否认，孤独，紧张，不安，愤怒，烦躁，自责，过分敏感或警觉，无法放松，持续担忧，担心家人安全，害怕死去等。认知方面：注意力不集中，缺乏自信，无法作决定，健忘，效能降低，不能把思想从危机事件上转移等。行为方面：社交退缩、逃避与疏离，不敢出门，容易自责或怪罪他人，不易信任他人等。

（二）大学生常见的心理危机

当今大学生正处在急剧变化的时期，大学生也面临着前所未有的挑战，他们在心理和生理上都承受着巨大的压力。由于大学生这个群体的特殊性，他们的文化水平较高，心理发展水平正好处在艾里克森所谓的"自我同一性对角色混乱"的时期，这是人生全程最重要的阶段。他们这一时期的心理危机的特征既有普遍性，也有特殊性。

11.2 大学生的心理危机

关于心理危机的分类，不同的划分标准有着不同的分类结果，比较普遍认同的是心理学家布拉姆提出的三分法，即将心理危机划分为发展性危机、境遇性危机和存在性危机三类。

（1）发展性危机，指的是个体在正常生长发育和发展过程中发生危机事件，出现急速变化，从而导致的心理异常反应。如挂科、求职失败都会导致个体生活节奏出现重大转变，有可能在心理上出现发展性危机。

（2）境遇性危机，指的是个体生活中发生的不能预测的突发性危机事件，如交通事故、自然灾害、突然的疾病或死亡、失业等。这些事件有着突发性和不可预知性特征，同时事件带来的结果往往比较强烈，甚至是灾难性的，导致个体生活境遇大变，从而出现境遇性危机。

（3）存在性危机，指的是伴随个体人生中重要事件出现一种内心的焦虑和冲突，存在性危机可以是基于现实的，也可能是深层次的。如生活的窘迫、爱情的失败等是基于现实的，对人生意义的追问、对生活的思考和焦虑等是深层次的。

对于大学生来说，其正处于身心发展的关键阶段，充满着求知欲和热情，但受到身体成熟而心理晚熟的影响，一旦生活中出现重大事件，而依靠自己经验积累或学习的应对方式难以应对的时候，自身心理和情绪则会严重失衡，心理状态也就处于危机状态。不同人的心理承受能力和对危机事件的控制力不同，因此同一事件并不一定对每个人都会造成心理危机。

（三）大学生自杀预兆

自杀大学生的基本上都是心理正常的人，只有极少数人是抑郁症患者和精神分裂症者。事实上大学生自杀前一般都有一定的预兆。自杀者的预兆可以理解为自杀者表达的一种求救信号。这种预兆对于危机干预是一种十分重要的线索。预兆包括一定的言语、行为、状态和综合症状。

言语预兆是指当事人把想死的念头对周围的人用语言诉说，或者在日记、信件、绘画和乱涂乱画的只言片语中表现出来。如有的自杀者死前给父母写信，有的在纸上写着"长痛不如短痛""乐趣何在，意义何在，放心不下的是父母年迈体弱"等是言语预兆。

行为预兆指有行为明显改变或无故给同学送礼物，送东西等。如有个自杀者在自杀的前三天，本不是他的生日，却说："曾说邀请同学们为我过生日吃蛋糕的，今天就算是过生日吧。"又说："我今天实现了一个愿望，这就是完成了以前答应了别人而没有做到的事。"这就是典型的行为预兆。

状态预兆指有情绪、性格的明显反常或学习动机和成绩的显著改变。综合症状如严重的忧郁、孤独、绝望、依赖和对自己的生活不满等。有的自杀者在前一天不吃不喝，在床上躺一天，这就是典型的状态和综合症状预兆。

了解自杀前的征兆，可以有效地防止大学生自杀。在周围的同学出现自杀征兆时，大学生要及时向老师和家长反映，并对有自杀倾向者进行跟踪看护。

二、心理危机的预防与干预

【心理案例】

某女大学生，进入大学刚三个月，是个乖乖女，家庭贫困。两个月前，她3000元的存款在校园被骗，事后出现失眠、无食欲、焦虑、反应力减慢等，不能集中思考、判断问题，情绪低落、愤怒、自责和羞耻。四处找兼职工作影响了学习，经济压力打乱了日常生活，不信任人，晚上害怕一个人回宿舍。她还在找工作中受挫，感到绝望、无助时，突然站在疾驰的出租车前，想一死了之。

这位同学本来经济条件不好，又被骗走了钱，经济压力大，而且产生了处处有危机的心理，不信任人，觉得自己给家庭带来了耻辱，在情绪和行为方面都发生了变化，极有可能在出现被骗等类似的危机事件时，发生危险。对这类同学急需进行心理危机干预。如果你是她的朋友，该如何帮她渡过这次心理危机呢？

【心理知识】

（一）他人心理危机干预

心理危机的发生就像堵塞的下水道，一味地只堵不疏，等到爆发的时刻就很难收场。1976年，两位美国临床心理学家Butcher和Mandal针对如何有效消除危机进行了深入的研究，在科学实验的基础上提出如下策略：

（1）帮助当事人重拾信心，从精神上支持与肯定他，让他信任自己拥有处理危机的能力，可使用"我相信你的能力""你可以做到"等激励语。

（2）为当事人创造宣泄的条件，想方设法引导他走出恐慌、愤恨、暴怒等情绪，采用合适的方式，比如酣畅淋漓的一段长距离跑步、进行一次彻底清洁打扫等。

（3）鼓励处于消极负面情绪下的当事人说出真实感受，再针对性地给予乐观开导，帮助他展现出他的未来希望，并和他一起描绘美好蓝图，让他对自己的前景要有信心。

（4）试着有选择地去倾听当事人的交谈，比如对于当事人关于天气、食物等无关性的话题表现出并不感兴趣，一带而过，而当事人谈到内心情感时，才给予反应。

（5）在劝慰当事人的过程中尽量不要使用直接的建议或加以限制，尝试用委婉的语气循循诱导。倘若当事人的心理危机程度已处于极度危险的状况下，且当事人自身思维逻辑也失去理性而变得混乱时，可以根据实际提出明晰的劝告和建议。无论何种情况下，在提出劝告和建议时先要谨慎思考，考虑如何避免当事人的反感或反驳。

（二）自我心理危机干预

自我支持技术的目的在于，从处于危机中的当事人自身的角度出发来解决危机，调整情绪，使自身的功能水平恢复到危机前。具体做法为：

1. 寻求滋养性的环境，搜集充分的信息

改变境况的第一步就是要充分了解问题之所在。虽然个体在危机中会陷于莫名其妙的恐惧和不知所措的境地，不知道发生了什么事，也不知道将可能发生什么事，但可以肯定的是，那些过去有类似经历的人能够从其经验中得到帮助。人们还可以向有经验的人和处理危机的专家请教，或从有关书籍中寻找解决问题的办法。环境对人的心情会有很大的影响，处于危机中的个体一般对周围所处的环境把握不住。

2. 积极调整情绪

危机的出现显然会使人们极度地紧张和沮丧。不仅这些情绪反应会产生内在的、强烈的不适感，而且消极的挫折体验将使危机进一步恶化。因此，调整情绪的中心环节，就是要培养承受这些痛苦感受的能力。通过调整情绪，将使诸如焦虑导致恐慌、沮丧导致失望等情绪的恶性循环得到控制。当危机超出我们的控制以及我们无法改变外部事物时，把握自己的情绪尤为重要。

3. 建立良好的人际关系

孤立无援的个体很希望能够得到别人的帮助。在危机期间和危机过后，个体都需要与周围的人保持良好的人际关系，不一定是要求他们提供强烈的情感支持，而是与他们保持日常的联系、共同分享经验、共同面对事物。这有助于遭受危机的个体重新适应社会，还

可以分散他们的注意力，使得他们不再为消极紧张的情绪所困扰。这种良好的关系可以表现为与自己的朋友一起散步、听音乐或是静静地坐一会儿。

4. 面对现实，正视危机

在危机的前期，人们习惯于采取积极的态度来应对危机，利用一切可以利用的资源来避免危机带来的损害。但到了危机的中后期，当个体积极应对危机的策略失败，个体感到绝望的时候，他们就会消极地逃避现实，采取退缩的策略来应对危机，他们不愿意承认现实情境，常常歪曲现实情境，以此来避免危机带来的损失。面对现实，正视危机，有利于个体激发自身潜在的力量，动员一切资源来寻求危机的解决办法。

5. 暂时避免作重大的决定

处于危机中的个体处理问题的能力比平时要低，由于个体受到问题和情感的双重困扰，搜集信息和处理信息的能力受到一定的限制。也就是说，这时个体对面对的问题不会进行深入的分析，掌握的信息量又太少，无法做出正确的决策。个体虽然在这时很想摆脱危机，努力去寻求一切解决问题的办法，但危机的无法控制往往使得个体无功而返，甚至造成更大的伤害。在危机时期，避免作重大的决定，有利于个体的自我保护，避免再次受到伤害。

（三）心理危机干预的一般步骤

第一步，要从危机面临者或求助者的角度确定求助者本人所认识的问题。

11.3 心理危机干预的对象和步骤

如果干预者所认识的危机境遇并非危机面临者所认同的，那么帮助的干预策略和付出的努力可能会失去重点，甚至对于危机面临者而言没有任何价值。因此，通过使用倾听技术，给危机面临者提供精神宣泄的机会，鼓励危机面临者将自己内心情感表达出来。同时，除了倾听外，还包括同情、理解、真诚、接纳以及尊重等。通过倾听，谈论他们的想法没有什么不妥，可以问当事人一些问题，例如：你怎么了？我知道你很难过，有什么我可以帮忙的吗？等等。通过简单地同情当事人，表达对他的关切，认知危机当事者。不要用诸如此类的话来否定对方的感受，例如：不要这样想、情况没那么糟、你太情绪化了、振作一点。当你不用这些话语时，就表达了你对当事人的尊重与开放。当你态度愈开放，当事人就愈有可能尽情地纾解情绪和思想。倾听、允许对方表露情绪、给予支持、不评判、不给建议或忠告等，是施助者在此时能够给予的最好帮助。

第二步，要在干预过程中保证危机面临者的安全，要将危机面临者对自我和对人的生理和心理危险降到最低。

在他们精神负担完全显露以后给予求助者以精神支持，给予他们希望并传递乐观精神。

可以诚实表露自己的情绪，使你的感受让当事人知晓，使你与他相联结，且让他知道他的举动对我们情绪的影响。在表达时，尽可能以第一人称来表达，例如"我感到害怕，怕你会伤害自己""我关切""我感到手足无措"。当然若你对当事人有怒气、惧怕的感受，可以找其他人或老师谈一谈，以舒缓紧张、气愤的情绪。

在危机干预过程中，要把保证危机面临者的安全作为首要目标，这是非常必要的。简单来说就是对自我和对他人的生理和心理危险性降到最小。虽然将保证求助者安全放在第二步，但在整个危机干预过程中都应该将这点作为首要的考虑。

第三步，要与危机面临者进行沟通和交流，让其知道干预者是能够帮助和关心他的人。

危机干预者必须采取接受、理解、关心和宽容的态度，自始至终地倾听危机面临者的表达和倾诉，关心和理解他们。要与危机面临者沟通与交流，但不要去评价他们的经历与感受是否值得称赞或批评，而是提供这样一种机会，让他们相信"这里有一个人确实很关心我"。换句话说，干预人员必须无条件地以积极的方式接纳他们的所有，不在乎报答。

第四步，要让危机面临者知道从环境支持、应对机制、积极建设的思维方式中找到可以应对问题的变通方式，并且进行验证。

环境支持，这是提供帮助的最佳资源，让求助者知道有哪些人现在或过去能关心自己；应对机制，即危机面临者可以用来战胜目前危机的行动、行为或环境资源；积极的、建设性的思维方式，可用来改变自己对问题的看法并减轻应激与焦虑水平。如果能从这三方面客观地评价各种可变通的应对方式，就能够给危机面临者以极大的支持。

第五步，制订计划。

计划的制订应该与危机面临者合作，让其感到这是他自己的计划，这一点很重要。计划应该根据他们的应对能力，着重在切实可行和系统地帮助其解决问题，如使用放松技术消除其紧张、焦虑。

在干预计划中要注意社会支持系统的作用，要让求助者多与家人、亲友联系，减少孤独和心理隔离。通过与其他朋友合作，建立支持系统。营造健康、充满爱心的环境，使当事人在其中可以放松心情，感到安心、被支持。如果当事人来找你们谈，你们可以放下手边的事，陪在他的身边，静静地专注听他说。如果他哭了，就让他哭，你们只要安静坐在他身边即可。若他爆发怒气或张皇失措时，你们可以用充满爱、关怀的眼神看着他，试着不要流露出震惊、生气或害怕。

第六步，得到承诺。

多数情况下，这一步比较简单，即让危机面临者复述一下计划："现在我们已经商讨了你计划要做什么，下一步将看你如何表达自己的愤怒或抑郁情绪。请跟我讲一下你将采取哪些行动，以保证你不发脾气或不再绝望。"在结束危机干预前，干预者应该从危机面临者那里得到诚实、直接和适当的承诺。

一般经过4～6周的危机干预，绝大多数的危机面临者会渡过危机，情绪症状得以缓和，此时应及时中断干预性治疗，以减少依赖性。在结束阶段，应该注意强化新习得的应对技巧，鼓励危机面临者在今后面临或遭遇类似应激或挫折时，学会举一反三地应用解决问题的方式和原理来自己处理问题和危机，自己调整心理平衡，提高自我的心理适应和承受能力。

归纳起来说，危机干预实际上是起一根拐杖的作用，即帮助和支持那些心理失衡的抑郁绝望的危机面临者，一旦他们学会自我解决和处理问题的技能，就应该让他们"扔掉拐杖"，独立面对生活。

（四）心理危机的干预对象

干预对象之——高危对象

对存在下列现象的学生，应作为心理危机高危对象予以干预和关注。

1. 精神障碍患者或有明显人格缺陷者；
2. 情绪低落、长期抑郁等，中度及以上抑郁症、躁狂症患者；
3. 遭受自然灾害、暴力、绑架、强奸等重大创伤事件并出现创伤后应激症状者；
4. 发生家庭变故或患严重躯体疾病者；
5. 有过自杀企图或行为并经常产生自杀意念者；
6. 存在明显的攻击性倾向或行为，可能对自身、他人、社会造成危害者；
7. 丧失或长期缺乏社会支持系统者，特别是丧失或长期缺乏家庭支持系统者；
8. 有强烈的罪恶感、缺陷感或不安全感者。

干预对象之——重点干预对象

对近期存在下列现象的学生，应作为心理危机的重点对象进行危机评估与干预。

1. 曾谈论过自杀，直接或间接有过自杀、出走的暗示或威胁，亲友中有自杀行为或自杀意图者；
2. 具有明显的外部精神刺激，如多门考试不及格、评优落选、竞选受挫、失恋、家庭纠纷、人际关系危机、严重的身体疾患等，并有强烈的心理冲突或心理症状体验者；
3. 自责自罪、有强烈的罪恶感和无用感、缺乏家庭温暖、父母离异、被人遗弃、家庭经济困难等，中度以下抑郁症患者；
4. 经过治疗已复学的精神病患者，或曾有过精神障碍现处于心理疾病边缘的在校学生；
5. 性格孤僻内向，与周围同学缺乏情感交流，拒绝社会、学校的人际交往和各种集体活动，丧失社会心理支持等人格障碍患者；
6. 缺乏明确的生活目标，对现实生活中的某些现象不满，对今后的学习、就业沮丧绝望，严重自卑，看不到"出路"者；
7. 长期存在睡眠障碍者。

【拓展阅读】

灾难心理后遗症，你帮得上忙

假如你的朋友或家人中有恐惧而未到需立即求医的状况者，那即使是非专业人员的你，你的关怀接纳对他们来说也十分有效，但必须具备以下的态度和方法：陪伴、温水、面纸、大耳朵小嘴巴、说停就停。

1. 无言的陪伴（Presence）

这是恐惧者最重要的药方。很多人以为，帮助别人就需要说些话来安慰他，以使他觉得好一点。但根据心理咨询师所说，这是非常糟糕的做法。因为这时候你所说出的话，其实大部分是为了减少自己内心焦虑的话，对恐惧者而言其实都是废话。真正有效的，是你的存在及陪伴，对他们而言，无言的陪伴会产生极大的安抚作用。

2. 一杯温水（Warm）

心理治疗大师曾说过，面对个案叙述痛苦的时候，一杯温水胜于千万言语。手中感觉热水的温暖及眼见你关怀的动作，这才是他们最需要的。

3. 一张面纸（Care）

对于哭诉者，最糟糕的做法是叫他们不要难过。这只是你害怕别人哭泣为自己说的话，假如你能够按住自己内心的恐惧，给他一张面纸，他会感觉被你接纳，终于有人可以让他大哭一场，心中刺痛便得疏解。

4. 大耳朵小嘴巴（Listening）

打开你的耳朵，闭起你的嘴巴，聆听他说的故事吧！这就是目前风行世界的心理治疗派别（Narrative 述事派）的做法。

5. 说停就停（Respect）

不要逼他说，他不想说就让他停在那里，受苦的人承受不起别人的催逼。

以下是对地震经历者灾后安抚的示范，可供参考：

受惊者：我很害怕，我不要回去，房子倒下来，死了很多人……

陪伴者：（坐在他旁边）没关系，这里很安全，我在这里陪你……

受惊者：真的太可怕，昨天开车经过村庄，看到全都压成一堆，我不要这样死掉，回来到处都在震，也不知要逃到哪里去……

陪伴者：（安静地）没关系你慢慢说，我在这里听你说……

受惊者：太可怕，我已经三天没睡觉，一闭起眼就看到房子会倒下，活活压死我，我不敢睡！！我很怕……（哭泣）

陪伴者：（安静地、慢慢地拿出面纸，交予受惊者手上……）（安静地陪伴在旁边）

受惊者：（哭泣了10分钟，情绪慢慢缓和……）

陪伴者：（安静地拿着一杯温水）想不想喝一点水？

受惊者：（点点头接过水，慢慢开始喝起来，喝了约5分钟）真的很可怕，我很痛苦……

陪伴者：（又安静地陪伴聆听着约20分钟）

受惊者：（已经十分疲倦）

陪伴者：小文，我认识一个很好的医生，我陪你去看他好不好，暂时吃一点点药，只是一点点，不用担心，让你可以睡好觉，不然看到你那么辛苦，我也很难过……

受惊者：（点点头）……

陪伴者：你先休息一下，我去找出租车……

以上所提的方法，其实十分简单，但是对受惊者，却有如炼狱中收到天使的甘泉，他们会永远铭记于心，这是金钱所不能做到的！

【推荐阅读与欣赏】

1. 书籍：《活出生命的意义》[美]维克多·弗兰克尔. 吕娜，译. 北京：华夏出版社，2018.

简介：心理学家弗兰克尔是20世纪的一个奇迹。纳粹时期，作为犹太人，他的全家都被关进了奥斯维辛集中营，父母、妻子、哥哥相继死于毒气室中，只有他和妹妹幸存下来。这段经历让弗兰克尔不但超越了这炼狱般的痛苦，更将自己的经验与学术结合，开创了意义疗法，替人们找到绝处再生的意义，也留下了人性史上最富光彩的见证。"生命的意义对每个人、每一天、每一刻都是不同的，最重要的是在于你怎么活，它不在向外的寻取，而在向内的建立。"

2. 电影：《一个叫欧维的男人决定去死》

简介：欧维是一个刻板而又固执的老头，他的妻子半年前死于疾病，留他一人孤单生活在这个世界之中。每天早晨，欧维都会定时在社区里进行巡视，确认所有的车辆都停在应停的位置，呵斥违反规定私自驶入社区的车辆，赶走四处乱转破坏环境的猫狗，在社区居民眼里，欧维是"来自地狱的恶邻"。某一日，欧维遭到了上司的解雇，离开了恪守几十年的工作岗位，心灰意冷，对现世了无牵挂的欧维决定自杀。然而，就在这个节骨眼上，一位名为帕维娜的女子和丈夫带着两个孩子搬到了欧维的隔壁，成了欧维自杀计划的"绊脚石"。在一次次不停帮忙的过程中，我们逐渐发现欧维固执背后的善良，孩子们的出现重新唤起了欧维对生命的眷恋。

第十二章 欣欣向荣——关于幸福的积极心理学

【教学目标】

知识目标：了解积极心理品质的内容；掌握幸福的内涵和影响因素。

能力目标：掌握积极心理品质的培养方法，提高增进幸福感的能力。

【心灵漫话】

长风破浪会有时，直挂云帆济沧海。　　　　　　　　　　　——［唐］李白

人类的一切努力的目的在于获得幸福。　　　　　　　　　　——［英］华·欧文

第一节　积极心理品质及其培养

【"心"闻链接】

以"老百姓幸福指数"检验社会管理好坏　人民网　2011-03-13

如何看大多数人幸福的城市发展排名　人民网　2012-09-25

幸福的密码　光明日报　2013-07-26

幸福是长久有意义快乐　中国青年网　2014-01-25

幸福的领悟　光明网　2014-05-05

奔向幸福生活的绿色革命　新华网　2015-02-05

"随拍"，一起捕捉和发现欢乐和幸福　央视网　2015-02-25

全国创建幸福家庭主题宣传活动在北京举办　中国新闻网　2016-12-29

不忘初心，砥砺奋进，不断创造美好幸福新生活　人民网　2017-10-19

幸福都是奋斗出来的　人民网　2018-01-04

为家庭幸福美满护航　共圆新时代家国梦　中国妇女报　2019-01-07
……

近年来，幸福已经成为时代的主题。这是社会发展的必然。心理学界近二十年来对积极心理的研究也迎合了社会发展的需求，满足了人们探求幸福的内涵、影响因素和实现策略的愿望。可以说，积极心理学正在实现让人们活得更舒适、更有尊严、更有意义的使命。

【心理知识】

一、积极心理品质的内容

心理学家将积极的人格特征与消极的人格特征进行了区分，认为积极的人格特征中存在两个独立的维度：正性的利己特征和与他人的积极关系。前者是指接受自我、具有个人生活目标或能感觉到生活的意义、感觉独立、感觉到成功或者是能够把握环境和环境的挑战；后者则指的是当自己需要的时候能获得他人的支持，在别人需要的时候愿意并且有能力提供帮助，看重与他人的关系并对于已达到的与他人的关系表示满意。积极心理学的研究已经证实，和一般人相比，那些具有积极观念的人具有更良好的社会道德和更佳的社会适应能力，他们能更轻松地面对压力、逆境和损失，即使面临最不利的社会环境，他们也能应付自如。

12.1 关注积极心理品质

佩特森和塞利格曼的研究发现，人类性格优势包括6种美德和24种积极心理特质。6种重要美德是：睿智、勇敢、仁慈、公正、自律、卓越。在美德的条目下，包含了24种积极心理特质：创造力、好奇心、判断力、好学、洞察力、诚实、勇敢、坚韧、热情、善良、爱、善于交际、公平、领导才能、合作、宽恕、谦虚、谨慎、自律、对美德欣赏、感恩、乐观、幽默、有信仰。这些积极心理特质具有跨文化的一致性。下面我们主要介绍以下几种重要的积极心理特质。

（一）善良

善良是人类一种重要的良好品性，不仅可以获取他人的尊重，更能驱使自我心理诉求的升华。从人性最根本的角度出发，每个人都希望自己是个善良的人，但在大千世界复杂的纷扰下，又有多少人混淆着真善和虚假，打着善良的美名做着自私的事情。心理学家认为，内心真正善良的人，通常具备三个特点。一是度量他人，激发自觉。内心向善的人不会夹杂多余的目的性，哪怕是引领他人都是在潜移默化中激发自觉。二是心绪向善，不求回报。善良的根本特性在于心向往之，而无欲无求。尽自己尚可为的能力做一些有意义的事，而无需给予对等的交换，也只有这样才可以称之为大善。三是呵护他人，尊重自由。自由是每个人享有的权利，无关年纪，不论关系，即便是再亲密的关系都应该给予对方足够的空间。越是善良的人越懂得怎样呵护他人的自尊。比如，他人在掩饰痛苦不想被别人看见自己眼泪时，给予的尊重是假装没看见而不是递上纸巾。这一种高级的尊重比做作的关心更令人心存感激。体现善良的最好方式是给予最高级的尊重自由的权利。

（二）自我决定

自我决定是积极人格中一个重要领域。赖安和德西以个体的内在动机为出发点，探讨了人类三种相关的需要：能力的需要、归属的需要和自主的需要。当这些需要得到满足时，个人的幸福和社会的发展将是乐观的。这些需要的满足带给人们幸福感，促进社会的发展。在重视个人成长，自主、良好的友谊和社会服务条件下的个体，会受到内在的激励，充分发挥其潜能，迎接更大的挑战，内在动机最有可能发生，人们会得到幸福感，发挥潜能，并促进社会的发展。大多数重大逆境无法轻松迅速地解决，但控制我们能控制的会使我们更有力量。自我决定的人积极制订切实的计划，改善自己的处境，然后每天朝着目标前进。不断的进步能坚定人们的志向，也会让内心更安宁。

（三）坚韧

心理学家对坚韧的定义是：身处逆境、伤痛、悲剧、威胁或巨大压力的环境也能很好适应。字典将坚韧定义为有弹性，即轻而易举、迅速恢复的能力，就像根橡皮筋似的拉伸、再回弹。早期糟糕经历或生活中的创伤事件威胁着儿童或青少年的安全与幸福感。有韧性的孩子并不仅仅是简单的"反弹回去"。他们的所作所为要更复杂，更勇敢。他们以积极的态度解决问题，始终都坚持为更好的生活而拼搏。他们未必都天赋过人，却能将自己拥有的任何能力转化为优势——某种特殊的才能、受欢迎的性格、过人的才智。他们会寻觅关心自己的师友、邻居或亲戚。他们制订计划，提升自我，设定宏远切实的未来目标。他们会抓住种种机会过上更好的生活，这些机会可能是教育、参军、新工作，也可能是支持自己的伴侣或养儿育女。

（四）乐观

乐观是指个体对自己的生活以及社会的积极事件的期望——认为好的事情更容易发生，并且还是一种对事件的积极的解释风格（塞利格曼称之为乐观型解释风格），即：将坏事件归因于外部的、不稳定的、具体的原因，将好事归因于内部的、稳定的、普遍的原因。如：将成功归因于自己的努力及聪明才智，而不是运气等因素；将失败归因于外部环境，比如将考试失败归因于题目难度太高，而不是因为自己能力不足，等等。

心理学家们对癌症患者的研究发现，病情相同的情况下，乐观的、自我控制的患者在得知病情后，会继续积极地工作、生活，更容易康复，且更为长寿。有研究者进一步研究了乐观对癌症患者免疫系统的影响，发现乐观者在得知自己身患重症后，会在采取积极的生活方式和应对策略来积极配合治疗的同时，积极生活和工作，这种方式能有效地抵御疾病及其消极影响，从而提高患者对康复的期望，增强其身体免疫力。研究者们还发现，乐观者对生活的满意度较高，其抑郁水平较低。而生活满意度和抑郁水平是心理健康的重要指标，因此乐观对心理健康具有一定的预测作用。

【心理故事】

澳大利亚墨尔本市30岁青年尼克·胡哲天生患一种罕见的"短肢畸胎症"，没有双手和双腿。然而尼克长大后却没有向命运屈服，而是克服了常人难以想象的困难，学会了刷牙、写字，甚至游泳、冲浪和打高尔夫球！在过去10多年中，尼克已经在25个国家发表了数千场演讲，用他自强不息的精神鼓舞了世界各地成千上万的人。让人欣慰的是，如今尼克这位感动全球的生命斗士终于也拥有了属于自己的幸福——在与亚裔美女宫原佳苗结婚整整一年之后，2月14日尼克在其社交网站"脸谱"的主页上宣布妻子日前生下了一名重约3.9公斤、四肢健全的男婴，并贴出了儿子照片！当"无肢勇士"尼克喜得贵子的喜讯传开后，全球粉丝纷纷为他送上诚挚祝福。

二、大学生积极心理品质的培养途径

（一）认识自己，悦纳自我

积极心理学主张凡事从"积极"的角度入手，通过关注人的积极力量和发挥自身的积极潜能来帮助人们找到自身的内在力量，从而培养和形成一种具有积极心理学意义的认知品质。那么，首先我们要做的，就是充分认识自己，看到自己的价值所在。如果一个人只看到自己的不足，感觉自己什么都不如别人，那么就会产生自卑感，缺乏信心和积极性。而这些负性思维和情绪的产生是由于没有正确看待和全面认识自己，我们要明白，真正的成功是允许自己存在不成功的。那么，如何做到正确认识自己，悦纳自我呢？

1. 正视自己的优缺点

人无完人，我们要认识到每个人都存在优点和不足，所以我们要做到全面分析自己，不仅要了解自己的长处和优势，也要关注自己的劣势和不足。并且，在分析自己的时候，要使用正确的归因方式，不能将自己的缺点都归在外在的不稳定因素上，而是要充分肯定自己。当然，在看待自己的长处时也要全面客观，既应该充分肯定，也不能过分夸大。所以，不论自己有多少对自己的不满，都要学会停止过分挑剔和责备，学着进行自我辩论，有哪些证据证明我确实有这些不足，有哪些证据可以反驳这个观点。要尝试着将时间用在充分发掘自己的资源，正视全面的自己上。

2. 正视自己的负性情绪

当我们遭受挫折和打击时，很容易产生悲观、焦虑、抑郁等负性的情绪状态，这是一种正常的心理反应，所以不要去压抑、否认或掩盖它，更不用苛求、责备自己。这些负性情绪是促使我们改变现状的先决条件，要学会识别和接纳这些情绪，并在合理地宣泄之后尝试用适当的途径进行改变。

3. 对自己无条件地接纳

积极心理学提倡的无条件接纳自己，就是无论我们的外表美或丑，不管我们能力过人或是平庸，无论我们的性格是否讨人喜欢，这些都构成了完整的、独一无二的我。正如，世界上没有完全相同的两片叶子，世界上也没有第二个我。所以，接受这样独特的自己，并且努力完善到让自己满意的状态。古语有：甲之熊掌，乙之砒霜。也许你所认为的缺点，正是别人在追求的目标，所以要全面辩证地看待自己和外部世界，积极接纳自己，并以积极的态度面对社会现实。

（二）提高交往能力，培养和谐人际关系

皮亚杰指出，同伴关系中的合作和感情共鸣可以使儿童获得更多的认知、交流以及问题解决能力，还能提供尊重、归属和爱等人类基本需求。澳大利亚积极心理研究所的创始人格林博士也认为，正如一个团队需要不同的角色和智慧一样，朋友圈的多样性也很重要。因而，拥有良好的人际关系与个人的健康成长是不可分割的。

当今时代飞速变化，生活节奏明显加快，人们也更容易感到焦虑和不安。而且网络的普及，虽然拓展了人们的交际面，但是同时也削弱了人和人之间的当面交流，这也带来交往质量的降低，而由此带来的缺失也会导致积极关系的丧失。但作为社会生物，人需要得到同伴的支持，并且提供解决问题的社会模板，这对人格的塑造和完善也有重要的影响。所以，培养自己的交往能力，塑造和谐的人际关系，不仅有利于我们的社会化，也为我们的积极改变提供了社会支持。

（三）培养兴趣，提升自我

当我们处于低落、消极的情绪状态时，即使有朋友的支持和鼓励，也不一定能够帮助我们真正改变这种状态，这就需要我们有可以合理发泄的渠道。而培养稳定而成熟的兴趣，通过新的事物的刺激，缓解紧张的压力情绪，不但能够转移我们的负性注意，还可以发泄不良情绪，以便更好地调整状态，投入到新的改变进程中去。

（四）在改变中进行积极的自我暗示

在改变的过程中，有时难免遇到故态复萌的状况，如果没有得到及时的解决，可能会

产生一些消极的自我暗示"我没办法做到这些的"。而这种消极的暗示可能会使我们在面对这类问题时，形成自动化思维，并且这些内心冲突又会占用我们解决问题的心理资源，导致注意力难以专注于改变。

曾有人做过一个有趣的实验，当有同学在课堂上提出自己数学很差时，老师要求他换个说法："我的数学学得很好。"这位同学一开始想要反驳这样的观点，但都被老师打断了，在老师的再三要求下，改变发生了。当该同学说了三遍"我的数学学得很好"后，他立刻加上了一句话："其实，我的数学也没有那么糟糕，只是我不够努力。"可见，当我们给予积极的自我暗示时，就会从那种消极的角度走出来，看到更客观的现实，并且将问题聚焦到可以解决的层面上来。

【心理练习】

"写出"积极的心理品质

每天，在睡觉前，当一天即将结束的时候，写下这一天发生的几件带给你快乐或让你感到很幸福的事，还有那些令你感激的人和事，令你自豪的优点和成就，你对未来的美好期望。写出来的可以是一些日常生活中的琐碎小事，比如"朋友今天给我讲了一个很好笑的笑话""妈妈告诉我她和爸身体都很好"，或者，是一些重要的事情，比如"老师今天当众表扬我了""我的努力终于有了收获，我获得了奖学金"。在书写的过程中，认真体验这些事情发生时自己的心情，也可以写下为什么这些事情让你感到开心，以后的生活中自己该做些什么。当然，你也可以写过去发生过的类似事件。

只要你坚持下去，这个练习能够增进你的幸福体验，减少抑郁情绪，使你的应对方式更加积极，身心更加健康。如果延长练习的时间，比如连续六个月，或将其作为你日常生活的一部分，那将会对你产生更长久的有益影响。

第二节　幸福感及其培养策略

【心理案例】

课堂上，心理学教授提出问题："你们一生中最需要的是什么？"大学生们七嘴八舌，各种理想和追求蜂拥而出："我最需要的是亲情""我最想获得事业上的成功""我最想要一个稳定、和谐的家庭""我需要朋友间真诚的友谊""我最需要钱，有了钱我想做什么都可以""我认为是健康""我需要很好的社会声望，要做一个有道德的人""我想有超凡的知识和能力，为社会多做贡献"……在肯定了大家的需要都基于自我价值

> 追求之后，教授提出了第二个问题："你们的这些追求最终的目的是什么呢？"学生们陷入了深思。是啊，终极的追求难道就是金钱、物质、名望、健康、亲情、友情等吗？
>
> 良久的沉思后，一个声音打破了寂静："是幸福！""对，是幸福！"更多的赞同的声音响了起来。"是啊，是幸福引领着我们每天认真地生活，努力地工作、学习。外在的物质、名利、情感乃至健康我们都需要，但它们都是幸福的'道具'，而不是真正的目的。有它们我们可能幸福，但没了它们我们依然可以幸福。"那么，什么是幸福？怎样才能幸福呢？

【心理知识】

一、幸福感及其影响因素

（一）积极心理学的幸福五大元素

12.2 关于幸福的解读

幸福是人类永恒追求的话题，古今中外仁人志士均有不同的解释。心理学家塞利格曼在《真实的幸福》（2010）中分别从"什么是幸福""幸福在哪里""用幸福斟满人生"三个维度出发，对幸福进行了"积极情绪、投入、意义"的三重内涵定义，并提出了获得幸福的 24 个优势。2012 年，塞利格曼在《持续的幸福》中升级了幸福的内涵，提出了幸福 2.0 版本，把幸福的三要素扩展到五个元素，并提出积极心理学对幸福的定义不是聚焦在生活满意度，而是构建幸福。

1. 积极情绪

人们的快乐源自一些积极的主观感受，包括愉悦、狂喜、入迷、感恩、温暖、舒适等，这些感受被称为积极情绪。一个幸福的人 60% 以上的时间里能体验到积极情绪。快乐的生活带来的幸福感往往很直接，也很简单。可以是早晨起床时看见阳光，听到家人的声音；也可以是在学习或工作时抬头看见同学或同事的笑脸；也可能是在公交车上给老人让座后，在餐厅里享受服务员为你提供的周到服务，等等。积极情绪受遗传、认知、环境等因素影响。有些人天生就会体验较多的积极情绪，有些人通过积极的自我认知诱发积极情绪，有些人则需要置身快乐和谐的氛围才能获得积极的情绪体验。无论怎样，当常体验积极情绪时，没有人会认为自己不幸福。

2. 投入

希斯赞特米哈伊在其《快乐，从心开始》一书中阐述了"幸福流"理论。其中的"福乐"（flow）——在一个人为了一件充满挑战但自认为是最值得努力的事，把体能与智力都发挥到极致的时刻——也就是塞利格曼所指的投入（engagement）。这是一种最接近"幸福"的状态。例如，在进行高山滑雪的时候，你全神贯注于你的身体动作，风滑过你的面庞，覆盖着洁白雪花的小树飞过你的眼前，你无暇顾及这美丽的情景，你知道稍有闪失你就会被甩出雪道，但是你享受这美好的过程，像是时空隧道，你期望永远沉浸其中。这是一个全身心投入的过程。这个过程极其美妙，给人带来极大的愉悦体验，甚至会让人上瘾。一个人在做自己喜欢的事情的时候特别容易出现这种体验，比如：下象棋，绘画，打球，攀岩，玩游戏，等等。当一个人专注于某事时，包括工作，这种现象就有可能出现。人们往往称这时他们处于最佳状态，觉得时光在停滞，这是生活中的美好时刻。投入产生的这种体验来自个人主动的行动，因此，我们必须主动去寻找这种机会，对日常生活中的各种事物产生兴趣，积极地投入到生活中去，幸福就会随之而来。

3. 意义

是不是你认为没错的、舒服的就是有意义的呢？如："昨夜宿舍里的通宵畅谈难道不是最有意义的吗？"人们对自己的快乐、狂喜或舒适不会感觉错。你觉得是什么，就是什么。不过，意义则不是这样的：你可能会认为这个通宵卧谈会非常有意义，但是当多年以后，你重新想起它来，就会认识到它很显然只是青春的呓语。

意义指归属于和致力于某样你认为超越自我的东西。积极心理学认为，人的生命具有"三重性"，即"生理生命""内涵生命"和"超越生命"。"生理生命"指人作为生物体的存活；"内涵生命"指人生的丰富程度，亦即单位时间里经历的事情越多，内涵生命就越丰富，就等于增长了生理生命的存在；"超越生命"则是人对生理生命阈限的超越，即人寻找永恒与不朽的冲动与努力。因此，幸福的实现，不能停留于生理上一时的快感，而是要不断超越与实现人生价值，有意义地生活，不断地创造和奋斗。

4. 成就

成就往往是一项终极追求，哪怕它不能带来任何积极情绪、意义、关系。

塞尼亚认为，有人为了成功、成就、胜利、成绩和技艺本身而追求它。追求成就人生的人们，经常会完全投入到他们的工作中，也常如饥似渴地追求快乐，并在胜利时感到积极情绪（虽然它们转瞬即逝），还有可能是为了更大的目标而赢。如大学生在校刻苦读书也许放弃了很多的娱乐活动，在这个努力的过程中付出了很多，有生理的疲惫，可能经历消极的情绪（如焦虑、自卑等），但是为了长远的成就生活，学生仍然愿意把成就作为追求的目标，并愿意为之付出努力。

5. 人际关系

积极很少见于孤独的时候。你上一次开怀大笑是什么时候？上一次喜不自禁是什么时候？上一次感觉到深刻的意义和目的呢？上一次为成就而极其自豪呢？这些都与他人有关，他人是人生低潮最好和最可靠的解药。哈佛大学精神病学家乔治·瓦利恩特（George Vaillant）发现，被人爱的能力是关键。社会神经科学家约翰·卡乔波（John Cacioppo）则认为孤独对生活产生的消极作用极大，显然对人际关系的追求是人类幸福的基石。

【心理故事】

一匹渴望幸福的马，一天找到了上帝，它请求上帝允许它进天堂。上帝就问为什么？它说天堂里有它想要的幸福。上帝说那你就来错了地方，天堂里确实有很多东西，美味佳肴、名声、地位、金钱美人……不过未必就有幸福。马却不信，它说天堂里有那么多美好的东西，怎么会没有幸福呢？于是上帝就让马进入了天堂，不过进入之前，上帝对马说，你可以在天堂里住十年，十年以后，你把你找到的幸福带给我，如果带不来的话，我就要惩罚你下地狱。

马想都不想，就答应了。果然如上帝所说，天堂里应有尽有，马在这里过着穷奢极欲的生活，饱食终日，也忘了当初要找幸福的事情，更忘了当初对上帝的承诺。十年眨眼过去了，上帝突然出现在了马的面前，问它找到了幸福没有，拿过来让他看看。马这才傻眼了，它知道在上帝面前撒谎是行不通的，为了求得上帝的宽恕，它说了实话，它并没有找到幸福。

于是上帝便将马投入到地狱里，让马在那里待上十天，并且对马说，如果它在十天之内，能够把幸福带给他的话，他就会取消对马的惩罚。马所在的地狱是一片沙漠，那里一望无垠，全是沙子。马在沙漠上尝尽饥饿和口渴之苦，为了生存下来，它不得不四处寻找食物。在第十天来临的时候，马倒在了沙漠里，只剩下最后一口气了，这时候它看见在前方不远处，长着几棵小草，那种绿色是马十天来梦寐以求的。这时候上帝又出现了，他问马找到了幸福没有？马就说找到了，就是前方的那几棵小草。上帝笑了，于是取消了对马的惩罚。

（二）幸福的影响因素

幸福人生由众多的因素构成。中国古代有五福之说，即长寿、富贵、康宁、好德、善终。对于幸福人生而言，这些因素都是不可缺少的。心理学研究者认为，幸福主要由三种感觉构成，即生活和事业的满足感、心态和情绪的愉悦感和人际与社会的和谐感，即幸福＝美满的生活＋愉悦的身心＋和谐的关系。幸福是可以无处不在的，影响幸福的因素当然也无处不在。综合积极心理学的研究成果，我们认为，影响幸福的因素主要包括以下几个方面。

1. 物质财富

物质财富决定着我们是否能够支付得起生活所需。古希腊七贤之一的梭伦将"有中等财富"视为幸福应具备的五个要素之首。心理学领域对收入与幸福感关系也进行了大量研究。对法国、日本和美国等发达国家国内居民收入与幸福感关系的一项跟踪研究表明，尽管最近50年来这些国家的居民收入有了迅猛的增长，但是幸福感水平却相当稳定。而另一些研究发现，在较为贫穷的国家，个人收入对幸福感的影响较大。

由此可见，影响幸福感的关键因素可能随所处物质生活阶段的不同而不同。在收入水平非常低的时候，财富的增长对幸福程度的提高贡献较大；但当财富积累达到一定程度后，它对幸福感的影响就非常小了，其他因素就可能变得更重要，比如良好的人际关系、身体健康、工作稳定、美满的婚姻状况等等。

我国是发展中国家，物质生活的水平与幸福感呈显著的正相关性，随着物质生活快速提高，人们的幸福程度也普遍增高。当物质生活水平的提升达到一定的临界点时，物质生活与幸福感的正相关性会逐渐减弱；非物质的因素，如个体的身心状态、社会认同、社会支持等对个人幸福感的作用越来越大。可见，影响幸福感的关键因素会随所处物质生活阶段的不同而不同。不同的发展阶段、不同的地区，人们的幸福感不同。

一个国家和地区如此，个人也是这样。大多数穷人都希望自己能够发财致富，他们认为物质财富能够为他们带来持久的幸福；许多纸醉金迷的富人，则生活在空虚与无聊中，他们的幸福感甚至不及一些贫穷的人。可见，一个人仅仅依靠占有大量物质财富，未必能获得真正的幸福；而一个人缺乏物质财富，也并不意味着他与幸福无缘。

财富多少虽然是影响人们幸福感的重要因素，但却不是唯一和绝对的。清新的空气，通畅的道路，诚信的社会，健康的身体，家人的支持等与财富无关的因素同样能够给人带来幸福与满足。其实，在生存需要满足以后，社会发展的目的不是财富的最大化，而是人们的幸福最大化。

2. 个性

无论是物质财富因素，还是环境因素，都必须通过一个人的个性才能起作用，也就是我们经常所说的"外因通过内因而起作用"。

然而，个性与环境对幸福感的影响孰轻孰重，研究者们的看法存在较大的分歧。早期，心理学研究者注重考察外部客观变量，如外部事件、生活情景以及人口学特征等对幸福感的影响，然而许多研究发现，外部的客观变量对幸福感的影响程度是较小的。而大量研究表明，个人的幸福体验是比较稳定的。心理学研究者开始重新审视个性对幸福感的影响。许多研究证实，外向性与积极情感显著相关，而情绪性则与消极情感显著相关。古希腊一位哲人曾经讲过，"性格决定一个人的命运"。用在这里，可以变成"性格影响一个人的幸福体验"。这就告诉我们，无论我们生存在何种艰苦的环境下，无论我们面临多大的困难和挫折，这些外在的环境因素如果想对我们产生任何负面作用，都必须通过我们的性格因素。如果我们总是从积极的角度考虑问题，不给外因以可乘之机，那么我们依然会时刻体验到幸福的人生。

关于幸福的个性心理研究显示：幸福的人和不幸福的人的个性特质剖面图迥然不同。在西方文化背景下，幸福的人的人格特征是外向、乐观、高自尊和内控的。相反，不幸福的人有高神经质倾向。外向和幸福或积极情绪的相关系数是 0.7，神经质与消极情绪的相关系数是 0.9。有趣的是，智力与幸福无关。

有一些因素可以部分地解释外向与幸福之间的联系。外向的人可能更适合那种要求大多数人参与交往的社会性环境。因此，他们的需要容易在社会活动中得到满足，因而感到幸福。同时，有证据显示：外向的人对引起积极情绪的刺激模式表现出更多的幸福反应。此外还有证据显示：外向的人和神经质的人分别对于积极事件和消极事件有体验上的偏好。也就是说，如果你是个高度外向的人，你更有可能体验到积极事件，并因此而更幸福；如果你是个高度神经质的人，那么你更有可能体验到消极事件，并因此而更加不快。

3. 遗传基础和环境基础

大量的证据表明，影响幸福的主要个性心理特质，如外向和神经质等，其 50% 的变异可以归功于遗传。许多关于气质与人格特质之间的关联的纵向研究表明：那些活泼程度高、积极情绪多的孩子，长大后变得外向，因此也更幸福些；那些易激惹和恐惧胆怯的孩子，则在随后的生活中显得神经质并表达出更多的消极情绪。乐观、自尊和控制源也是与幸福有关的人格特质。有证据显示：父母使用具有中等程度的控制力的温和态度来抚养孩子，则孩子比较容易发展出良好的自尊和内控。最后，孩子能从采用乐观的方式解决问题的父母那里学会乐观。

明尼苏达双生子分离抚养研究中心的心理学家已经证明：即时的幸福和主观幸福感中有大约一半的变异归功于遗传因素。但是，幸福的锚定点——人们在一段时期，如 10 年内的情绪变化所围绕的固定值——却有 98% 决定于遗传。主观幸福感具有 44%～53% 的遗传性。

强烈的积极情绪和自然环境紧密相关，而与人工环境则不相关。人们在有植被、水和全景景观的地方积极情绪更多。人们喜欢这类地方可能有其进化学上的原因——这样的环境既安全又富饶。好的天气可以带来积极情绪。在阳光灿烂、温暖而不炎热、不潮不湿的天气，人们会报告更多的积极情绪。然而人们也能适应不良的气候条件。

房屋质量与生活满意度之间有中度相关。房屋质量的评价指标包括地理位置、人均房间数、房间大小、能否取暖等。研究显示音乐能够带来短时的积极情绪体验，并能够降低攻击性。养花也可以增加积极情绪，提高人的幸福感。

4. 人际关系

在人际关系的广泛范畴中，配偶、亲戚、亲密的朋友、同事都与持久的幸福相关联。调查结果显示，已婚的人比离异、未婚和分居的无婚的人更幸福，而最不幸福的是套在不幸婚姻中的人。幸福的人比不幸福的人作为婚姻伴侣更具有魅力，婚姻为人们提供的种种好处会让人更幸福。较高的婚姻满意度最主要是和在婚姻中能充分交流、相互尊重、宽容、谅解等因素关联在一起。这类沟通可能能带来更多的幸福。

　　亲子之间、手足之间以及大家族成员之间亲密的支持性关系，可以增进每一个亲族成员所能获得的社会支持力量。这种社会支持加强了主观幸福感，而且，从进化的角度来讲，家族成员密切团结，使得我们能从这种与亲戚的联系中获得幸福。与家庭成员保持定期的联系、制定能够和家庭保持亲密接触的生活计划，在你离家的日子里，可以通过电子邮件、电话、网络在线视频等方式保持联络，可以增进社会支持，带来幸福，而且可以提高免疫系统的机能。

　　和几个亲密可靠的人保持友谊与幸福和主观幸福感联系密切。迪艾讷和塞利格曼对222名大学生进行的研究发现：最幸福的10%的大学生最与众不同之处在于他们丰富充实的社会生活。

　　可信赖的人际关系与幸福相关的原因有三：第一，幸福的人更可能被别人选做朋友和信任对象。因为他们作为同伴比愁眉苦脸的人更具魅力，而且他们更多地帮助别人，而郁闷的人则更关注自己，很少有助人利他之心。第二，建立互信关系满足了人的归属需要，因此令人感到幸福和满意。第三，亲密的友谊提供了社会支持，良好的社会支持则有利于幸福感的提高。

5. 体育锻炼、健康和年龄

　　短期的锻炼带来积极的情绪状态，长期的锻炼则产生更强的幸福感。锻炼的短期效果归功于锻炼导致大脑产生的内啡肽和类吗啡的释放。与长期锻炼相关的幸福感的持续提高归因于有规律的锻炼减少了抑郁和焦虑，提高了我们工作的准确性和速度，提升了自我概念，促进了心血管的健康和机能。整个成年时期有规律的锻炼降低了心脏病和癌症的发生机会，使人更加长寿。另外，有规律地锻炼的人经常和别人结伴运动，他们的主观幸福感也能从这种额外的社会支持中受益。

　　人们对自己健康状况的主观评价和幸福相关，但是由医生给出的客观健康评价则与幸福不相关（除了那些严重残疾的人之外）。越来越多的证据显示：幸福可以通过影响免疫系统而对我们的身体健康产生影响。幸福的人的免疫系统比那些不幸福的人更能够有效地工作。

　　早期的幸福感研究者曾经假定，年龄可以作为预测幸福感的一种重要指标。在他们看来，随着年龄的增长，人们的幸福感会呈下降的趋势。然而经过了近半个世纪的研究，却并没有多少材料支持这一假设。相当多的研究发现，随着年龄的增长，人们的生活满意感不但不会下降，反而会有升高的趋势。一些研究者认为，其主要原因在于，人们往往根据年龄的变化适当调整自己的目标，而与年轻人相比，老年人的期待与他们的实际感受更为吻合。

6. 生产力和幸福

从业状态、工作满意度、技能运用和目标定向活动都与主观幸福感相关联，在特定的环境下受教育程度也与幸福相关联。

调查结果显示，有工作的人比未就业的人更幸福，而且从事专业技术工作的人比那些从事非专业技术工作的人更幸福。工作满意度与幸福有中等程度的相关。这可能是由于工作使人们有机会获得快乐，满足他们的好奇心和发展技能、社会支持网络、认同感和目标感。人们更喜欢做些运用自己熟练的技能才能完成的、完全由其内在价值决定的工作，以及那些能带来社会收益的工作。

受教育水平与幸福呈正相关，而且这种相关程度在发展中国家的低收入人群和贫穷国家的国民身上表现更明显。这可能是由于在发展中国家，受教育能够提供更为显著的收益。在发展中国家，未受教育的人们可能连自己最基本的生理需求都无法满足，而受过教育的人则可以挣到足够的钱来充分满足他们对食物和住所的需求。相反，在发达国家，多数情况下即便是受教育极少的人的基本物质需要都是可以满足的。

人们在达到较高成就目标时报告的幸福程度，比达到较低成就目标时的幸福程度要更高。目标可能是由包括人格特质等许多因素共同决定的。因此，外向的人在完成了令人兴奋的事情的时候会更幸福，而内向的人则在完成了自己满意的事情时更为幸福。当人们的目标和愿望协调一致地组织起来后才得以实现时的幸福，比还没把这些目标和愿望考虑清楚的时候更高。

7. 休闲和幸福

休息、放松、美食和业余活动都对幸福有短期的积极影响。在放假期间人们报告了更多的积极情绪、更少的焦躁。有证据显示：参加休闲或运动组织，尤其是那些包含跳舞、音乐、义工或极限消耗性运动等活动的组织，可以带来更高的幸福感。加入这类休闲组织可以提高幸福感，是因为它们具有如下优点：能够和别人交流，经常处于一个有自己的文化氛围、价值取向和时尚活动及社会关系网络结构的小型文化圈子里。音乐类休闲组织相比前面列举的其他类型的组织，还可以另外享受音乐在引发积极情绪方面的一切好处。这样，组织型休闲活动可以通过满足一定的需要而增进幸福，如归属需要和利他需要、自主执行技能活动的需要、对兴奋的需要与对竞争和成就的需要。

8. 精神因素

心理学研究者们对社会支持、生活事件、宗教信仰、教育等精神层面的因素与幸福感的关系进行了实证探索。结果表明，这些精神层面的因素的确影响着人们的主观幸福感。但是，心理学研究所揭示的关系基本上是一种相关关系。也就是说，既可以理解为这些因素影响着幸福感，也可以理解为幸福感影响了这些因素。而且，即便是相关关系也并不像预想的那样简单，相关的两者还往往受到其它因素所产生的交互作用或者中介作用的影响。

北美的研究发现：幸福和参加宗教活动之间有中等程度的相关，参加宗教活动的人比其他人更幸福。第一，宗教提供了一个一致的信仰体系，使人们能够发现生活的意义，对未来充满希望。第二，定期参加宗教活动，成为宗教组织的一员能够为人们提供社会支持。第三，皈依宗教常常是和生理与心理上更为健康的生活方式联系在一起的。这种生活方式的特点是忠于婚姻、亲社会行为（而不是犯罪）、饮食适度、勤奋工作。

【心理练习】

探索发现——如何努力而幸福地活着

放松身心，以积极正向的心态开始每个人新的一天，这样的生活状态是我们每个人都在努力追求的，也可以视为幸福生活的表现。然而，大多数目标难以企及，很多人并不知道如何努力而幸福地生活，其实选择权就在你自己手中。

12.3 学会幸福

请在安静放松的环境中认真思考并回答以下问题。

① 我拥有什么？

我的回答：_____

② 我可以为什么感到自豪？

我的回答：_____

③ 我应该对什么心存感激？

我的回答：_____

④ 我怎样才能充满活力？

我的回答：_____

二、增进幸福感的策略

针对影响幸福的因素，我们提出以下增进幸福感的策略。

① **人际关系**：与家人和亲戚保持经常的沟通往来；和志同道合的朋友保持亲密的友谊；与舍友、班级同学保持积极的交往；与和自己能够友好清晰沟通的、相互宽容谅解的人恋爱；与熟悉的人合作；参加一些积极的文体活动。

12.4 画出幸福——幸福树的绘画

② **环境方面**：保证人身安全，合理用钱，让自己和家人舒适，不要卷入消费主义踏轮；保证住宿环境整洁卫生，让宿舍成为有悦人的音乐和艺术的地方。

③ **身体健康**：经常参加体育锻炼；注意饮食，维持良好的身体健康。

④ **工作效力**：在富有挑战性的任务中运用自身具有的内在的志趣和技能；在有趣和

有挑战的工作中获得成功和证明；在师长和同学的帮助下科学规划自己的人生，合理利用时间，为内在一致的系列目标努力学习和工作。

⑤ 休闲娱乐：适度饮食，保证营养充足；休息、放松、适度休闲；与一群朋友参加合作性的休闲活动，如音乐、舞蹈、身体锻炼、旅游等。

⑥ 社会比较：对于与媒体意象进行消极比较导致的自尊降低，可以通过与你的直接的参照群体以及比你差的人们比较进行自我矫正，记住媒体意象的虚假性，检验媒体意象的来源和幸福的可靠性，设置与自己的能力和资源相匹配的现实的个人目标和标准。

⑦ 情绪调节：面对抑郁，可以回避痛苦的情境，把注意力集中到这个情境中的不痛苦的方面，质疑那些悲观主义和完美主义的想法，让自己活跃起来，寻求支持；面对焦虑，可以质疑那些源于恐惧的想法，通过进入威胁性的情境来锻炼自己的勇气，使用积极的应对方式减少焦虑；面对愤怒，可以回避引发愤怒的情境，将注意力集中到困难情境中的不痛苦的方面，严正要求攻击性的人不要太过分，撤离并练习自己的移情能力。

【心理测试】

牛津幸福感问卷（OHI）

说明：每题有四个句子，请选择一个与您过去1周（包括今天）的感受最符合的一种描述。

1. A. 我感觉不幸福　　　　　　　　　　B. 我感觉还算幸福
   C. 我觉得很幸福　　　　　　　　　　D. 我觉得非常非常幸福
2. A. 我对将来不是很乐观　　　　　　　B. 我对将来很乐观
   C. 我觉得我很有希望　　　　　　　　D. 我觉得将来充满希望，前景光明
3. A. 我对我生活中的任何事情都不满意　B. 我对我生活中的有些事情感到满意
   C. 我对我生活中的很多事情感到满意　D. 我对我生活中的每件事情都很满意
4. A. 我觉得我一点也不能主宰我的生活
   B. 我觉得我至少能部分主宰我的生活
   C. 我觉得我在大多数时候能主宰我的生活
   D. 我觉得我完全能主宰我生活中的各个方面
5. A. 我觉得生活毫无意义　　　　　　　B. 我觉得生活有意义
   C. 我觉得生活很有意义　　　　　　　D. 我觉得生活意义非凡
6. A. 我不太喜欢我自己　　　　　　　　B. 我喜欢我自己
   C. 我很喜欢我自己　　　　　　　　　D. 我对自己满怀欣喜
7. A. 我无法改变任何事情　　　　　　　B. 我有时候能够很好地改变一些事情
   C. 我通常能够很好地改变一些事情　　D. 我总是能够很好地改变一些事情

8. A. 我觉得生活就是得过且过　　　　　B. 生活是美好的
　　C. 生活很美好　　　　　　　　　　　D. 我热爱生活
9. A. 我对别人不大感兴趣　　　　　　　B. 我对别人比较感兴趣
　　C. 我对别人很感兴趣　　　　　　　　D. 我非常热衷于别人的事情
10. A. 我发现做决定很难　　　　　　　　B. 我发现做某些决定很容易
　　C. 我发现做大多数决定都很容易　　　D. 做所有的决定对我而言都很容易
11. A. 我发现要着手做一件事情很难　　　B. 我发现要着手做一件事情比较容易
　　C. 我发现要着手做一件事情很容易　　D. 我觉得我能够做任何事情
12. A. 和别人在一起我不觉得开心　　　　B. 和别人在一起我有时候会觉得开心
　　C. 和别人在一起我常常会觉得开心　　D. 和别人在一起我总是会很开心
13. A. 我一点也不觉得自己精力充沛　　　B. 我觉得自己精力比较充沛
　　C. 我觉得自己精力很充沛　　　　　　D. 我觉得自己有使不完的劲
14. A. 我认为所有的事情都不美好　　　　B. 我发现有些事情是美好的
　　C. 我发现大多数事情是美好的　　　　D. 整个世界对我而言都是美好的
15. A. 我觉得自己的思维不敏捷　　　　　B. 我觉得自己的思维比较敏捷
　　C. 我觉得自己的思维很敏捷　　　　　D. 我觉得自己的思维异常敏捷
16. A. 我觉得自己不健康　　　　　　　　B. 我觉得自己比较健康
　　C. 我觉得自己很健康　　　　　　　　D. 我觉得自己异常健康
17. A. 我对别人缺乏温情　　　　　　　　B. 我对别人有些温情
　　C. 我对别人充满温情　　　　　　　　D. 我爱所有的人
18. A. 我的过去没有留下幸福的记忆
　　B. 我的过去有些幸福的记忆
　　C. 过去所发生的大多数事情似乎都是幸福的
　　D. 我所有的过去都非常幸福
19. A. 我从来都没有高兴过　　　　　　　B. 我有时会高兴
　　C. 我经常都很高兴　　　　　　　　　D. 我总是处于高兴的状态之中
20. A. 我所做的都不是我想做的　　　　　B. 我所做的有些是我想做的
　　C. 我所做的大多是我想做的　　　　　D. 我所做的都是我想做的
21. A. 我不能很好地安排我的时间　　　　B. 我能较好地安排我的时间
　　C. 我能很好地安排我的时间　　　　　D. 我能把我想做的事都安排得很妥当
22. A. 我不和别人一起玩　　　　　　　　B. 我有时和别人一起玩
　　C. 我经常和别人一起玩　　　　　　　D. 我总是和别人一起玩
23. A. 我不会使别人高兴　　　　　　　　B. 我有时候会使别人高兴

C. 我经常会使别人高兴 　　　　　　　D. 我总会使别人高兴

24. A. 我的生活没有什么意义和目的 　　B. 我的生活有意义和目的
　　C. 我的生活很有意义和目的 　　　　D. 我的生活充满意义，而且目的明确

25. A. 我没有尽职尽责和全身心投入的感觉 　B. 我有时会尽职尽责并全身心投入
　　C. 我经常会尽职尽责并全身心投入 　　　D. 我总是尽职尽责并全身心投入

26. A. 我觉得世界不美好 　　　　　　　B. 我觉得世界比较美好
　　C. 我觉得世界很美好 　　　　　　　D. 我觉得世界美好极了

27. A. 我很少笑 　　　　　　　　　　　B. 我比较爱笑
　　C. 我经常笑 　　　　　　　　　　　D. 我总是在笑

28. A. 我认为我的外表丑陋 　　　　　　B. 我认为我的外表还过得去
　　C. 我觉得我的外表有吸引力 　　　　D. 我觉得我的外表非常有吸引力

29. A. 我发现所有的事情都索然无味 　　B. 我发现有些事情有趣
　　C. 我发现大多数事情都有趣 　　　　D. 我发现所有的事情都非常有趣

计分说明：

选 A 得 0 分，选 B 得 1 分，选 C 得 2 分，选 D 得 3 分。最后将各题得分相加即为幸福感的总分。得分越高说明越幸福。

【推荐阅读与欣赏】

1. 书籍：《善良丰富高贵》周国平. 杭州：浙江文艺出版社，2013.

简介：周国平先生的一本散文集。书中一方面记叙了作者对人生理想、两性情感的关注，另一方面也加入了更多的关注现实的文字。周国平的散文，既富有思想者的睿智和深刻，又不乏普通人的感觉和体验；既有达观者的通透和洒脱，又见性情中人的困惑与迷惘。周国平的散文始终贯穿着对人生重大问题的严肃思考，以及对现代人精神生活的密切关注。对于读者而言，最有价值的应是他给我们指明了很多为人处世的真谛。

2. 电影：《阿甘正传》

简介：电影描绘了先天智障的小镇男孩福瑞斯特·甘自强不息，最终"傻人有傻福"地得到上天眷顾，在多个领域创造奇迹的励志故事。主人翁阿甘表现出的善良、温情，触动了观众心中最美好的东西。阿甘在影片中被塑造成了美德的化身，诚实、守信、认真、勇敢而重视感情，对人只懂付出不求回报，也从不介意别人拒绝，他只是豁达、坦荡地面对生活。他把自己仅有的智慧、信念、勇气集中在一点，他什么都不顾，只知道凭着直觉在路上不停地跑。

参考文献

[1] Alan Carr. 积极心理学 [M]. 郑雪, 等译. 北京: 中国轻工业出版社, 2008.
[2] 包陶迅. 现代生活与心理健康 [M]. 沈阳: 辽宁教育出版社, 2012.
[3] 毕淑敏. 心灵的力量 [M]. 武汉: 长江文艺出版社, 2010.
[4] 边玉芳. 大学生心理健康 [M]. 上海: 华东师范大学出版社, 2009.
[5] 常素芳, 李明. 生如夏花: 大学生生命教育学概论 [M]. 北京: 清华大学出版社, 2017.
[6] 车文博. 心理学新词典 [M]. 长春: 吉林人民出版社, 2001.
[7] 陈国海, 许国彬, 肖沛熊. 大学生心理与训练 [M]. 2版. 广州: 中山大学出版社, 2006.
[8] 陈珩. 大学生心理健康教育. 心理课堂 [M]. 北京: 化学工业出版社, 2007.
[9] David R.Shaffer. 发展心理学 [M]. 邹泓, 等译. 北京: 中国轻工业出版社, 2005.
[10] 邓旭阳. 大学生心理发展训练 [M]. 北京: 北京出版社, 2004.
[11] 丁俊兰. 大学生心理健康教育 [M]. 北京: 科学出版社, 2016.
[12] 樊富珉. 团体咨询的理论与实践 [M]. 北京: 清华大学出版社, 2007.
[13] 樊富珉, 王建中. 当代大学生心理健康教程 [M]. 武汉: 武汉大学出版社, 2006.
[14] 方平. 自助与成长: 大学生心理健康教育 [M]. 北京: 教育科学出版社, 2010.
[15] 冯建军. 生命与教育 [M]. 北京: 教育科学出版社, 2004.
[16] 高校教材编委会. 大学生心理健康教育导论 [M]. 沈阳: 辽宁大学出版社, 2007.
[17] 葛明贵. 大学生心理健康教育 [M]. 北京: 教育科学出版社, 2014.
[18] 桂世权, 魏青, 陈理宣, 等. 大学生心理健康教育 [M]. 成都: 西南交通大学出版社, 2007.
[19] 郭桂平, 曹杰. 大学生心理健康教育 [M]. 北京: 北京师范大学出版社, 2012.
[20] 郭镛. 大学生心理健康教育 [M]. 长春: 东北师范大学出版社, 2012.
[21] 胡飒. 大学生命伦理与健康教育 [M]. 北京: 知识产权出版社, 2015.
[22] 黄希庭, 郑涌. 当代中国大学生心理特点与教育 [M]. 上海: 上海教育出版社, 2001.
[23] 黄雄志, 刘敏. 新编大学生心理健康 [M]. 北京: 中国轻工业出版社, 2017.
[24] Jerry M.Burger. 人格心理学 [M]. 陈会昌, 译. 北京: 中国轻工业出版社, 2000.
[25] 吉家文. 新编大学生心理健康教育 [M]. 天津: 南开大学出版社, 2012.
[26] 贾晓明, 陶勒恒. 大学生心理健康——走向和谐与适应 [M]. 北京: 北京理工大学出版社, 2006.
[27] 姜凤云. 大学生心理健康教育 [M]. 天津: 南开大学出版社, 2012.
[28] 杰夫·戴维森. 10分钟压力管理指南 [M]. 北京: 世界图书出版公司, 2014.
[29] 杰克·伦敦. 热爱生命 [M]. 贾文浩, 等译. 北京: 燕山出版社, 2005.
[30] K.T.Strongman. 情绪心理学 [M]. 5版. 王立主, 译, 张厚粲, 审校. 北京: 中国轻工业出版社, 2007.
[31] 雷雳, 张雷. 青少年心理发展 [M]. 北京: 北京大学出版社, 2006.
[32] 路·泰斯. 聪明的谈话——激发你潜能的5步法 [M]. 罗汉, 方燕, 译. 上海: 上海人民出版社, 1998.
[33] 路杨. 当代大学生生命教育 [M]. 武汉: 武汉大学出版社, 2014.
[34] 李梅, 潘永亮. 大学生心理健康教育实用教程 [M]. 北京: 科学出版社, 2012.
[35] 李小薇, 潘亚妹. 大学生心理健康教育 [M]. 北京: 北京师范大学出版社, 2017.
[36] 林崇德. 心理学大辞典 [M]. 上海: 上海教育出版社, 2003.
[37] 刘济良. 生命教育论 [M]. 北京: 中国社会科学出版社, 2004.

[38] 刘旻生，李琦玮．就业创业指导与职业生涯规划［M］．上海：华东师范大学出版社，2016．
[39] 刘卫锋．大学生心理健康教育与素质拓展训练教程［M］．南京：南京大学出版社，2015．
[40] 吕慧英，扶长青．我心飞翔——大学生心理健康教育读本［M］．武汉：华中科技大学出版社，2012．
[41] 马春生．大学生心理健康教育［M］．杭州：浙江大学出版社，2015．
[42] 马雁平，陈萍，张澜．大学生心理健康教育［M］．长春：吉林大学出版社，2013．
[43] 秦小刚．大学生心理健康教育［M］．北京：北京大学出版社，2015．
[44] 邱小波，周文波．大学生职业生涯与发展规划［M］．北京：现代教育出版社，2017．
[45] 冉超凤，薛天贵．高职大学生心理健康与成长［M］．2版．北京：科学出版社，2009．
[46] 王传旭，姚本先．大学生心理健康教育概论［M］．合肥：安徽大学出版社，2007．
[47] 王健．大学生生命教育导论［M］．合肥：安徽大学出版社，2016．
[48] 汪海燕．大学生心理健康教育［M］．北京：高等教育出版社，2010．
[49] 汪向东，王希林，马弘．心理卫生评定量表手册（增订版）［M］．北京：中国心理卫生杂志社，1999．
[50] 王易．当代大学生压力状况调查报告［M］．北京：中共党史出版社，2013．
[51] 魏改然．大学生心理健康教育［M］．北京：化学工业出版社，2010．
[52] 王晓刚．大学生心理健康［M］．北京：清华大学出版社，2008．
[53] 王祖莉，初铭铜．大学生心理健康教育［M］．修订版．北京：科学出版社，2010．
[54] 王为正，韩玉霞．大学生心理自助读本——感悟·求索·升华［M］．北京：科学出版社，2010．
[55] 文书锋，胡邓，俞国良．大学生心理健康通识［M］．北京：中国人民大学出版社，2010．
[56] 薛德钧．大学生心理与心理健康［M］．北京：中国林业出版社，2006．
[57] 肖冬梅．大学生心理健康教育与训练［M］．北京：中国人民大学出版社，2009．
[58] 姚本先．大学生心理健康教育［M］．合肥：安徽大学出版社，2011．
[59] 严万森，王加好．大学生心理健康教育［M］．北京：北京大学医学出版社有限公司，2015．
[60] 杨丽．新编大学生心理健康［M］．5版．大连：大连理工出版社，2009．
[61] 杨艳杰，钱明．大学生心理健康教育［M］．北京：人民卫生出版社，2018．
[62] 叶斌．督导与反思：心理咨询案例集（大学生篇）［M］．上海：华东师范大学出版社，2009．
[63] 叶红梅，王贤明，刘晓霖．大学生心理健康教育［M］．北京：中国传媒大学出版社，2008．
[64] 于冬娟，李天源．新编大学生心理健康教育［M］．成都：西南交通大学出版社，2014．
[65] 游永恒．大学生心理咨询案例集［M］．成都：四川大学出版社，2005．
[66] 章明明，杨铁凡，陶剑飞．大学生生理与心理健康教育［M］．北京：科学出版社，2009．
[67] 张旭东，车文博．挫折应对大学生心理健康［M］．北京：科学出版社，2008．
[68] 张大均，陈旭．中国大学生心理健康素质调查［M］．北京：北京师范大学出版社，2009．
[69] 张大均．大学生心理健康教育［M］．北京：科学出版社，2010．
[70] 张宇，闫金奎．大学生就业与职业发展［M］．高等教育出版社，2013．
[71] 张泽玲．当代大学生心理素质教育与训练［M］．北京：机械工业出版社，2007．
[72] 张文娟．高职学校就业指导［M］．北京：高等教育出版社，2013．
[73] 郑文红．大学生心理委员培训教程［M］．北京：新世界出版社，2010．
[74] 郑学勤，陆海兰．大学生心理健康教育——辅导读本［M］．北京：航空工业出版社，2011．
[75] 郑勇军．大学生人际交往心理学［M］．南昌：江西人民出版社，2016．
[76] 周莉．大学生心理健康教育［M］．北京：中国人民大学出版社，2010．
[77] 中国心理卫生协会组编．国家职业资格培训教程：心理咨询师（基础知识）［M］．北京：民族出版社，2005．

［78］丁子恩，王笑涵，刘勤学．大学生自尊与网络过激行为的关系：社交焦虑和双自我意识的作用［J］．心理发展与教育，2018，34（02）．

［79］常建勇．儒家理想人格学说对当代大学生人格建构的价值论析［J］．河北大学学报（哲学社会科学版），2018，43（06）．

［80］陈长虹．大学生心理亚健康问题的成因反思［J］．前沿，2010（6）．

［81］陈浩彬，苗元江．积极心理学为幸福人生奠基［J］．教育导刊，2008（11）（上）．

［82］陈敏．高职校综合基础部学生压力应对方式的调查研究［J］．成功，2012（6）．

［83］陈琛，戚敏，杜彬，等．不同人口统计学特征大学生性观念的差异性分析［J］．教育观察，2019，8（07）．

［84］陈雪飞．应试教育背景下大学生学习心理分析［J］．校园心理，2019，17（03）．

［85］陈臻智．传统文化视角下成人高校生命教育的实践与探索［J］．教育教学论坛，2018（42）．

［86］崔红，王登峰．中国人的人格与心理健康［J］．心理科学进展，2007（2）．

［87］崔佳，刘运显．积极心理学取向的团体辅导对大学生主观幸福感及沉浸体验的影响研究［J］．校园心理，2019，17（02）．

［88］范超，赵彦云．是什么影响了大学生的幸福感？——基于19所高校微观数据的实证分析［J］．高教学刊，2019（01）．

［89］方鸿志，崔汶，范会勇．挫折事件、抗挫折能力与大学生抑郁的关系［J］．中国健康心理学杂志，2017，25（07）．

［90］付玉，董开莎．积极心理学视角下的大学生人际关系研究［J］．校园心理，2018，16（1）．

［91］高涛．高职大学生学习心理视域下的自主学习能力探索与培养［J］．新课程研究（中旬刊），2017（12）．

［92］龚勋．大学生职业生涯辅导体系中纳入心理健康教育的研究进展［J］．中国健康教育，2019，35（5）．

［93］郭融融，郭钰婷．大学生自杀心理危机成因初探［J］．科教文汇（下旬刊），2019（03）．

［94］洪容，刘洁，董海燕．大学生智慧与主观幸福感关系研究［J］．科教导刊（上旬刊），2018（11）．

［95］侯庆红，邱欣红．高校四级心理危机干预体系的健全和完善——由一例危机案例引发的思考［J］．教育现代化，2019，6（35）．

［96］侯瑞鹤，俞国良．情绪调节理论：心理健康角度的考察［J］．心理科学进展，2006（3）．

［97］黄兆信，李远煦．大学新生适应性问题研究［J］．中国高教研究，2010（5）．

［98］李菁．当代大学生心理健康问题及对策：以大学生性健康教育为例［J］．教育教学论坛，2018（46）．

［99］李俊良，王建中．当代大学生自我同一性扩散现象辨析［J］．思想教育研究，2009（6）．

［100］李永慧．大学生心理危机干预困境与应对策略［J］．中国学校卫生，2019，40（4）．

［101］刘曼曼．高校低自尊大学生的成因与教育对策［J］．教书育人，2012（9）．

［102］刘倩，罗爱月，谢珍连，等．大学生挫折应对方式与心理健康的关系及对策［J］．科教导刊（上旬刊），2018（01）．

［103］卢家楣，陈念劭，徐雷，等．中国当代研究生情绪智力现状及其影响因素研究［J］．心理科学，2017，40（04）．

［104］马长征．大学生积极自我意识现状及培养途径探索［J］．赤峰学院学报（自然科学版），2018，34（12）．

［105］马俊锋．学分制背景下大学生自主学习能力培养探索［J］．高教学刊，2019（12）．

［106］孟祥玮．高职院校大学生学习心理问题探析［J］．传播力研究，2019，3（09）．

［107］潘馨馨．大学生对心理咨询的态度及群体差异性的调查研究［J］．校园心理，2019，17（03）．

［108］裴利华，李芳，谭志平．大学生自我同一性的干预效果研究［J］．中国健康教育，2008（1）．

［109］彭柳中，罗宝怡，张演，等．大学生抗挫折心理能力、应对方式与自强意识的关系［J］．中国健康心理学杂志，2018，26（10）．

[110] 任俊, 叶浩生. 积极人格: 人格心理学研究的新取向[J]. 华中师范大学学报(人文社科版), 2005(7).

[111] 沈友田, 胡笑羽, 叶宝娟. 压力对大学生抑郁的影响机制: 领悟社会支持与应对方式的中介作用[J]. 心理学探新, 2018, 38(03).

[112] 盛石岩, 董丹辉, 蒋玲. 团体辅导提升大学生自我意识的应用研究[J]. 才智, 2018(09).

[113] 陶塑, 张丽瑞, 何瑾. 大学生人际关系适应与外向性和自我控制的关系[J]. 中国心理卫生杂志, 2019, 33(2).

[114] 田伟娟. 积极心理学对大学生心理健康教育的影响[J]. 黑龙江科学, 2019(11).

[115] 涂阳军. 影响大学生宿舍人际关系的原因探析[J]. 华中师范大学研究生学报, 2007(12).

[116] 万峰, 成婷, 陈倩. 当代大学生学习心理分析[J]. 当代教育理论与实践, 2017, 9(06).

[117] 王粒. 大学生性意识发展的研究综述及教育启示[J]. 科教文汇(下旬刊), 2017(09).

[118] 王稳. 高职学生心理压力调查——我院心理压力问卷下的思考[J]. 考试周刊, 2008(37).

[119] 王永, 王振宏. 书写表达积极情绪对幸福感和应对方式的效用[J]. 中国临床心理学杂志, 2011(1).

[120] 温九祥. 基于学生学习特点的高职教育对策研究与实践[J]. 教育与职业, 2014(5).

[121] 文静, 叶运莉, 冯亚娟, 等. 大学生传统性文化和性心理的相关性研究[J]. 中国卫生统计, 2017, 34(01).

[122] 吴玉梅. 高校主题教育之大学生生命教育研究[J]. 科教导刊(下旬), 2019(05).

[123] 谢忠义. 高职大学生人格教育引导策略[J]. 学周刊, 2019(10).

[124] 辛素飞, 时蒙, 张夫伟. 中国大学生自杀态度变迁的横断历史研究[J]. 中国临床心理学杂志, 2019, 27(02).

[125] 杨春娟. 关于大学生情绪管理能力与心理健康的关联性分析[J]. 智库时代, 2019(23).

[126] 余凤琼, 王健. 大学生心理健康教育之健全自我意识的培养[J]. 科教导刊, 2016(2).

[127] 曾文雄. 关注幸福的科学[J]. 中小学心理健康教育, 2009(1).

[128] 张丛丽. 高职大学生自我意识教育课堂中绘画心理分析的应用[J]. 当代教育实践与教学研究, 2017(10).

[129] 张方圆. 生命教育理念下大学生心理健康教育的差异化教学策略[J]. 现代教育科学, 2018(12).

[130] 张丽君, 谢晓东. 广州大学生恋爱动机调查报告[J]. 中国健康心理学杂志, 2017, 25(4).

[131] 张连国, 丁兴富. 当代中国大学生人格教育问题研究[J]. 山东理工大学学报(社会科学版), 2019, 35(02).

[132] 张帅帅, 宋正义. 大学生情绪管理能力与锻炼情绪效益关系研究[J]. 济宁学院学报, 2019, 40(02).

[133] 张越. 关于大学生网络人际关系的社会心理学研究[J]. 现代交际, 2019(06).

[134] 赵萍. 积极心理学理念下的大学生心理健康教育研究[J]. 安徽工业大学学报(社会科学版), 2018, 35(06).

[135] 赵顺平. 大学生存在的心理问题及其应对策略[J]. 西部素质教育, 2019, 5(10).

[136] 赵小红, 朱楠. 大学生宿舍人际关系调查研究[J]. 中国特殊教育, 2019(04).

[137] 赵雪. 大一同伴效应的实证研究——基于"大学生校园生活及幸福感调查问卷"数据分析[J]. 心理月刊, 2019, 14(07).

[138] 赵洋. 网络环境下的大学生心理健康教育问题探讨[J]. 湖北函授大学学报, 2018, 31(16).

[139] 赵宇彤. 大学常见心理问题及对策[J]. 心理月刊, 2019, 14(1).

[140] 郑佳燕. 心理学视角下苔丝的自尊与自卑[J]. 绥化学院学报, 2009(3).

[141] 郑晓仪. 浅析地方高校大学生自主学习心理及对策[J]. 广西教育学院学报, 2016(6).